杨钟健

杨钟健一九一九年在北京大学

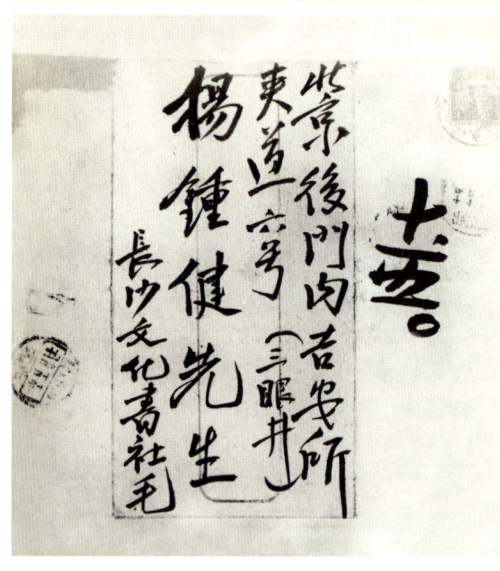

一九二一年毛泽东同志给杨钟健的信（手迹）

杨钟健于一九二五年一月十五日在明兴(慕尼黑)留影

杨钟健、王国桢夫妇结婚照(一九三〇)

一九三三年夏在北京地质调查所工作期间合影,摄于葛利普寓所

从左至右,一排:章鸿钊、丁文江、葛利普、翁文灏、德日进、二排:杨钟健、周赞衡、谢家荣、徐光熙、孙云铸、谭锡畴、尹赞勋、袁复礼;三排:何作霖、王恒升、王日伦、朱焕文、计荣森、孙健初

杨钟健与北京大学同班好友合影
左起：杨钟健、田奇镌、张席禔、侯德封（一九三四）

杨钟健在北京协和医院娄公楼新生代研究室（一九三七）

杨钟健访问苏联(一九五六)

一九五七年在北京地安门家中
左起:杨慈孝、杨钟健、杨新孝、王国桢

杨钟健在北郊古脊椎标本室看马门溪龙化石。左为赵喜进（一九五八）

杨钟健、王国桢夫妇在北京火车站送别友人（一九五九）

杨钟健（左六）和夫人王国桢（左八）
在北京地安门家中招待地层会与会人员（一九五九）

杨钟健在郭沫若院长家（一九六四）

杨钟健在北京西郊斋堂做地质考察。左为刘东生（一九六三）

杨钟健在叙利亚（一九六五）

杨钟健在古脊椎所研究室（一九七二）

陪同中科院院长郭沫若等视察周口店北京猿人展览馆
左起：杨钟健、吴有训、郭沫若、竺可桢（一九七三）

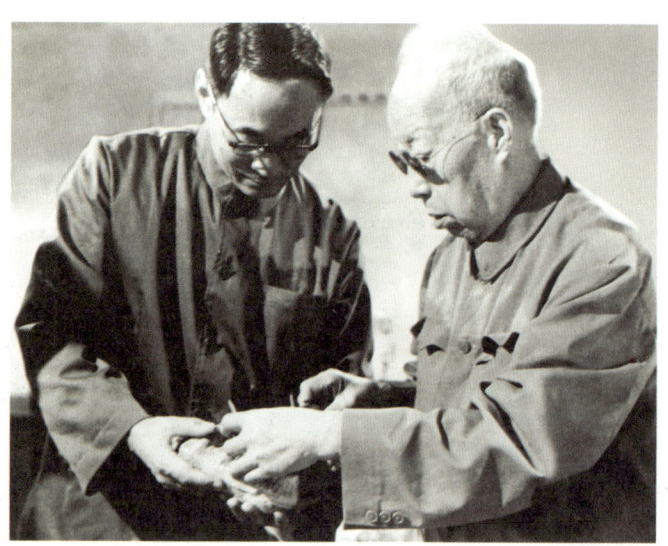

杨钟健与周明镇一起看黄河象化石（一九七四）

杨钟健在耄耋之年仍坚持工作,到许家窑古人类遗址考察(一九七七)

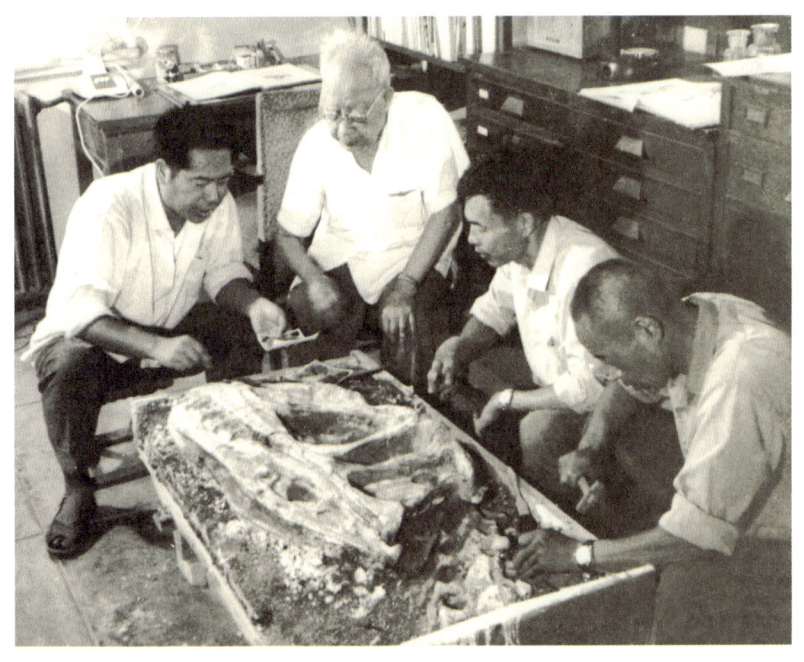

一九七六年杨钟健与董枝明(左一)等在研究永川龙头

调寄浪淘沙　　回忆杨钟健同志

五四忆当年 六十年来共驱国贼 救时艰 同学少年 君与我（我和当时同是少年君与我当年中国学会会员）共驰骋 战尘情意 悼念溪连之人 恸何蕉勤钻研 亡一我学渤遂 谐去人习毫 四化当先

许德珩

一九七九年九月□□□□九十

许德珩悼杨钟健词手迹（一九七九）

杨钟健回忆录

修订本

杨钟健 著

陕西师范大学出版总社

图书代号：ZH19N1974

图书在版编目（CIP）数据

杨钟健回忆录/杨钟健著.—修订本.—西安：陕西师范大学出版总社有限公司，2020.1
ISBN 978-7-5695-1259-5

Ⅰ.①杨… Ⅱ.①杨… Ⅲ.①杨钟健（1897—1979）—回忆录 Ⅳ.①K826.15

中国版本图书馆CIP数据核字（2019）第246905号

杨钟健回忆录（修订本）
YANG ZHONGJIAN HUIYILU（XIUDING BEN）

杨钟健　著

选题策划	刘东风　郭永新
责任编辑	尹海宏
责任校对	宋媛媛　王淑燕
封面题字	许德珩
封面设计	主语设计
出版发行	陕西师范大学出版总社
	（西安市长安南路199号　邮编710062）
网　　址	http://www.snupg.com
印　　刷	西安市建明工贸有限责任公司
开　　本	880mm×1230mm　1/32
印　　张	10.5
插　　页	9
字　　数	210千
版　　次	2020年1月第1版
印　　次	2020年1月第1次印刷
书　　号	ISBN 978-7-5695-1259-5
定　　价	49.00元

读者购书、书店添货或发现印刷装订问题，请与本公司营销部联系、调换。
电话：（029）85307864　85303629　传真：（029）85303879

再版序

二〇一九年九月初，我在甘肃临夏野外工作期间就听说有人要把杨老（在古脊椎动物和古人类研究所没有人不把该所的创建者杨钟健先生称为杨老的）的全部著作重新出版的宏伟计划。九月二十三日我自临夏返京第一天上班就得到消息称，杨老家人，可能是因为杨老七十抒怀中的"哺乳初试技"，或因我已故的从业导师周明镇院士曾为《杨钟健回忆录》（一九八三年第一版）作过序，而希望我为该书的再版再作一序。这使我颇为惶恐。我知道，过去有幸能为杨老写的书作序的，要么是其可以托付身家性命的挚友，如共进社的王德崇，要么是翁文灏和许德珩等知名的大人物，或杨老十分倚重的"两驾马车"之一的周明镇院士（另一为吴汝康院士），我怎敢承担这样的任务！但有好友提醒，现离出版社要求交稿的日期所剩无几，已不容他顾，我只得怀着惶恐而又忐忑不安的心情接受杨老家人的这一重托。

对于《杨钟健回忆录》的再版我是深以为然的。一九八三年十一月，我曾接到杨老夫人王国桢女士亲笔书赠的初版《杨钟健回忆录》，当时读后产生极大的震撼：一方面对我国古生物学界能有如此杰出的奠基人和领袖而倍感自豪；另一方面又对我个人产生了极大的推动力，有了终生追寻学习的目标，坚定了终身从事古生物研究的信心。环顾后来的同事及学生，很少有人读过这部回忆录，更不要说拥有此书了，盖因该书初版印数仅六千三百册，且至今已过三十六年，已无处可寻了。

杨老生于我国从腐朽的封建社会向现代民主社会大转变的最激烈的斗争年代，历经了清朝末年封建势力的垂死挣扎和民国初期的军阀混战，日寇侵华战争以及国、共两党的殊死搏斗，直到共和国建立初期由大乱到大治的激烈动荡的整个时代，杨老阅历之丰富是我辈后生无法相比的。在推翻封建势力和打倒军阀的斗争中，杨老曾是一个激扬文字、敢于大声呐喊的激进的热血青年。一九一八年，杨老就组织了陕西省旅平学生联合会，向地方军阀开战；一九一九年，参加了"五四"大游行，冲进赵家楼，痛打了卖国贼；一九二一年，参加了以陕西学生为主的共进社，还参加了北大的平民教育讲演团，结识了邓中夏；后来在邓中夏的介绍下又参加了少年中国学会，并两任该学会执行部主任。杨老认为邓中夏是影响其"学生时代的思想和行动最深的一位"。北洋军阀时期，杨老于一九二三年作为北大的代表参加在上海组织的全国学生联合会，结识了于右任、叶楚伧、邵力子等国民党元老，后来还由李大钊和邵力子介绍加入国民党，和青年时代的毛泽东及于右任等都有通信来往。

一九二三年在北大地质系毕业后，杨老和许多当时的进步青年一样，逐渐走上了科学救国的道路。一九二三年，在葛利普的热情推荐下赴德国慕尼黑大学师从布罗里和施洛塞学习古哺乳动物学。一九二八年，在完成博士论文《中国之啮齿类化石》之后，作为我国第一位古脊椎动物化石专门人才回国。他通过五十余年的不懈奋斗，开创了我国的古脊椎动物学，并取得了令世界瞩目的成就。关于这一方面的情况，已有多部著作问世，如《大丈夫只能向前》《杨钟健文集》《纪念杨钟健教授百年诞辰论文集》《中国古脊椎动物学的奠基人——记杰出的地质古生物学家杨钟健》等。

  杨老是一位异常勤奋的写作人，其勤奋的程度在古生物学界绝对无人能望其项背，即使在从事自然科学研究的人员中恐怕也是绝无仅有的，即使和素以多产著名的美国古生物学家奥斯朋相比，也决不在其下。据杨老自己的统计（《重编记骨室文目》），从一九一八年至一九五七年的四十年内，共有著作和短文五百一十八篇（部）。据一九八二年《杨钟健文集》编辑委员会统计，自一九一八年至杨老去世（一九七九）前共有短文和著作六百七十四篇（部），其中有关学术的论文四百八十三篇（"科学论文目录"的编者在引言中列举为四百九十四篇，经核对，实际应为四百八十三篇），其中包括二十一部专著。加上杨老的遗作《杨钟健回忆录》和《剖面的剖面》，全部发表的应为六百八十一篇（部），平均每年十一篇（部）；科学类四百八十四篇（部）（一九二三至二〇〇八），平均每年约九篇（部）。实际上，杨老发表过的文章或出版的书远不止这些。杨老在其回忆录中提到他一九一八年之前所写的东西都在一九二八年家中遭难时为火所焚。这其中大概也包括他早在高小时与人合编的《林则徐》皮影戏剧本等。

在杨老的学术性文章中有很大一部分是科普文章，其中也包括一些对科技界各种弊病的辛辣讥讽和善意规劝，极具可读性。但最具特色的还是杨老的游记性文章。杨老的这类游记曾得到翁文灏的青睐和赞赏，他还专为杨老的两本"剖面"游记作序，称其为"杨先生科学观察而通俗写作的结晶"，并对"杨先生更致以深厚的期望"，希望他"日游无穷，不断地更为努力，更将他观察的结果写出来供大家阅读"。杨老没有辜负翁文灏的期望，最后结集成七本游记：《去国的悲哀》（一九二九）、《西北的剖面》（一九三二）、《剖面的剖面》（一九三七年交印，"七七"事变后原稿下落不明，一九五〇年找回，二〇〇九年刊印）、《抗战中看河山》（一九四四）、《新眼界》（一九四七）、《国外印象记》（一九四八）和《访苏两月记》（一九五七）。

上述这些文章并没有包括杨老的诗作。据杨老夫人称，杨老作的诗至少有两千多首，大多没有发表。杨老自少年时代就对诗发生了浓厚的兴趣，认为它是表达个人感情最好的工具。在抗战年代，诗越发成了杨老钟爱的发泄自己悲国情怀的最佳方式，自称每年作诗多至百余首，少亦数十首。这些诗中当然也包括五十、六十和七十岁时的三首《抒怀百句》和《入党抒怀》长诗。

杨老所以有如此数量的创作是和他自幼形成的多思勤写的习

惯和对此持之以恒的决心和毅力分不开的。杨老从北大求学时起开始每日记日记,从此终生不断。这一点看起来非常简单,但要真正实行起来,却是极少能有人真正做到。

最后应该说到的一点是,关于杨老的文章实在是太多了。除杨老本人的海量文章外,还有大量纪念杨老的文集,但《杨钟健回忆录》无疑是其中最为权威、最为精练并集中展现杨老一生壮丽事业的一本,也是对杨老全部著作起着引领作用的一部。该书几乎每一章节或段落都对单独发表的著作予以详细诠释。读者只要再参考杨著《重编记骨室文目》(一九五七)和《杨钟健文集》(一九八二)所附"科学论文目录"即可查到所需书目。

我真诚地希望,广大的以求知为人生追求目标的青年学子能读一读这本《杨钟健回忆录》,你会从中汲取到力量和智慧,使你在求知的征途上走得更顺利、更快捷。

中国科学院院士 邱占祥

二〇一九年十月

原　序

我怀着缅怀和崇敬的心情，读完了《杨钟健回忆录》的文稿，不胜高山仰止之感。

杨老是我国现代著名的自然科学家之一。他以毕生的精力，孜孜不倦地从事地质古生物学的考察、研究和教育工作。在半个多世纪的学术生涯中，他的考察足迹遍及北半球各个大陆的主要古脊椎动物化石地点，发表了数百篇学术论文，出版了数十种专门著作。他不仅是中国古脊椎动物学、古人类学与第四纪地质学研究的开创者和奠基人，也是当代世界杰出的古脊椎动物学家之一，受到国内外同行的赞誉和崇敬。

杨老不仅在古脊椎动物学这门学科上开中国之先河，而且长于诗文，勤于创作。他写下的诗文遗篇，均极富有时代特色和探索精神。杨老有个好习惯，即每日在工作之余，用半小时的时间，将日中所见、所闻、所历、所感择要记为诗文。《杨钟健回忆录》就是在几十年中利用零星时间写成的。

近年来，我国出版了不少名家传记类的书，但自然科学家的却并不多见，像《杨钟健回忆录》这种随笔式的自传则可能是第一本。此书涉及的方面之广也是少有的，而在体裁和风格上也独具一格。

《杨钟健回忆录》既是杨老的自传，又是一份珍贵的科技史料散记。由于它是杨老的自传，读之可以了解杨老指点江山、探赜索隐、抨击时弊、追求进步与民主的爱国热情和他坚持不懈、百折不挠的科学探索精神，以及他那疾恶如仇、刚直不阿、"只求事之当否，不计人之为谁"的坦荡胸怀；由于它是一份珍贵的科技史资料散记，读之不仅可以帮助我们掌握现代中国古生物学、古人类学和自然博物馆事业的历史，而且辛亥革命以来中国近代科学教育事业发展的状况，以及科学教育工作者在新旧社会的不同境遇，亦可窥见一斑。所以，依我之见，这本书不但值得我国地质古生物学界及科技界人士一读，而且不从事科技工作的同志读后，也可获得不少教益与启发。

中国科学院院士　周明镇

一九八一年十月于中国科学院古脊椎动物与古人类研究所

目录

我的童年 / 001

在父亲的教育下 / 009

时断时续的学习 / 020

西安的中学时代 / 028

北大时期 / 033

在德留学时期 / 047

欧洲的漫游与回国后的动荡 / 060

我的家庭 / 072

父亲的一生 / 082

我的地质工作的开始 / 093

我的地质旅行生涯 / 104

几位对我有重大影响的人物 / 117

我的一些朋友 / 128

"七七"前后 / 139

在北平的一般生活 / 147

抗战中的漂泊（一）／ 155

抗战中的漂泊（二）／ 171

海外两年 ／ 188

回国后的彷徨 ／ 198

二十年的地质工作 ／ 208

二十年的古生物研究（一）／ 213

二十年的古生物研究（二）／ 222

我的写作与诗文 ／ 234

加入的团体和所得的荣誉 ／ 246

我的教学生涯 ／ 255

西北大学的插曲（一）／ 262

西北大学的插曲（二）／ 278

解放前后记 ／ 294

加入九三学社 ／ 302

光荣入党 ／ 303

从编译局到科学出版社 ／ 305

国内考察与研究 ／ 307

国外旅踪 ／ 311

"文化大革命" ／ 314

我和北京自然博物馆 ／ 317

原版后记 ／ 320

再版后记 ／ 321

我的童年

童年的回忆，只是些模糊的片断的故事，有些还是听别人讲述的。不过既然是自己的经历，一切也都觉得亲切、有趣。

民国纪元前十五年（公历一八九七年）六月一日，即阴历丁酉年五月初二日凌晨一点，我出生于陕西华县龙潭堡一个农家。这是我生命的开始。我生时家里人口有我继曾祖母、祖父母、父亲、母亲、二叔、三叔、四叔。二叔和三叔均未结婚。我出生以前，我母尚生一女，不幸早早殇亡，因而我成为一家的长孙，得到全家一致的钟爱。

这一年我祖父正好五十岁，因而给我取名"天命"，取"五十而知天命"的意思。这同我曾祖父七十而有我父，特命我父为"从心"是同一用意。当时由我祖父务农，仅能勉强维持全家生计。那时的房产只有上房三间、厦房两间。上房由继曾祖母和祖父母居住，我父母住于东边一间厦房中，也就是我降生的地方。既然家道清贫，而我母亲又过着旧式儿媳妇的生活，所以衣被均甚简单。我祖母怕我受委屈，或怕我母不善养育，于我出生的第三天，即将我抱到她那比较温暖的房间中。这么一来，当然苦了我母亲，她无论半夜白天、天冷天热，均要到祖母室中为我哺乳。我有时啼哭，祖母也要叫她来看护。

我出生的次年，继曾祖母即逝世。她逝世前在病中，对我十分关心，临逝，犹要叫人把我抱到床前，"命儿，命儿"地呼唤不已，甚至当病入垂危，家人为她准备纸人做侍从和纸马做脚力时，纸人取来问她取何名，她说叫"指命"，不久即逝。我祖父因此以为不祥，很为我的生命担心，怕真为继曾祖母叫去了。其实，这不过是老人钟爱小孩的表现。

我那村子，三十多户人家，为一土城所围，共四条巷子。巷子狭小，仅可两人并肩而行。不过东北、西北两城角有小空场，可供村人游坐、谈天之用。我祖父每于闲暇时抱我外出，与村人谈天，我也成为村人谈资之一。乡下人那时多吸水烟，我每见人吸烟，即要叫人蹲下为人装烟，村北巷有一叫雷敬义的与我父同年，我小时老是对他发生好感，见面时要他拎抱。有一天也不知何人提议：既然孩子对雷先生如此好，何不即认在他膝下。双方自然均赞同，于是我有了一位雷敬义义父，而我也成了他的义子。两家来往从此热闹起来。每年元宵节照例和外家（舅家）一样，也送我灯记岁（华县旧俗，正月十五日，舅家须给小甥送龙灯）。

我祖父因家道日贫，同治年间荒乱时中落，家产荡然。他于幼年时避乱山西，乱后回家，目睹家庭残破，要从瓦砾中再建家庭，所以自己痛感失学之苦，对于教育子孙具有很大的决心，

■ 杨钟健的出生地——华县龙潭堡杨氏老宅

曾有十年读书之训。子孙无论资质如何，必令读十年书。如可造就，便再令续学；如不成，即改业他途。此十年读书，恰与新教育的小学、中学教育相当。他在我能学语时，即教我识字，在户外，即以手画地，令我认读；在饭桌上，即以食箸变作字形令我认字；过年时，携我沿户认识各家对联上之字。因此，我虽未上学，已认识了不少的生字，乡里叹为"神童"，其实乃是我祖父谆谆教导之功。

我家那时为自耕自给之农户，父亲游学在外，诸叔尚幼，所以一切工作全在祖父母肩上。母亲于十四岁时即来我家，除了当媳妇外，还是家中一个"长工"，田野工作无一不做，尤其当农忙的时候，绝无工夫来照管我。我就同村里其他孩子一样，脏污啼泣莫有人理，有时被置于空屋内任我哭闹。不过他们一有空闲，我又成了宝贝，尤其只要我祖母一闲，我即得到照应。事实上，我母亲一天到晚没有空闲，白天劳作一天，夜间则要纺纱至深夜，上床睡觉后，还要起来为我哺乳，睡眠是很不够的。

时经甲午、庚子等战，以后外族入侵，国势陵夷，我父亲产生了革新教育之志。我祖父痛于自身之失学，对教育事业亦颇具热心。光绪二十八年（壬寅年），祖父在村外观音庙地址创立了蒙养学堂。此乃华县最早成立之学堂。同邑大樟（村名）刘经轩先生被聘为学堂的教师。我父为革新社会，亦曾邀约县中若干知名人士发起友仁学会，每年轮流在会友家中聚会。刘先生即为会员之一。当时我虚岁为六岁，实尚未满五岁，即入蒙养学堂，为校中最小的学生。学生中除本村人外，尚有刘先生带来的几位年纪较大的外村少年。我四叔也入了蒙养学堂。小学生被列为一班。学堂授课，小学生不过认些生字，一革读经之习，故我自始未读过经书。所用课本，为上海出版文字课，一边为画，一边为字，每日认字若干，以后再由学生连成文句。

学校距村相当之远，且有竹园林道，故我来去均有人接送。天雨时，我二叔常来冒雨送饭，或接我到家。在校一切尚自由，大部分时间还是玩耍，先生也不深责。但对其他年长的学生，先生还是脱离不了私塾之作风——要加以体罚。

小孩子老圈在没有游戏的场所，是不能感觉到满足的，不免常常想到野外去玩玩。我记得最清楚的一件事儿，是有一天正当春季，桃花方残，杏花李花盛开，我一个人悄悄出去，沿竹园边向南到小渠旁的果园中,欣赏那自然的美,凑巧遇到我二叔,他以为我在逃学,马上报告先生,先生当然予以责罚。这是我入学以来第一次受到训斥,心中自然极不痛快。受责后,我到校外竹园中涕泣,任何人都哄不好。后舍此校,随同父亲到离村二里之远的甘露寺去上学。于是,我不再是刘先生的学生了。

中国的家庭从来是极少和睦的,尤其是婆媳之间,更加难于相处。我母亲十四岁就嫁到我家,由于年小,当然有些事做不来,故而不入婆婆之眼。而我祖母又是一位性情刚毅和很能干的人,所以教导甚严,动辄打骂。我每当由校回家时,常听到吵骂之声,有时且看到母亲脸上、身上的斑斑血迹。但是我自小就随我祖母长大,心理上、身体上全倚仗着祖母,因此不感到母亲之可怜与处境之可悲。这时,我二叔、三叔亦已婚娶,二婶、三婶同样过着可怜的生活。

父亲教书的地方距家稍远,所以我晚上不常回去,即随我父亲睡觉。父亲闲的时候,为我讲故事。父亲自外游学回来,非常醉心于新的出版物,不但自己看,还借给大家看。他在校为我讲的故事多出于《伊索寓言》,或泰西探险小说,我听了非常感兴趣。父亲虽然受儒家思想的影响很深,但对新学说、新思想还是敏感的,甚至对基督教也颇有兴趣。记得他将三原县教堂所送的关于传教的印刷画片及传教刊物等,也拿到家中向祖父母和我讲述,我当然还不能十分理解。

那时县里最平常的两种恶习,一为吸鸦片烟,一为女子缠足。我父亲想极力革除此二者。我祖母晚年身体不健,也吸鸦片。有一次，我父亲请来热衷革新的李昆山先生，到村中讲演二者之害，我祖母听了大为动容，不久即戒掉了吸鸦片烟的习惯。我父亲与友人所组织之友仁学会有一戒约，即凡为会友者，有女不令缠足，有子不娶缠足妇。此时在我村教学的刘先生，有几个女儿，遵照会中戒约，最幼者没有缠足，经人提说，让我将来与刘先生之小女结婚。然此只为一种口头提说，并未举行任何仪式，我此时也不了解其意义，以后也就烟消云散了。

我的舅家在我村北约五里之兵农堡，乃一比我家更为穷苦之家庭。我能记事时，我外祖父已去世，只对外祖母、两位舅父和妗母尚有印象。舅父常接我到他家去住，因我上学，也只少住数日即回。有时，我村中一李姓老婆婆送我去或接我回来。我到舅家去，大都是在节日，或那一带有什么戏或庙会之时。有一次，我记得在舅家村中和别的孩子玩耍争吵起来，我拾起一石块向他击去，中于头部，血流不止。我于惊慌之余哭回舅家，实诉其事，后来幸而那被击的孩子未有危险，要不然我就惹出大祸了。

在乡下，亲戚每年常以土仪彼此赠送，以示亲戚关系之存在，并借以联结感情。我处产杏，每年杏熟之时，我常担任向舅家送杏的事情。用两小篮盛杏，以一小担担之，自己亦深感胜任愉快。

我父亲在甘露寺授徒的时间并不长，以后即移至家中教授。学生仍是蒙养学堂的那些人，主要为时姓兄弟及南寨某生与我的三叔、四叔等。

我童年时期，无时不在祖母照料之下，夜与同睡，昼与同饭，出与同游。我早上好睡，往往不能照时上学。祖母爱孙心切，亦不深催，先生乃至吾父亦不大查问。独有祖父恐我学业荒废，时为督促。记得某日清晨将我从被窝中拉出，大打一顿。但早晨起不来之恶习终未戒除。因夜晚贪玩不早睡所致，自己还找不到原因。

我祖父常于无事时与塾师谈天，我则随之，但对其谈话向来不感兴趣。某次村中有酬神戏，我看戏心切，心中甚不耐烦，但彼等仍纵谈不倦。忽戏开场，喇叭与锣鼓齐鸣，我急得放声大哭，他们才带我到戏场。犹记所演为《多大人征回》，固乃一热闹之武戏。

某年夏，家中租某姓果园。果熟时，在园中搭庵，白天我祖母持针线到那里去做，以看果园；夜间则由我二叔睡于园中，备有火枪，以防人偷杏。我白天与祖母在果园游戏。某日我以祖母吸烟之香火在庵中玩弄，触及一包火药，顿时火花喷放，浓烟冲起，火舌直扑我面。浓烟中看不见祖母何在，只好负痛跑到园头水渠旁，以冷水及泥涂于面部，借以消痛。后来烟止火散，幸草庵并未焚烧，我祖母始找见了我。此次事故，因我受伤亦未被深责，而我面部后来治好，亦未留有疤痕，实为万幸。

一年，我父不在家教书，被时家聘为塾师。有些学生随之而往，我也跟去读书。由于学校不正规，我并未照一定年级上学，而且时读时辍。因为我那时身体瘦弱多病，家人也不深为督促。

我幼小时印象最深的一人还有我姑母。她是一个天分绝顶的人。她所处的时期，当然女子谈不到受教育，不过她对读书很生兴趣。每当父亲教书的时候,她可以说是一个旁听生,自己努力认字,并背戏词等通俗的东西,所以虽未正式入学,却认识了不少字,甚至能写信。我方七岁时她出嫁。那当然是旧式的一切仪式,我大体还能记忆。男家为一小农人家,姑母的嫁妆只花了很少的钱。姑母出嫁后,我少了一个可以依靠的人,但有时到姑母家去,或我姑母回来,我还是喜欢和她在一起,听她说各种故事。

我父亲在时家授徒之后,为临潼县县长李嘉续聘往河北雨金屯新成立之一小学当教员,于是我又回家读书。此时蒙养学堂的刘先生已不在此,所以另请一位亲戚雍先生在我家教书。我四叔也在此与我同读。下院东头已改成一间房子,作为教员住舍。雍先生吃住都很仔细,馍必一块一块地撕开,教书却不见特别好,而且好打学生。我母亲于我上学后时常不放心,怕我挨打,其实我挨打的时候很少。

这样,在家中及附近学校度过了我的童年,我已快十岁了,渐渐懂些事。经过了四年多的教育,实际程度还赶不上现在的初小毕业生。但是我记性很好,且能作短文,回答问题也很流利,所以父亲和家里人确认我十分聪明,可堪造就。而我也以此自傲,更不用功,整天贪玩。家中因我为长孙,特别爱护,又因我多病体弱,也不深责。

在此时我得了一个弟弟,名叫箸娃。因为我母亲太苦,无工夫哺育,我祖母又因我不能分心,也难于照管,所以弟弟过了周年后即得病夭殇。我对他还有一些印象。

在父亲的教育下

  我父亲在雨金屯教书的第二年,要带我去雨金,大约是因为觉得在家里读书不是办法。这时,我三叔、四叔均已往三原读书去了,家中只有我一人,管教不方便,恐也为一原因。至于家中其他人是否同意我去雨金屯,我也记不清了。大约是在刚过了阴历年,我就随着父亲起身。

  这是我第一次出远门,临行前吃得很饱。吃了很多煮熟的鸡蛋后,便在村口上了小轿车。大人坐在外边,把我放在车厢内。由村子到县城那一段车路高低不平,乱石甚多,所以颠簸得很厉害。到了县城南门外,我便开始晕车,把所有吃的东西全吐了。

  初离家门,一切都感觉到新鲜,尤其看到渭河岸边的村庄和村外的庙宇,更有一种新奇感;那河滩的急风,也在我脑中留下了难以磨灭的印象;甚至连路边的茅草,也是前所未见的。雨金屯距我家有一百三十来里,平常一天赶不到,第一天住新丰,次日过了渭河,再走一二十里路就到了。

  雨金屯为临潼县河北之一镇,我对此镇之印象尚很清楚。它有土堡围城，城外壕沟很深。学校在南门内不远。

我觉得学校很大，人员很多，可说是我第一次看到的大场面。我的食住都跟着父亲，平时也只在最低级的班旁听，不过一般先生及许多年长学生对我都很好。我在此也认识了几位朋友，直到后来还通信。其中一位为程盛芳先生。我半年回家一次，因此，由家到雨金屯的路也走了好几次。

我父亲连年在县里教私塾及在雨金教书都是不得意的。他有他的抱负，他有他的计划，用后来的话来讲，是要教育救国。他不愿意向清朝官府低头与官府合作，而要自己努力做一番事业。在雨金屯的时候，他就与友人商议，要在县里办一个教育研究会，并办一所附设小学。他约好了在三原求学的顾熠山、郑云章二先生一同作为这会的发起人。至于他何以找此二位，无非因那时他们在外求学，是最进步的分子。到第二年，我父亲已不在雨金屯，我也跟着回县。从此，父亲开始实施自己的理想与事业。

我记得由雨金屯回来是冬季很冷的一天，到家已经昏黑。我一到家，即到我祖母的房间，上到炕上。我第一次出门，又回到了原来的地方，大家都说我没有忘家。

父亲筹备教育研究会的详情，我不大记得。只知道他是以二两银子大胆创办研究会和附小的。当时县里找不到地方，只好借县城西南四里地的大王庙作为会址。此庙距我姑母的耐村甚近，同时也是顾熠山先生的近村。能借到此地，顾先生是出了力的。那是在一九〇七年前后，教育研究会终于成立了，我父亲被选为会长。三月十七日，即阴历二月四日，附设小学举行开学式，我随父亲也到大王庙正式入学，成为高小一年级的学生。以前的学习只可算是初级教育，只是没有得到正式文凭罢了。

大王庙地址在耐村与马家村之间，场地空阔，有山门三间，门口有两棵槐树，东西各有坡地通车路。围墙内大约有三十亩地的面积，而中间则只有三间上殿与六间厦房。我父亲住在东边的厦房里，办公室也在那里。上殿则用作教室，对过的三间厦房为学生宿舍。那时学生不少，大多均为附近村中人的孩子，来往方便，住校的只是较远的学生。大约只有十人左右。

学校的先生中除我父亲外，还有顾熠山和张恩信，此外友仁学会中的许多人，可说大都是教育会和附设小学的赞助者，有时也来到学校听张先生讲语文。我此时已能作很短的文章，记得第一次作文时，题目为《说空气》。我作得很快，交卷第一。起首句为"空气者，无声无嗅无形无色，而人不可须臾离开者也"。这一开头，颇得先生的好评。我们那一班共有十三人，我年岁最小。十三人中除两人是附近村中人外，其他十一人均离家较远。这十三人为梁维桢、高登甲、贾复、王振邦、张卿仲、刘书贤、刘中唐、王衡鉴、刘启运、吉昌运、袁保堂、王登洲和我。其中梁、高、王、张、贾、刘等均比我大二三岁，可谓同侪。初等小学则几乎全为附近村中人，人数甚多，已不能一一记起。

这些老同学在当时的情形，过了几十年后我还有相当深刻的印象。梁维桢极为用功，成绩为全班之冠，写字时嘴上用劲，好像全部精力都用在嘴上。高登甲外号为"一灯油"，每夜看书不熬完一灯油是不睡觉的。王振邦爱在手抄文章的本子上画圈圈。当时在我看来，他所画的密而一致的圈子，实在是一种艺术品。张卿仲一派阔少爷气派。袁保堂习隶书，每个笔画要写几分钟才写完。

那时与我交情最好的并不是我班上的同学。有一位姓卢的（名字已忘）和魏国征在校时和我感情最好，言谈投机，我们结为异姓兄弟。这种做法在当时是相当流行的，此为表示友谊的一种方法。论年龄，卢为长，为大哥，我最小，为三弟。我始终不知道这事我父亲究竟知道与否，可见我父亲对我的行动是十分放任的。可惜卢君因家境贫困，不得不辍学赴川经商，以后虽然还见过几次面，然而隔行如隔山，也渐渐断了联系。魏君以后也未继续在附小上学，所以这一场"三结义"只是昙花一现罢了。

在大王庙一年，我时常回家看望祖父、祖母等，那时我在家庭好像处于客位，回去时亲亲热热住几天，家中人特别爱护，过了几天又离家住校。姑母家却是我常去的地方。我姑夫为一农人，对我很好，所以在大王庙上学也有在家之乐。

到第二年春天，教育研究会附小在华县城内西北角找到了少华书院旧址作为校址。我父亲为交涉此地曾费了许多辛苦，有一次还与县里官员发生冲突。原来少华书院此时为东所（监狱）所占，不但住家，还押有许多囚犯。经交涉东所始先让出一部分，学校搬入时只占了前半，后半仍为东所，大约过了一年才完全交给了教育会附小。

搬到少华书院，教育研究会改为教育分会，附设学校仍旧，我们那一班大体上没有变化。初移入时，我印象最深之事为每夜听见后边过堂，审讯拷打囚犯，哭叫之声惨不忍闻。白天则可看见这些囚犯戴着很重的脚镣，做着各种工艺，多数是竹工。这样的环境对小学生甚不相宜，所幸的是以后交涉的结果，竟是父亲达到了目的。监狱搬到县政府附近的某一地方去了。

一个用二两银子开办的学校，能于成立的第二年即移县城，且占公家的地址，赶走了县政府的一部分，实在不是一件容易的事情。这件事的详情我不甚了解，我只知道就在这一年，我父亲还兼任了城外县立高等小学堂堂长。

这所县立高小是在我村蒙养学堂成立后不久创建的，不久即遭县中顽固势力的反对。记得某年有一次农民暴动，本地名曰"交农器"，也就是罢工。各乡农民把耕田农具拿到县城，县长关了城门，在城上与民众谈条件。农民口号之一为烧洋学堂，于是把在城外新盖起的学堂烧得干干净净。才开发的新教育自经此次波折，当然受了打击。但我父亲兴学之心因之弥坚。

在此情形下，全县顽固人士及一般不信任、不了解新教育之人们，便将敌视情绪集于我父亲一人。当时县中有传言曰："起手不起手，先洗潭峪口（我家村名）；杀完不杀完，先杀杨鹤年（我父名）。"可见我父亲是在如何恶劣的环境中奋斗。在数十年之后，或者有人想不到当年兴学有如此之困难。但我们不要忘记那时科举尚未全废，八股文章尚正兴隆，它与新教育水火不相容，再加上西北地方的闭塞，新思潮难于侵入，实际困难还不只我所能记忆的这些。

我父亲住在城外的县立小学。我也随父亲住宿，每天早晨由县校进西门到附小上学，这样一来，早晨睡觉的习惯打破了。尤其在冬天清晨出门，冷风刺骨，双耳冻坏，伤风咳嗽，有时生病不能上课，所以耽误的功课很多。父亲一天到晚忙于处理校内事务和社会活动，也没有工夫过问我的功课。所幸的是我的记性不错，虽然一天到晚地玩，甚至缺课，而功课居然能赶上，且还在前几名。

学校移到少华书院以后，教学内容及训育方法均有极大的转变。我自入学以来，从未读过经书，今到高小二年级了，却要开始读经书。教经书的是安庆澜先生，也是我父亲的朋友。他教的东西我实在不能理解，完全不感兴趣，对那佶屈聱牙的《书经》，根本不知道是讲的什么。有时因睡不好，起来早，便在课堂上打盹。有一次被安先生发现了，他叫我到讲台前，令我双手垂立，我以为这就是惩罚了，没想到他竟用巴掌猛击我的脸颊。自此以后，我对读经更生厌倦，对这位安先生当然也无好感。

还有一件事，就是每月初一与十五必须要敬孔子，其仪式有些类似后来的纪念周，并要三跪九叩。在孔子座位旁，我父亲另供有刘古愚先生相片一幅，因他前数年在外游学，便是以刘古愚先生为师。他那注意实践与重视自然科学、倡导新教育等思想，无疑是受了刘先生的影响。

到城内以后，我的国文课由父亲教授，每天的作文也由他改卷子。我生性荒浮，文章虽然作得不错，但始终不喜欢练字，所以字写得十分潦草。其他功课也是一样，成绩总是不上不下地维持在七十分左右。

那时候，学校成了县内革新运动的一个中心。倡导新教育的学校被人视为洋学堂。这些从事新教育的人物同样是推动改革不良社会风气的积极分子。他们劝人不吸鸦片；要妇女不缠足，不戴装饰品、奢侈品；宣传破除迷信，不信鬼神。这些事在当时人看来，都是大逆不道的行为。我父亲自在外游学起，即陆续编有许多关于破除这些习惯的通俗歌词，并翻印了许多外边已经流行的宣传品，在县内分送于西关、东关和一些公众集会的场所。有时，他还选校中若干学生到外面宣讲，好像劝善书一样。我年虽小，也时常参加这类宣传活动。

学校开办两年多，学生骤增，各方面颇具基础。有一年，省上提学司余某来陕东视察，参观少华书院后，对学校相当满意，称誉它为"陕东特色"。我记得那时我们正在考试，见了这位省里来的大官，真觉得开了眼界。随着学校规模的扩大，经费开支日益庞大，校舍亦不够分配。要购地皮盖新房子，政府又不给钱。我父亲只得用种种方法募集资金。他举办了一种"百文捐"，即应募人每人须捐一百文。腊八会上，我们上台给群众演讲，取得了不少人的同情，不过嫉妒者和顽固派也比往日更肆其毒。

我们这一班算是高小甲班，以后逐年招生，又增添了乙、丙两班。这些班内有许多新生成了我的朋友。我们这一班中和我感情较好的当推袁保堂、王衡鉴、王登洲等；在别的班上，我认识了赵集成、程会林等，觉得更合得来。我那时受了革新运动的影响，与赵集成合编了一本旧剧本，可供本地影戏（以牛皮刻戏人，在灯光后绢幕内表演）之用。这个剧本叫《林则徐》，乃描写林则徐在广州焚鸦片以后，被发配到新疆的故事。故事的穿插与戏词的撰作，我二人均经过长时间讨论。赵君还能唱，由他唱了数次之后，发现不妥的地方再改正。这是我的第一部作品。可惜剧本虽已编成，然却始终未能演出，以后这剧本也就遗失了。

上边所说的影戏，为本地最普遍的娱乐之一，我自幼即感兴趣。儿时玩耍，常用手指作人状，在灯下自演自乐。稍大之后，便进而用纸剪裁成各种人物，持在窗上表演。凡是附近村中，只要有影戏演出，我总要跑去观看。有一次，赵集成村中有戏，我竟不告诉父亲，偷着和赵君去看戏，两夜始回，遭到家里人的申斥。

父亲在县校当校长只有一年，第二年即辞去此职，以全部精力来办附小。他对在官场做事，最感不自由，尤其不喜欢官场的应酬礼仪。前之就任校长，是因为别有一番用意，主要是想利用此职来推动附小的工作。他在县小虽然时间不长，但于整理校务和对学生的教育方面，均有不少作为。他的一些学生，后来亦在教育界做出了贡献，如以毕生精力办县中女学的秦佑臣先生，就是我父亲的学生。他的事业受我父亲的影响最大。

在县校时，我也同一些学生接近，现在所能记忆的，就是他们比之附小学生均阔绰得多。他们大约都是富家子弟，才能够到县校去念书。

附小的功课，因年级增高而加多，教员也年有增加。我最感兴趣的课程为地理与历史。地理由顾熠山先生教，颇能引起学生好感。但这位先生脾气很大，管学生过严，有时还打骂学生，故有"顾阎王"之称。有一年，张益斋先生为我们教国文。当时，作文流行的格式是开首以"生今之世""当今之世"作为引语，结尾必举"孔子曰""孟子曰"等圣人之言。我有一篇文章，末尾写了一句"死驴睡到车渠里，此之谓也"，用俗语代替了圣贤之言，一时受到责罚。那时还有一种课程叫作"修身"，是教人做人的大道理。教算术的教员为一从上海回来的某君。他患有肺病，精神不振，教书也不见长。我的数学未打好根基，大约与此有些关系。对于体操课，我因身体孱弱，从来就有些惧怕，勉强去上，实出于不得已。在校期间，学校举行了几次运动会，我虽然也不得不去参加，但却从未夺过一次锦标。

在学校中，我除了上课以外，亦常参加教育研究会的活动，如每年开大会之类。我虽年小，也被介绍为会员。这种团体活动，颇影响我的思想与行动。我们班上数人组织了一个会团，叫作"博文学社"，并拟定了章程，联络了许多会员，大多数都是当时的同学。对于学社，出力最多的是梁维桢。我还记得他刻写蜡版、油印章程的忙碌情景。此会也得到了学校领导的许可。开成立会时，我父亲还讲了话。后来梁维桢因身体不佳，未能继续推进会务。这昙花一现的博文学社，不久便无声无息地消逝了。

这样在教育会附小住了四年，到公元一九一〇年冬天，我才学完了高小课程，参加了毕业考试。这次考试相当隆重，不但全校教职员都临场监考，而且省教育局和县政府也派人来监场。每天除吃两次点心外，还有很好的宴席。这大概是县政府预备的。考试的程序也十分复杂，试卷要交省提学使审阅。我总算顺利通过了这次考试，除了我不喜欢的经书和数学以外，其他科目的试题我并不感到困难。

毕业考试结束后，要等到第二年春天才能由省里发下毕业证书，并举行毕业典礼。我在校无事，便随去西安购买书籍、仪器的父亲一同来到省府。这是我第一次见到大都市。我们住在南院门街一个书局内，好像叫公益书局。有时我父亲带我到各地去看看，他去提学使衙门也带我去，使我得以见识这大的衙门。可他经常很忙，往往把我一人留在书局。我于无聊之时，就到附近最热闹的南院门去游玩。我对那里的杂耍表演甚感兴趣。其表演的东西无非是刀枪不入、破肚拉肠、鬼魂推磨等戏法，有的还把方法印成传单，分送给观众。我受好奇心的驱使，差不多有空必去。

我已记不得是哪一年，大约是毕业的那一年或前一年，我得了疾病，久治不愈。那时学校正在盖房舍，木工、土工甚多，父亲前后照应，十分忙碌，再加上要看护我，就更加辛苦了。据乡间人说，我那病是打摆子。这种病是不许吃馒头的，只能喝点稀饭或吃些挂面之类的东西，而且天天要服用金鸡纳霜白面，苦不可言，吃了就想吐，日子久了，身体虚弱不堪。其实，我在校期间,身体无一日健壮,常常生病。为我看病最多的是一位毋先生。他在县衙门做事,医道相当高明。他有时将药末蒸入馒头中,让我吃饭时随馒头将药吃下去。可我的身体也并无起色。父亲为我担忧,于是在我毕业前夕,将我的"天命"的乳名取消,改名为"钟健",意即钟聚康健也。

好容易到了第二年春末,省上的毕业证书发下来了,我们在县城举行了毕业典礼。照那时的体制,成绩在八十分以上的名曰廪生,七十分以上的名曰增生。我便是增生中的第一或第二名。这在同班十三人中,大约名列第五六名的样子。在旁人看来,一个年纪最小的学生能有这个成绩,已属很不简单了。行毕业礼那一天,我父亲有训词。因为这是附小第一次毕业典礼,所以仪式相当隆重。我所戴的顶子和帽子,已于随父亲去西安时购得,衣服则在县城缝制。在学校行完礼后,毕业生还排着队到文庙去行谒见孔子先师礼,也真可谓招摇过市。

时断时续的学习

小学毕业后,为了等毕业证书,竟荒废了半年时间。因为我是冬季完成学业的,许多中学都是秋季始业,到暑假才有升学的机会。华县尚无中学,我不能再在父亲的教育下念书了。我有了严重的升学问题,向外边去吧,年纪太小,父亲及家人均不放心。升学的地点只有两处,一处为西安,一处为同州,就是大荔。大荔有一中学是一位和尚当校长。他本是一位留日学生,戴有假辫子,和我父亲及三叔均认识,所以家中人同意我去大荔。和我同时毕业的王衡鉴已往大荔升学,来信说那里如何地好,我亦增强了去大荔的信心。同班袁保堂也要升学,决定去大荔,于是我们结成同伴,于秋初的时候坐上袁家的大车,一同往大荔。大荔距华县九十里,我们辞别亲人上了征程,这可以说是我一个人离家的第一次。我那时才满十四岁。只记得赶车的就是袁保堂的老兄。过了河后,渭北一片平原,秋禾一望不尽,十分可爱。我们一天未赶到,当晚住在某一镇的小店中,初次独尝旅程风味。

到了大荔见到王衡鉴，他替我们布置一切，带我们见了校长，校长对我特别关心。那时在我的心目中，中学的气派果然不同，房子很宽大，学生宿舍也很漂亮。可是这些优良的环境不能使我在大荔安心。我无有心思上课，日夜想家。我想回到我的华县，一天哭泣数次。上课的情形我不记得，只记得哭泣。大荔所吃的板豆凉粉非常地好，我对大荔的印象除凉粉外，别无他物。校长、一些教员和王衡鉴整天把我当小孩子诱哄，但我仍是想回家，我给家中去信，表示对这里不满意。大约王衡鉴和校长也有信去，以至我家里对我在大荔特别不放心，于是决定让我回去看看再说。

我三叔这一年由日本回来，他特地由家中到大荔来接我。大约是因为交通工具的问题，我所带的一个箱子和许多书籍与衣服全未带，他就带我离大荔回华；走的什么路线，我已不记得，只记得不是来的路。路上很苦，要过那沙窝，而且秋天雨水甚多，道路泥泞，我走不动，三叔只好背上我走，一路上备受辛苦。我的心境和去大荔时大不相同，记得一到家中，我祖母及母亲在上房明间工作，我一见面便放声大哭，好像受了从未受过的委屈。这一次大荔求学是完全失败了。

现在回想起来，从大荔回家，实是一件极幸运的事。我回来时已是秋天，时常住在家中，帮家里做些农活，有时也到学校去随我父亲读书，到阴历八月十九日（阳历十月十日），武昌起义的革命运动很快地传到陕西，到处惶惶不可终日，各地随时有发生起义的可能，我若一人在大荔，势必使家中人操心。

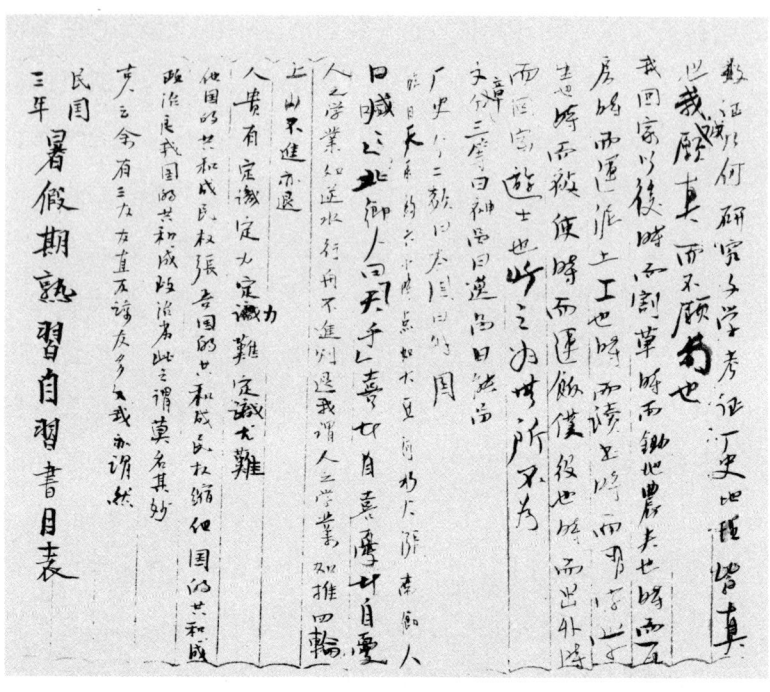

■ 少年杨钟健民国三年暑假期熟习自习书目表（一九一四）

到阴历九月一日，西安亦随武昌而起义，城门关闭，战斗激烈。华县距省城只有二日路程，消息传得很快，那时哥老会一类的人在活动，他们以鸡毛作传帖，消息辗转相传，十分迅速。我父亲仍留在校内，此时局势不安，家家接其子弟回家，学校已上不成课。此次变乱发动者是进行民族革命，要推翻清朝，而传到陕西各地，多少变了些性质，除革政府之命之外，不少人乘机反对一切新的东西，所以打洋学堂亦成其目标之一。乡下人不满意于革新，凡是革新措施也成了反对的对象。我父亲在县上办新教育已有数年，当然有人对他不满意、不了解，所以有"起手不起手，先洗潭峪口；杀完不杀完，先杀杨鹤年"的传言。我父亲心里是雪亮的。省上革命运动的主持人为郭希仁先生，他和我父是好朋友，这一空前的革命运动，他必然知道若干内情。后来革命军到华县，他对我父亲的作为当然心中有数。

到农历九月六日晚，天已昏黑，父亲一人从县里回来，在我祖母床前叙述县中景象，有当晚起事之说。果然，到半夜有人说县城已起大火，在堡中城上可以看见。大家以为世事已乱，必须做逃难准备。我家为众矢之的，更不可不逃。逃跑之法不外二途：一是入潭峪，一是在村南竹园中躲避。家中此时已乱成一团，我祖父和我祖母决定在家留守，其他人均须入山。这几天因为天天恐慌，住县城附近的亲戚到我家避难者甚多，因我村在南山口，随时可以入山，比大路附近较为安全。

这一夜于昏暗中，我随父亲等人出发逃难，每人身上带些干粮，入山走高低不平的山路，十分吃力。沿途逃难的人络绎不绝。进山后，到了最险要的水潭边，大家走得也慢了，累了还在这里略作休息。此时，天已大亮，计算里程也不过走了二三里路。幸而起身时已尽量把棉衣穿上，所以虽然北风刺骨，还不感到十分冷。

也不记得在山上待了多少时间，又要折回家中，大约是村中人上来报告，县里和乡下情形并不严重，所以又回去。现在想来，这种逃难十分幼稚。如要跑，至少需要入山十余里找到人家安身，决不能在荒山坡上过夜，而且衣食均成问题。事实上，因妇孺太多，行动不便，且各人也不忍心放弃家庭去当难民。在盲目逃跑了一阵之后，大家便踟蹰不前了。"回去，回去，死也回去！"成了大家一致的心情。

县里的情形大致是这样的：当夜许多暴民入城起事，先烧了县衙门的大堂，又到学校大肆捣毁。究竟什么人是首领，现在也记不清了。那时华县还是华州正堂，州长为四川人杨立潮，由兴平县调来不久，年已六十多，人很博学，一脑子的忠君爱国思想，当然不同情革命。情形危急时，他曾召县中绅士讨论，宣布自己"城存则己存，城亡则己亡"的决心。事情发生前一天，他将我父亲叫到衙门，付以现银若干，意思是托以后事。我父得此银，觉得放到学校甚不妥当，才于当晚昏黑中携银回家，所以城内闹事之时，我父不在县中，否则可能有很大的危险。当夜暴民入城，杨立潮逃了出来，避乱于距我村只有二里地左右的甘露寺中。

有一天夜里，忽有两个手持大刀的人，到我家要见我父亲。我父亲本不愿见，只因我祖母已说出他在家，不能不见。见后始知为杨立潮所差者，然一见门外所放大刀，亦觉不寒而栗。后来听说这杨州长到甘露寺后，一再设法自尽，均为人所解救。其差人前来是想找我父亲去一谈。后来的某一天，杨立潮终于上吊身死，其一切善后，当然由我父亲拿他所存的银子办理。杨州长总算为清朝实践了"城亡身亡"的诺言了。

此时陕西虽已反正，而潼关甚紧，闻清军派赵某西征，潼关以东常有战事，华县于是成了后方之地。值此荒乱之年，当然谈不到再读书，不过读书之心并未减弱。最奇怪的是，我值此革命潮流冲击之时，忽有心要读些经史。自知少时未从经书入手，很想这时补垫一些底子。我的同学王登洲也有此感，相谈之下成了同道，于是我们就在我村中的蒙养学堂读起经书来，并不时请教毋先生和关先生。同时，和我同年的李丰科也加入我们一道。其实，所谓读经史也不过有名无实，念书时少，游嬉时多，家中因在乱时也不大干涉，相当地自由。

辛亥革命后，阴历改为阳历纪元。过了阳历年就是中华民国元年（一九一二年）。此时孙中山先生在南京被选为临时大总统，国内大势已定。省上也组织了新政府。省里革命中心人物郭希仁因我父亲办教育有年，甚有成绩，请他去省当教育司的副司长。这大约已是三月。我父亲上省城带我同去，就住在教育司内。那时教育司在南门内师范学堂中，军队的炸弹队也驻于此。我三叔在炸弹队任营长，也常见面。我四叔这时也到省上来了，亦住在校内。这是我第二次上省，比第一次较为熟悉。然此时所看见的一切已和上一次大不一样，繁华的街市已成灰烬了，房屋倒塌，铺店关门，一片荒凉。

西安光复后，一些由外边回来的进步分子组成了许多新团体，其中之一为三秦公学。这是一种非大学、非中学的组织。就程度讲可以算是中学，但所招学生中没有中学班，只有数理化专修班、蚕桑专修班等。公学地点设在西安城外西北角，房子很大。我想上学，便往报名投考。报名时点名的赵先生为我父亲的好友赵和亭之弟。他一见面就认识我。我那时在报考学生中年纪最小，所以也特别引人注意。榜发之后，果然考取了，随即入学。可我总觉得这不是我理想的学校。入学后不久，校中新成立一留洋预备科，分留日、留英、留德等专修班。留德预备班由从德国回来的李仪祉先生主持，学生很少。留洋预备科选拔学生的一个条件，就是要年纪小，尤以留德为然。李先生在学生中选择，选到了我，叫我入留德专修班。我受好奇心驱使，也就加入了这个班。在西关外原陆军小学旧址上课，由李先生亲教我们德文，从ABCD学起；此外功课以国文、数学、物理、化学为主要。这些功课，我感到相当繁重，加上我总觉得小学毕业后应该入中学，进这样的专修班好像不是正途，因而很觉得扫兴，到了暑假回家后，就产生了辍学的念头。我父亲此时因不习惯于官场生活，辞去了副司长的职务，仍返县里主持教育会附小。暑假以后，我不想去省，父亲也赞成，于是到省入学又算失败。

这以后，我随父亲住于教育会附小之上殿，在西厢房内自修，由父亲给我改改作文，看看日记。

学校遭兵燹以后，经大力恢复，总算开了学。除原有班次外，还招了新生。乙、丙、丁等班中有不少我认识的同学，可是我已非学校的学生了，只算一个随父自修的人。此时组织团体之风甚盛。我们又组织了一个桑林会社，并借得西关外一地点开了成立大会，但后来不久也未发生任何效果，只是表示一些人有此勇气而已。我对于出版事业亦于此时大为发生兴趣，总想办什么刊物，然而没有这个机会。自己只有在日记后页照上海出版物也写上出版年月、"不许翻印"等字样，算是一种自我慰藉。当然这些东西均未出版，而且我父亲也为此事深责过我，说我不务正道，不肯用心自修。

我父亲对于别的活动是相当赞成的，如桑林会社开会他也参加；教育会开会，我也演说过；同盟会公开活动后，县里也成立了同盟会支部，我父亲是支部负责人。在当时，我对一切并无深刻的认识与了解，只是辛亥革命之后，一切风气较新，有许多团体活动，只要是新的、进步的团体，我总想加入，或自己创办，可是这些后来都失败了。

我三叔于军中不久，又到东京去读书。我四叔亦与县里数人出关前往北平求学。我在县城过了半年，西安的三秦公学开始招考中学班了。我见入学的机会有了，便要到省城考中学，父亲表示赞成。此时王衡鉴也到西安上学，入的是西安大学预科。我不打算考预科，心中唯一志愿还是报考中学。而中学可考的只有三秦公学。当时我很担心，恐怕人家问我暑后为何未去，现在为何又来。于是，我将名字改为杨宏健。不料报名时查验的还是那位赵先生，他一见面就问我怎么又来了。事已弄穿，只好照常考试。发榜之后，竟被录取了。入学后寄宿校中。此为我正式离开父母与家庭，自己单独过学生生活的开始。

西安的中学时代

因西安久无适当中学，而三秦公学又为当时声誉最好之学校，所以考的人很多，共收了两个班。我被编入甲班，在城西北角上课。三秦公学自一九一二年成立以后，由田种玉当校长。他是三原县人，留日学生，为人非常精干，能做极流利而动人的演说，出门时坐上轿车，其威风实不亚于目下之流线型汽车。中学班之教员亦均为当时负盛名者。影响我最深的为三原县朱漱芳先生。他当时已有六十多岁，为学校教员中年纪最大者。此人极富革命思想，性情放诞而幽默，在学校担任国文、伦理、历史等课程的教学。他教国文一课，所选文章及诗文均别出心裁。有一次发作文卷，我那篇文章的评语是"……健笔凌云，中学甲班，此为冠冕"。卷子发完之后，看一班人面色多有不平者，盖以为第一本卷子为一最年轻之人所得，心里不是滋味。朱先生有一孙子名叫朱自强，亦在班中上课。他对此事尤不满意，因为他年纪与我差不多，以为我既可得优，他何尝不可得优。

另外有两位教员给我的印象也很深，一位叫王岐山，也教国文。他脸色白嫩，好修饰，风度潇洒。一位叫王培卿，教地理，面黑。二人均为西府人，一时有白娃、黑娃之雅号。黑王对地理很熟，尤其对于国内各线沿途之小地名都极为清楚，能背诵如数家珍。

我入中学为十七岁。家中对我一人远游极不放心，幸我父有时上省可以照料我。有一时期，父亲住木头市（原西北大学内）之某会所中，我不时进城随父居住。我在省也常闹病，校医说我差不多成了他们的老主顾，每月总去数次。

我在省的经济问题极为简单，因为鼓楼附近有华县王模端开的一个杂货铺，叫恒发荣。我每用钱，到那里去支，那里好像是我的一个银行，一年分几个时期由我父亲结算账目，那时一学期用钱不过数十元。父亲选为省议会议员，每半年都有来省机会，且能住相当长时期。而我于年假、暑假也时常回家。不过，此时交通工具还是靠大车或马、驴，有时也步行，但并不觉其苦。

我在三秦公学两年所学功课平均在中上等。三年级时得了疥疮，且因学校正要被取消，所以我未回家去，在校与赵汝楫一同自修，并同到临潼温泉洗澡，以治疥疮。以后不久，省府令西北大学的中学班与三秦公学之中学班合并为第三中学，地点设在城内旧贡院后边之新址。这两校合并后，西大中学共有甲、乙、丙三班，三秦公学有丁、戊两班。我被编入戊班。此次学校改组之原因，与陕西政局有关系。自陆建章督陕后，安徽人来陕甚多，三中的校长及大部分教员全是安徽人，陕西人士当然受一打击。

此时，我三叔在日本入千叶医专学校，我四叔在北平入北京大学工科。三叔主张我往日本，四叔则叫我往北平，各有各的理由，我父亲也拿不定主意。三叔主张去日本是要我学兽医，四叔要我去北平是要我学矿业。而我那时对这些均无何兴趣，而私心想学哲学。因此，我希望能去北平。适于此时，同县薛辑五先生要往北平转日本，我父亲即让他带我到北平。这是一九一七年夏天的事。我随薛先生首次离陕西，出潼关，到北平去求学，那时火车只通到观音堂。到了观音堂，我们住在一家小店内，饭食连酒在内，不过五毛钱，然而初出潼关的我，已感到非常之贵。由观音堂东去到洛阳，还要换一次车才到郑州。由郑州到北平，我四叔到火车站来接，安排我住于宣武门外南柳巷的华州会馆。

虽然在陕西中学自己觉得不错，然到外边要考学校，还是有些担心，最害怕的为英文、数学等科目。我四叔于每周来会馆为我补习英文。后来北京大学有一预备班招收学生，我即考入。据云，入此预备班后，到暑假如考试及格，即可不再通过入学考试便直接升入北大预科。预备班在西河沿译学馆上课。任课教员多为预科教员。因我初到外边，对于讲话不十分懂，且因自己程度稍差，如英文、数学多用英语教课，很有些赶不上，自己觉得很苦，只有努力用功。在此预备班中，早已有陕西几位同乡，如杨东升等。我总觉得人家有办法，自己土气，好像初入三秦公学时的情形一样。

由陕西到北平，即由乡下来到了大都市，我不禁产生了恐怕流于浮华之念，同时急于解决升学问题，所以到平后，除看书自修外，对于北平的一切均不关心，也不曾到任何地方游玩过。我父亲自我来平后，虽有我四叔在平，也不十分放心，每次来信必附有训示若干条，勉励我做人求学。我于感激之余，自己在信件的后边作了跋语。

在北平住了三个多月，到了快放暑假时，虽然参加了预备班的考试，但却不知结果如何。正在此时，北平发生了政局上的大变化，原来我不打算于暑假回去的，经此一来，不得不回去。这就是张勋的复辟事件。

七月一日我清晨起来，听说街上全换了龙旗，后知张勋已保宣统上台，此时北平表面上平静，而实际上情形却十分紧张。我四叔由北大赶来，主张趁此暑假先回家再说。于是我不管升学问题怎样，便与同学于七月三日由平起身。此日就是段祺瑞在马厂誓师的日期。幸此时交通尚通，不过车上稍为拥挤，到郑州往西则还为常态，人们好像还不知北平的事。我们同行的有陕西学生十多人，一路很热闹。在观音堂下车后，一半步行，一半雇脚力，总算平安回到了家中。

在家中住了两个多月，有时做些农活，有时到县里看看。到了暑假期满，又要打算去北平。原来张勋之复辟，只是很短的一幕滑稽戏，当马厂师攻入北平，在市区内只有一处小的战事，前后不到十天，一切全解决了，五色旗又照样招展。我又随我四叔去平，不料这一次离家竟为与我祖母永别之日。

我到平后，打听前预备班之考试及格了，而且有效，不过因为我之数学成绩不大合格，只能升入文预科，而不能入理预科。

我四叔为此十分着急,因为他是要我入理预科的。后来,我于入学之后,再又呈请改入理预科,终于得到批准。至此,我便正式成了北京大学理预科的学生。时为一九一八年。

北大时期

以前大学学制为预科三年，本科三年。自蔡子民先生掌北大，首先裁去法商工三科，理由是法科近于升官，商工科近于发财。他决计专办文理二科，要把北大办成一个名实相符的学校。其次一大改制就是把本科延长为四年，而把预科缩短为两年。虽预科也有文理之分，而预科的课程实际是一种基本训练。文预科要习许多理科方面的功课，如科学概论、数学泛论等；理预科也要学文科的课程，如哲学、社会学之类。理预科因为人数多，分为甲、乙、丙、丁四班，在景山东街马神庙上课。我被编入乙班。预科的教授阵营甚整齐，许多课都是本科教授兼任。

这时候，北大学生突然加多，宿舍大成问题，几处宿舍都难于住进去。倚仗我四叔是个老学生，我终于先在那时第五宿舍（旧八旗先贤祠）找得一个很窄狭的地方，就在三间房的中间一间，二人一室。那房子没有正式的窗户，只用隔子门的一边作为窗子用。室内仅有一张小桌。后来我又搬到北池子的另一宿舍。那里不但地方比较好，而且上课也比较近。过了一年，我便转入西斋。我们房间共有三人,我住的为对房门的一个位置,极不严紧,冬天尤其冷,所以易得伤风。

预科的功课相当繁重,主要为英文、数学、国文三者,此外还有生物、理化等课程。但若叫我回忆当年所学的东西,几乎一点也不能记忆。最感困难的还是英文和数学。这两门功课在陕西全未打好基础,进北大后只得急起直追。虽然国文不吃力,然考试的结果,英文和数学的分数却老是比国文高。总的说来,我在预科算不上最用功的学生,还是和在中学小学差不多,所以在校内亦不能算是"高才生",而只是平平常常而已。

那时,吃饭很成问题,搭学校的灶很便宜,菜也很多,然而老是吃米饭,于我实在有些吃不消;在外边小饭铺吃,偶尔一次尚觉很好,吃多了可也倒胃口,且经济上支持不下来。两者相比,还是在灶上吃的时候多。

在预科时期,我心中也有些烦闷。虽然有四叔在平,且同处一校,然久依祖母的我初离家庭,不免总觉凄然,初入大学见世面,看见一切都是陌生的。本来一年级的学生,最易有"乡下佬"自惭形秽的感觉,所以我在预科的一年,几乎除了上课、自习、吃饭、睡觉之外,别无任何活动。不过我内心仍是很想发愤振作的,希望看一些修养书籍,尤其喜欢读一些近于悲观的歌辞,常将这类歌辞抄下来贴之案头;又喜欢用鼓励的词句作为座右铭,可惜多成为标语化,又不能一一实行。这不过反映了我当时的矛盾心理罢了。总之,那时我还是个喜欢独居、厌恶活动的人,主要原因还是因为身体不健康,时常有些小毛病,以至虽为青年，竟像个老年人了。

这一年冬天，我父亲和两位友人相约，离陕出外到京津沪等地考察。他已四十六岁，从未离开过陕西。这次，他先到汉口、上海，由上海到东京和我三叔及在日本的陕西学生会面，然后由日本到朝鲜和东三省，再到北平。他在北平住的时间很短。我那时已住到西斋，且正伤风，他看了十分关心。同时接到家信说我祖母有病，父亲因之归心如箭，也来不及在平细细参观，即匆匆回陕。不料我祖母于二月二十日病逝。他回去后已迟了几天，不及一面，成了他终生憾事。我四叔和我在平接到来信，告知祖母安葬日期推迟至五月十四日，并嘱我二人以学业为重，不必即时奔丧。我与我四叔于五月初请假由平回陕。祖母病逝，可说是我有生以来在家庭所遭遇的第一个不幸事件。我祖母逝世前没有重孙，逝后两月，我妻生下一子，终于于葬前赶上送葬。所以我祖父给重孙取名"感孝"，以为纪念。此时，我自己还依靠家庭供养求学，不能自立，即已为人父了。

不久，我与我四叔又由家转平。到北平立即准备考试，放了暑假自然未再回去。在北平过暑假名曰自修，其实真正学到的东西极为有限。这一年我虽未好好用功，又因丧事缺课很多，但考试结果还都及格，未尝补考，连我自己都感到莫名其妙。

我在北大第二年的生活比第一年活跃。那时北大的社会团体如雨后春笋，我加入的也很多，甚至如静坐会、数学会也加入过。其他如书法研究会等，我更是热心参加，不过可惜没有多大成绩。那时《新青年》等刊物已在风行，我为热心的读者之一，并且有时向编辑部去信讨论一些问题。但这一切还是被动的，不过为一时的求知欲所驱使而已，自己并无一定的主张和主义。那年头，陕西局势一日坏似一日。在北平的陕西学生组织起来，对陕西时局深表关心。在这些活动中，我出的力气颇不小。此时国内尚没有什么学生会的组织，而我却组织了"陕西省旅平学生联合会"。各校陕西学生代表开会，有时意见不一，我常常站在激烈的一方。我们为使人明了陕西社会情形及其黑暗，将所得事实分段记载下来，抄写油印分发。那时，北平、天津、上海、汉口各报均有转载。事实上，远在五四运动以前，我们陕西学生已经搞起学生运动来了。

第二年的第一学期，我受到了意外的打击。这年冬天，我接到家信，得知十一月间家中人人受传染病侵袭，我的妻子望桂生小孩后，身体衰弱，得病不到三日即逝世。我那时觉得十分悲伤，然而自己的学习和工作并未受到多大影响。

一九一九年，距我预科毕业不到两个月的时候，我逢到了空前的大事，这就是"五四运动"。关于"五四"，我这里不打算详说，我只能说一说我个人之经历及我所受的影响。

一个预科的学生，又是边远省份的"乡巴佬"，虽然内心有积极向上的热情，而表现的行动却是被动的。我只记得那天开会决定游行，也就茫然地加入队伍之中。以前如何筹备，有什么计划，我未事前闻知，也无参加机会。当时的学生会主席是许德珩先生。我虽然只是个平凡的学生，然而情绪却很激昂。那天随队伍到天安门开会之后，接着游行，我的口号喊得特别起劲；到了赵家楼，也随人入内，把一个部长的住宅欣赏了一番。以后楼内火起，大家打了卖国贼一顿，队伍也就散了。我虽然在平一年多，但对那一带的街道不大清楚，也没有熟人同行，自己沿南北马路向北走，直走到东四牌楼附近才向西回校。回校以后，才知道有三十二人被捕。捕人的地方，大多在东单到东四一带。军警的这一暴行，一时使校内空气紧张起来。我的情绪也很激昂，于是加入学生会的国货维持股工作，又不时参加演讲队到街上讲演，一直闹到"六三"全国罢课、罢教、罢市，被捕学生全部放回，学校内才平静下来，不久也就放暑假了。

五四运动对我也有不小的教育作用。从此以后，我参加的会社更多；对于新的刊物，不但喜欢看，还喜欢投稿。以后在本科的四年中，我可以说年年在学生运动中尽了一份力量。

我所入的理预科，到一九一九年随五四运动而结束。这一年暑假回家，我已没有了祖母，又新丧妻，当然感到空虚。

一九一九年，我入了本科的地质系，这算是我一生职业的基础。为什么入地质系？我自己当时也莫名其妙，大约只是因为没有别的系可入。那时候理学院只有四系：数学、物理、化学和地质。我因数学根基甚差，所以根本不感兴趣；又因不愿闻实验室气味，所以也不想学化学；地质系有与自然接触的机会，很有意思，所以入了地质系。还有，我两年前不能入文科，为的是家中人总要我学些实用科学，地质虽不是实用科学，而究竟和矿冶等科接近些。我又不愿学医，只有学这与矿冶接近的地质了。这也可以说是一个原因。

本科一年级的功课，也还是普通科目居多，社会概论、哲学概论、科学概论等，还是四班合并上课，教课的人为陶孟和、王抚五、胡适之。实际上有关地质的功课为矿物学、岩石学等。普通地质则为何杰（那时的系主任）任教。他讲课相当清楚、明白，引起我对于地质的不小兴趣。

我对地质的爱好，以后果然越来越强烈，这说明我当初选入地质系是恰当的。不久，地质系来了两位主要教员，一位是由美国来的葛利普先生，另一位为新由英国学成回国的李四光先生。前者教地史学和古生物学，后者教岩石学及构造学。这都是一九二〇年暑假以后的事。两位先生都很热心于教学，尤以葛先生为然。他为一外国人，在地质调查所任古生物技师，先声夺人，引起人们的敬慕。葛先生上课不久，便在北大举办了一长期讲演，其内容是地球及生物之进化。那时承"五四"之后，我对于写作很感兴趣，所以也每次去听他演讲，并与赵国宾记下全部笔记，在北平报上发表，后来辑为专书，由商务印书馆出版。

第一年的课程，照新规定有哲学史大纲、社会学、科学概论等，分别由胡适之、陶孟和、王抚五三先生讲授。我对这些课程很感兴趣。何杰先生讲授的普通地质，简单清晰而不够详细。最吃亏的还是因为我在预科对于矿物学未打好底子，所以矿物、岩石等功课始终引不起我的兴趣来；对于地层古生物等科目，倒是兴趣日浓，这便为我以后终身研究的学科打下了初步基础。

在我入本科的两三年中，学习虽然无大的中断之事，但也始终处在动荡不安之中。有时学校经费无着，便有罢教的事情发

■ 杨钟健在北京大学宿舍书桌前（一九二〇）

生。有一次罢教，李四光先生带我们一部分学生到西山做初步地质实习，还有一天带我们一部分学生到六河沟煤矿做实地考察。所以虽然罢教，我在学业上却没有受多大影响。

在新思潮的影响下，我对写诗逐渐产生了兴趣。去六河沟实习的那回，我目睹了煤矿工人的悲惨遭遇，对他们的非人命运深表同情。在返平的列车中，我写下了一首《矿工》诗，描述了自己的见闻和感受：

黑沉沉的许多地洞，
来来往往不断的几盏小灯，

可怜的许多同胞，

在内做一天十二小时的苦工。

他们一斧斧，一锤锤，

打下来漆黑的煤，

供给世人生活上的享用，

增加世人物质上的文明。

但是他们苦极了，

得不到人的快乐

枉尽了牛马的效用。

自"五四"以后，学生运动蓬勃发展，新刊物日多，新组织如雨后春笋，在此期间，我加入的团体颇多，与之有接触的团体就更多了。择其要者，大约有如下几种：

第一种是以陕西学生为主体组织的共进社，其目的是促进文化发展和改造陕西社会面貌。这个组织在三眼井吉安所左巷六号租有房舍，八九人同住。我在此团体中，最初只是一普通社员，后来因写文章较多，逐渐成为得力分子之一。最初的同人有李子洲、刘天章、杨晓初、呼震东、王震东等人。后来加入而工作较多的有王子休、刘尚达、魏绪言等。我们的刊物名叫《共进》，于一九二一年十月创刊，直到我毕业后赴德留学，它还继续出版，后来为张作霖所封。共进社社员在极盛时，有二百人左右，它在北平及陕西文化运动中颇有影响。

我加入的第二个团体为少年中国学会。此会原在日本发起，后来成为当时国内文化界主要团体之一。我于一九二一年加入，不久被选为执行部主任。其后因为内部同人对于政治的看法不同，分为左派、国家主义派和无所谓派。苏州会议后，我无形中列入第三类。后来去德留学，我与这一团体的关系也就渐淡了。

我当执行部主任不久，即给当时正在湖南长沙文化书社工作的毛泽东先生写了一封信，请他补填少年中国学会的志愿书。我同毛泽东先生，早于"五四"之前，在北大便有过接触。他收到我的信后，立即给我写来了回信。

■ 杨钟健在《少年中国》第四卷第七期上发表《地震与人类的安全》（一九二三）

钟健先生：

　　前几天接到通告，知先生当选执行部主任。今日又接来示，嘱补填入会愿书，今已照填，并粘附小照奉上。惟介绍人系王君光祈为我邀集五人，我现在只能记得三人，余二人要问王君才能知道。以后赐示，请寄长沙潮宗街文化书社为荷！

弟泽东廿九

这是我同毛泽东先生唯一的一次书信来往。这封信，我一直保存下来了。

在学校里，我主要参加的活动为平民教育讲演团。讲演团在邓中夏等人的鼓动下经常在城内或郊区，如长辛店、通州等地做讲演。邓君为湖南人，是当时马克思主义研究会的主要成员，亦为少年中国学会会员。他是影响我学生时代的思想和行动最深的一位。其他团体如新潮社等，我虽常有接触，但终未加入。

一九二一年，我在北大与同系同人组织了地质研究会，时常举行讲演。此为我在北大期间所从事的主要学术活动。

总而言之，在北大后两年，我的课外活动日益加多，且时常向报纸、杂志投稿，还担任了一些刊物的主编人。如陕西学生联合会所出的《秦钟》和《共进》半月刊便时常由我主编。一九二二年十月，我祖父逝世，父亲来信仍命照常上课，等安葬时再回去。所以，我在北平的各种活动仍旧照常进行。

学校因蔡子民先生不满意当时教育部总长彭允彝而辞职，

■ 杨钟健等创办《秦钟》
（一九二〇）

发生了驱彭挽蔡风潮。这次风潮虽然为我在北大学生生活中最活跃的时期，但我始终对过分公开的活动不感兴趣。有一次，学生会主席辞职，大家要我担任，我坚决未就。此时，我担任北大学生新闻编辑及校刊的工作，每天至深夜始睡。后来因要在上海组织"全国学生联合会"，派黄杰和我为代表南行。这是我第一次离开北平到上海去。到上海后，我的工作是编辑全国学生联合会会刊。此时李大钊先生已到上海，我们朝夕见面。此外，我也结识了当时在上海的一些国民党人，如于右任、叶楚伧、邵力子诸先生。在沪不到两个月，全国学生联合会即被封，会刊也停止发行。我一游杭州西湖之后，也就于一九二三年又返回北平了。

那时国民党吸收新青年,并有共产党与国民党合作之议,由于李大钊与邵力子二先生的介绍,我在上海入了国民党,但就实际情况而言,自苏州会议(也就是我去上海时期开的会)后,我对社会活动已不如以前热心。回北平后,只好回到书案,做起"安分"的学生来了。

在北大的最后一年,适值学潮迭起,我未能安心于功课。第一学期在南口实习,除实测地形图、填注地质内容外,还采集化石标本及做一般有关地质观察。回校后,我开始写作《南口地形》一文,此文在中国地质学会年会上宣读以后,即当作我的毕业论文。今观此文,虽然内容简陋,且多谬误,但它却是我第一次用外文撰写之作,不无纪念价值。

由于从上海回校后进行了一番艰苦的复习工作,所以毕业考试亦未遇特殊困难。我们地质古生物这一组计为赵亚曾、田奇、王恭睦、侯德封、薛堡等人。后来,赵君入地质调查所服务,田君赴湖南地质调查所工作,我则做赴德留学之准备。

至此,我在北大已度过了预科两年、本科四年的时光,虽暑假回去了数次,但大部分时间仍在北平。我的功课只可说平平常常,能为应付,谈不上已够大学毕业生的资格。造成这种状况的一个重要原因,是由于六年中迭有学潮及各种运动,不免分心他务。然在此期间我养成了一种"北大风气",以至自由作风终生不替。虽然此时家中迭遭丧事,祖母、祖父先后去世,但家中的一切用不着我操心。我对父亲、母亲等人的痛苦也不甚了解,仍然过着自在的学生生活。

大学毕业后,本可在学业上告一段落,但我自觉所学有限,且值国内局势动荡之时,不但无适当之职业可寻,且有随波逐流卷入旋涡之危险,于是乃有留学之议。此议提出后,父亲及三叔等均赞成。就我家的经济状况而言,实不能供给我到外国去上学,但他们为成全我之志向计,终于应允,于是,我决定与同班同学王恭睦一块儿去德国。

毕业后既要出国,便不可不对某些事务做一安排。我向共进社辞去一切职务,其他活动也逐渐终止。暑假中回家,我将共进社之事托于王德崇,就连我私人的物件,也收拾妥当放在北大储藏室中,亦托王君照管。

■ 北京大学地质系古生物组毕业合影,第一排左二为李四光,左三为葛利普,第二排左二为杨钟健(一九二三)

我在家住了数十日，经常到县里去，见父亲仍在为教育事业奔波劳碌。我于暑假中邀马为龙、杨慰祖等人南入石头峪，到雒南境，为的是察看山中地质。到八月十七日，距父亲生辰只有五六天了，我即离家再去北平。现在回想起来，以后只有父亲去世那一年才在家为父亲过生日，实悔那次不多住几天，等过了父亲的生日再走。

到北平向学校及葛利普先生要了证明书和介绍信，即动身赴沪候船。时值九月初，日本发生了大地震，三叔奉命赴日考察，并救济陕西留日学生。父亲决定与之同行，来信嘱我九月末或十月初在上海相会，以便送我去德。

我于九月到了上海，会见了王恭睦，同住在他所熟悉的一家旅馆中。我们忙于购置服装及办理护照等事，护照托环球学生会代办，衣物则多在南京路的先施、永安等公司购置。我得暇除为共进社撰稿之外，还与王君合写了一本《地震浅说》。此书后来由中华书局出版。

到十月初，父亲及三叔由日本到上海同住一旅馆中。父亲来此主要目的是督印《何恃录》与《何怙录》二书，以纪念我的祖父和祖母。但此事一时尚未完成，需待我离沪以后若干时日。此时，我已定于十月二十六日由沪乘法国马赛的"阿吉号"轮船启程。离别的这一天清晨，父亲、三叔及当时在沪的杨明轩等人亲上驳船，送我到吴淞口外。我在这汪洋大海中同他们作别，自感生活进入了另一阶段。

在德留学时期

一九二二年至一九二三年间,德国的货币马克大为贬值,通货膨胀。凡以外币计算,在德生活者感到相当便宜。当时去德国的学生很多,我也是受了这个鼓动而去的。不过我并没有赶上便宜,还多少赶上物价上涨。但那时在德的学生生活,有国币七八十元一月已相当足用了。我决心去德之前并未习德文,在北大的后一年,曾由友人介绍请王某补习,然而,那时的正经功课还学不过来,这所谓补习也者,也不过么回事罢了,并未产生多大效果。语言上的困难,并未挫伤我去德的勇气。

去德本有两条路,一为陆路,一为水路。陆路是由西伯利亚过苏联而达德国,但那时此路尚不通,所以决定走水路,在上海订了法国邮船的船票。这时候海船速度相当之慢,由上海到马赛——连沿途停留在内——要三十多天到四十天,我们此次共走了三十八天。不过沿途却看了许多地方,增广见闻不少。初次过海上的远航生活,看了一切都觉得新奇。我曾将沿途情形分函王德崇,连续在《共进》上发表。后来收入在《去国的悲哀》一书中，成专集出版。

船过台湾海峡时，遇到风浪。我身体感到不适，心情尤为恶劣，幸以沿途之景物欣赏，略慰我去国之悲情。那时正值国内军阀尚未革除，曹锟贿选总统方上台之际，念一己只身远行，有许多友人都在国内苦斗，亦自觉不安。但一年以来，自己对革命的学生运动逐渐丧失了激情，却正好借此进修机会，努力充实自己的学问。

在船上无事，除记载沿途见闻外，也作些其他文字，均投登《共进》。在马赛上岸后，即给中国领事馆打了电报。十二月四日到巴黎时，有李璜、李士林（习自然科学者）等人相接，并安排我住于索尔包思附近之一旅馆中。

在巴黎时有曾琦、李璜诸少年中国学会的友人及李士林，同乡张奚若、李文化等招待，故虽不懂法文，却无什么困难。他们有的人主张我留在法国学习而不必去德，但我却终因方针已定，未便更改。我与王恭睦均决定去德国南部的巴燕之首府明兴（今之慕尼黑），但在上海经领事签字之护照上言明不能去巴燕，因为当时希特勒正在明兴发起首次革命，那里颇有骚动。我们在上海时竟不知道这一情况，在巴黎得知以后，才到巴黎的德国领事处再行签字，始得启行。

到了明兴，住在车站附近一旅舍中。我们之来此，是由于葛利普教授的推荐。葛师知我去德，为我写了三封介绍信：一封给此地的布罗里教授，一封给哈勒大学的瓦南特教授，一封给柏林大学的彭伯次克教授。前者以研究脊椎动物化石闻名于世，后两者亦均为地质界宿将。但关于脊椎动物化石的研究,哈勒大学和柏林大学均不如明兴,因为明兴大学除布罗里外,尚有最早研究中国哺乳动物化石的权威施洛塞。来德之前,我曾与葛师谈及将来的研究方向,葛师即有从事古脊椎动物研究的建议,但我当时并未深为考虑,便携此三封信来德,也不知何所适从。当初意思,我是想等到了明兴再说,想不到来此以后一切顺利,十分满意,竟在此住了三年多。

因嫌住旅馆太贵,我于次日移至一公寓中,然后到校拜见布罗里先生。他竟意外地客气。到明兴以后,才得知同班同学张席禔已于数月前亦来此地跟从布罗里学古生物,从此我们便有三个

■ 杨钟健在德国留学的导师施洛塞先生(一九二四)

学地学的一同住在明兴。我们还认识了在此地习动物的贝时璋。他因到此较久，可以为我们照料一切。布罗里还介绍了他的学生——犹太人纳虎，为我们补习德文。我不久移至特赖生街一民人家，房租更为便宜，房妇有一小姑娘也为我补习德文。此时学校已开学，但我的德文毫无根基，故不能立即上课，须等到四月初的下学期开学后才能入学，在此数月内即过补习德文生活。

明兴为德国南部一富有艺术性的城市，故有艺术城之称。那里有各种陈列馆、博物馆，有一最大的公园名曰英国公园，其中有中国式之塔。每当假日游人毕集。我于补习德文之余，即游览明兴各名胜，参观各陈列馆。我对于陈列馆的作用印象殊深，并产生了特别的兴趣。

经过三个月的补习以后，得到布罗里的同意，我自四月起开始入学，从此又过另一处大学生生活。我的主科，当然为地质史

■ 杨钟健留学的慕尼黑大学大门

及古生物学，而以地理及动物为副科。按德国学制，大学生如愿考学位，必须要一主科及两副科。上课以后，语言仍不甚通，幸各科目之专门名词与英文差不多，而且大部分时间都消耗于实验室中看标本，也并没有多大困难。

自在明兴入学以后，我除了努力用心于所学的功课之外，很少有其他活动，只是常为《共进》撰写文章而已。后来到明兴的中国学生渐多，最多时有三十多人，大家组织了一个学生会，我只以会员资格参加，未有活动。当时，国内政治空气更为炽烈，且有国共分离之事，影响到了德国，柏林的中国学生会也一分为二。但这一风潮对明兴的波及尚小。另外，国民党开展了清党活动，对党员进行重新登记。我虽知其事，却并未理会，自然从此与它断绝了关系。那时，我对于一切政治只以旁观态度处之。回忆初来德时，竟有人造谣，说我之来德，乃受共产党方面的派遣。我对此不予理会，谣言亦自生自灭。在国内，随着政治形势的变化，少数人所推行的国家主义日趋热烈，国家主义者所出之《醒狮周刊》亦常寄到德国来。为反动军阀所操纵的青年党也已成立。在明兴时，有一入了青年党的某君联络我，要我加入。我对他说："我若要入青年党，还待今日，还要你老兄介绍吗？今后，我只注重学术研究，不再加入任何党派。"就这样，我终于没有加入青年党。

一方面，因我对政治活动不发生兴趣，专心于科学研究；一方面，明兴中国学生虽多，而多为习自然科学与医学者，学生会中少有政治空气，所以在明兴三年多，我以前热衷于政治运动的心渐渐冷了下来。在明兴，我除了与习地质的王恭睦、张席禔两君来往较多以外，新交中最为相契者为习化学之汤元吉君，当然还有一些习医学及自然科学的朋友。环境如斯，奠定了我以后终身研究科学的基础。

明兴大学的地质系，位于最繁华的闹市新房街，最负盛名的国立博物馆亦在此。系之所在地，是一所古老的建筑，已经有一百多年的历史，楼下为人类考古学系，二楼及三楼为地质系。我们戏名之曰"城隍庙"。地方虽古旧，而内容甚充实。其时，系主任为凯沙，担任普通地质的教学。此君当时正从事于非洲沙漠地区之研究。担任地层及古生物授课的为布罗里。此外，授课的还有斯稠穆、劳意克斯、堡登、达克等人。斯稠穆亦以研究脊椎动物化石著名，劳意克斯曾到过我国新疆，堡登为阿尔卑斯地质专家，达克研究古生物及地层，兼管图书室等。还有已告老的施洛塞，则仅偶尔到系里来，大多数时间住在乡下。我一天到晚除上课外，几乎全在系里的实验室度过。那里的实验室十分完备，所有的实习材料全照齐特尔之教科书排列，取用甚便。实际工作主要由助教主持，主任教授不常来系中。所有教师和同学对我们几位中国学生都很热情，对我们的工作和学习亦尽力协助。

我所选的副科之一为动物学。动物系在地质系附近。我初到时，系主任为里特维希。他主讲动物学，在动物学界名气甚大，听他讲课的人甚多。我往往坐不到前边，听得不大清楚，实际得益较少。后来他告老，由他的学生费内希担任动物学教学，倒比他讲课时我得益更多。我在动物系也选了若干实习，又选了有名的杜得兰的骨相学一课，于脊椎动物化石研究十分有用。

我所选的另一副科为地理。地理系则在路德街的校本部，系主任为德内喀尔斯基和斯文赫丁。他们为李希霍芬之高徒。地理系的学生特别多，而我只听地理学。因教授得法，故得益比动物学为多。地理系中教授（如赫斯胡佛等）对我均特别协助。

此外还选过植物系、矿物系的课，不过到一学期完就放弃了。在明兴虽已照常上课，然现在回想起来，吃亏的还是德文没有打好基础，若德文水平与英文一样，得益定当更多些，尤以第一学年为然。

原来打算在明兴住一时期即到别处去。后来觉得明兴的先生们全不错，我研究脊椎动物化石之志便日益坚定，要在古脊椎动物学方面有所造就。就条件而言，在德各大学中，实没有一个可与明兴相比的；而且我在异国经费时常感到不足，一动不如一静，住久了的地方情况较熟悉，也省钱些，所以我也就安心住下了。我住的地方，后来搬迁了好几次，有的距校相当远。在德找民用住房，或登报或托人介绍均不太难，不过大多数房主均不管饭食，至多管早点，午晚饭均要到外边饭馆中去吃。时间久了，就发现何处便宜。初以为这种游击式的生活会感不便，后来也就习惯了。晚上为省钱计，往往买些面包黄油之类，在寓所以茶当汤，即可作为一餐。事实上，大多数德国人都每天以吃一次热饭为常，晚上亦均如此，甚为简朴。

自然科学以野外实习为主。我除修动物学方面未参加任何旅行外，在地质系和地理系于二年之内参加了不少旅行，到了德国南部许多地方，如帆沙领、莱茵河沿岸、阿尔卑斯山等地，均去了许多次，每次三、五日不等。这些旅行使我们更深切地了解了德国社会和学生的生活状况。我们在野外住得很简陋，二十分尼一夜，但却十分干净。

此外，我也曾利用假期自动地做了不少短程旅行。当时法兰克福有一中国学院，接待中国学生，我也曾去参加。明兴一带风景佳丽，我常去各湖滨游览。有一次与汤元吉到贝克歇斯加登，并登上德国境内的阿尔卑斯第二高峰互次曼，给我留下的印象最深。

当时的德国，正处于资本主义的发达时期，对比我们国内军阀混战的局面，不免时时感到哀伤。"睹异国之气象，念祖国之疮痍，国势不振，因之处处遭人歧视。"我内心无限惆怅和激愤。一九二四年七月，我在武二屯堡做地质旅行期间，写了《旅中感怀》，表达了当时的心情：

(一)

跑山整七日，风雨一身收。

劳苦我何辞，知识但得求。

(二)

国威哀不扬，舌亦失自由。

到处遭白眼，泪向天涯流。

（三）

荆棘遍祖国，愧见此河山。
山山草木绿，村村有电杆。

（四）

风物虽宜目，繁华隐弊端。
然哪如中国，尚不保治安。

（五）

国事嗟如此，忍作袖手观？
此生无所补，空为一青年。

祖国的前途，常常是我这一时期诗作的主题。一九二六年夏，北伐军占领了汉口。九月二日，我写下了《报载国军克服汉口后喜作》：

汉口克服的消息传来，
好似暗途中遇见了光芒。
始信我们终不曾无希望地盼望，
始信我们正在进行有效力的反抗。
愿不久把所有祸国殃民的恶魔，
一一送到永不得复活的地方埋葬。

可是，形势的发展出乎意料。正当我盼望着北伐胜利的时候，国内传来了消息：老军阀在北方加紧镇压人民的反抗，蒋介石在南方背叛了革命，北伐被断送了。我的心笼罩在一片阴影之中。对祖国前途的彷徨和失望，使我将精力进一步集中到自然科学方面了。

在明兴的生活相当安定，除自己的研究与上课外，仍常为《共进》作文章。后来《共进》被封，也就不作了，以后便很少有议论时事的文字。关于讨论科学的文章，则写了几篇，并投登学生杂志。此外，还以阿伯尔之普通古生物学作蓝本，编译了一本《古生物学通论》，由中华书局出版。此后的写作，就大都侧重于地质与古生物方面去了。

旅德生活虽比较苦，但并未感觉到不适。主食以面包为主，同我国北方以馒头为主差不多。除偶尔伤风和其他的小毛病外，我也并未生过大病。不过有两次入医院：一次是为割痔疮，住了两周；一次则为意外的受伤。有一天，我参加布罗里所领导的往法兰克福的地质旅行，到一山坡上，由布罗里讲述了旅行的目的和要求之后，即让我们在山坡上寻找化石。此时山坡上站的人很多，我在底下的部位，上边有一意大利学生，他因行走不慎，踩翻了一块石头。这块石头自上向下滚，从我的头部擦过。因我正在低头捡化石，未予注意，竟被砸伤，当时血流如注。达克及布罗里的助教德特拉二位赶来，将我带到山下的旅店中做紧急救护，然后又送我回明兴入医院治疗。此一意外，幸无大伤，只是在头的后面留下一大疤痕。然而后思之，实为危险，倘石块稍着重，性命休矣。此为我离国期间所经受的唯一大危险。

在明兴住了三学期后，布罗里答应让我作博士论文。此时同我一起的中国学生都各有选题，我因接受地质调查所翁文灏先生之建议，决定以乌普萨拉的一部分化石作为研究对象，并当即征得了布罗里的同意。原来地质调查所自安特生关注中国北方新生代地质后，即着手各地新生代化石之采集。后来又有奥国人师丹斯基来华专门从事采掘，所得化石甚多，以三趾马红土中之化石及以后较新时期者为主。当时地质调查所无人研究这些化石材料。我国乃与乌普萨拉大学教授维曼商得同意，将材料全部运到乌普萨拉修理，并由他分配于各专家研究。研究论文的印刷也在瑞典，由瑞方捐助一笔印刷费，但成果须列于中国古生物志中。所以，我国古生物志的一大部分专著，即根据此项材料写成。中国古生物志丙种第一卷第一册便为安特生在绥远所采之中上新统材料，由维曼请明兴的施洛塞研究后所撰写。在我到德时，此卷已经出版。后又出了关于肉食类、犀牛类等化石的研究成果。自翁先生提出由我进行研究的建议后，维曼甚为同意。但他却说，除鼠类化石及啮齿类化石外，所有门类均已有人研究。他问我愿选这剩余两门中的哪一类。我与布罗里、施洛塞商讨的结果，决定研究啮齿类化石，并由施指导我进行工作，将来即作为我之毕业论文。此事得到翁先生与维曼最后同意，故将三箱中国之啮齿类化石由乌普萨拉运到明兴，由我研究。

要得博士虚衔，非作一篇论文不可。然而写一篇像样的东西，没有好材料不行。我今得此新颖材料，自为满足，从此除上课外，便将以往整天实习的时间改为研究化石的时间了，实可谓更进了一层。施先生虽不常在系，然每次来系时，必相为研究，并指导我翻阅参考书目。我待化石大部修好，并大致分类完结之后，即逐种做记述工作。至于绘图，则由布罗里先生介绍一位德国女士担任。此事常要付一部分钱，但地质调查所翁先生同意报销，并未增加我之负担。约经两学期，我大致完成了原稿，约一百页，图版二幅。由古生物志出版时，印刷费也用不着自筹。比之许多人已有论文，但自己无力印刷，以致拿不到文凭的事情来，我算是很幸运的了。我之论文完成后，以一份寄地质调查所交翁先生（后来才知道他将此文交给了当时已在国内的法国人德日进先生校看），以一份交维曼先生，作为付印本，还有一份交学校作为毕业论文。

此时已为一九二七年之年初。学校定于二月十六日举行口试，应试者八人，其中我和王恭睦为中国学生。口试由凯沙（地质）、布罗里（地质古生物）、费内希（动物）、德内喀尔斯基分别主持，每人各半小时。我以动物所答最差，其他亦不得意，结果以乙等及格，总算过了一关。德国考博士学位以论文为主，口试不过为一种形式。口试成绩共分四等：第一等为特等，第二等为甲等，第三为乙等，第四等为丙等。我的论文及口试均已通过，友人相与祝贺，而我内心则惭愧不已。不过来德三年多，最后取得了博士学位，在自己一生中总算迈进了一步，也可以稍慰于家庭及友人关心我之心情了。果然，报告考试及格之信件抵家后，得父亲回信，多慰勉之辞。

我的论文寄瑞典后，维曼教授回信甚为赞许，并同意立即付印。因此，我很想于明兴结业之后赴瑞典，就财力所及到各地做一番游历后再回国。另外，我在德得到消息，言北平和北方各地遭到兵匪扰乱，局势相当不安，尤以我乡地方土匪甚多，治安更为难保。在此情况下，父亲不主张我立即回去，因回去亦无适当工作可寻。适值此时，地质调查所翁文灏先生寄来一部分钱，作为我工作补助之用，因此，我的旅行之费用亦可稍得资助。由于上述原因，我遂决定暂不作归计。

与我同时结业的王恭睦也还暂不回国，他打算仍留在德国。张席禔君则早已转往奥国维也纳继续从事研究工作。我则决定春天离开德国到瑞典去。

在此，我想补叙一点在德的生活琐事。前已说过，我的住房经过多次迁移，最后找到土耳其街道的耶尔情之家。此人为寡妇，有一英国友人，还有一子一妹，其妹在附近一家商店当雇员。他们家庭简朴，我移入后相处甚好，因此，我在他们家住了将近两年。在这里的最大方便，是可以利用其厨室做些中国饭菜。耶尔情的友人及亲戚亦多来往，无事时我们还可以谈天或下棋作消遣。

因在德时间较长，所以我也结交了不少德国学生，同系者固多，地理系亦不少，尤以地理系的助教、曾到过新疆游历的居克来，同我关系更为融洽。汤元吉所认识的德友中有一位叫谢理士的，也同我熟悉了。此外，在德游学的许多印度人，同我来往的也不少，所以后来两年已不如初到之时寂寞。来德的第二年，我还入了跳舞学校，学会了跳舞，并常参加交际舞会，因而对德国社会有了更深一层的认识。

欧洲的漫游与回国后的动荡

离明兴北行先往哈勒，这是我第一次到北德去。此时正值春暮，丁香花盛开，到处香风扑鼻。哈勒为葛利普介绍我应去的地方之一。不过此时那位瓦尔特教授已去世，我见到了许多其他人士，如研究人类学的魏格特等。在此未多停留，即又驱车北行到了德国首都柏林。因要在柏林多待一个时期，所以托人租到了沙鲁特堡附近味尔穆斯道尔夫街一民房暂为居住。

柏林的中国学生很多，但我无心多为认识。我在此遇见了前到过明兴的韩君和他的荷兰籍夫人，得到他们许多协助，并且时常一起到郊外去欣赏柏林园林之美。少年中国学会的发起人王光祈君亦在此同我见过多次面，我们一起纵谈目下时事，颇多感慨。王君为四川人，在日时与同人创办少年中国学会。他离国来德后，忽转攻音乐，以译著资助生活，甚为艰苦。此时，少年中国学会的左右派别之争日甚一日，王君亦叹息不已。后来，他往波恩任教，不久病逝，此实为一大损失。

当我在柏林时，适孙云铸先生亦在此。相与把晤，谈及将来发展中国古生物研究，颇多共同语言。我们商定发起组织"中国古生物学会"，并在姚从唐先生寓所草印简章，分发国内习古生物学的同人。然而，学会何时成立，尚不得而知。

柏林大学之地质中心，在依瓦林得街的地质系博物馆。地质调查所也在这里，所以我常到那里去。见到了柏林大学的彭伯次克教授，我向他说起当年未能来柏林之遗憾，他说："您在明兴很好，来此未必能实现您的志愿。"他还告诉我，在脊椎动物化石研究方面，柏林不如明兴。在此研究脊椎动物化石的有燕尼赤、第特内希等人。此时燕尼赤正在研究从非洲所采之恐龙化石，第特内希则在研究第三纪及第四纪动物化石。第君耳聋，言谈不便，然对我甚表热诚，谈话间常谈及以前在此习地质之朱家骅等人。在此还遇到由美国到英国研究中生代哺乳类化石之辛普森君，此君曾发表过有关蒙古中生代古哺乳化石之文章。我们相见颇为欢洽。

一九二七年将离明兴时，斯稠穆等曾介绍我加入德国地质学会、德国古生物学会及柏林之地质学会。入此等学会的唯一好处是交会费后得到刊物一份。到柏林后，恰遇德国地质学会决定春间在哈磁之高赛拉开年会，我乃报名参加，因为这一活动不但可以会见地学界知名人士，听他们宣读论文，而且可以加入野外旅行。

在柏林，我时觉双膝有些不灵，寻医诊断，也说不清楚是什么毛病。后来由医生介绍给以大量铁质水，日日服用。他们为的是进行试验，看此新药究竟有无效用。我吃了好几百小瓶，也无大效,幸而不是重病,也就度外置之。

离柏林赴高赛拉参加年会,认识了不少德国地质界名人,如在格廷根之斯特勒、在法兰克福之瑞希特等。野外旅行期间,所用地图为柏林地质调查所所测制的最详尽的哈磁山区地质图,并由所内两位专家担任领导,每到一地,他们均对照地质图进行详细讲述,使我得益不少。他们对我在生活上也特别关照,旅行十分顺利。

会议结束后,我便往格廷根一行,遇到在此习医的李斌京君。李君与我乃陕西同乡,且为世交,过去曾通信多次,至此始得见面。此时,斯特勒亦回到格廷根大学之地质系,我们在这里再次见面,并由他带我参观了地质系之一切设备。

由格廷根转回柏林,我即计划赴瑞典。不久,我即由柏林乘火车到扎斯尼次,过海峡后抵瑞典境。换火车到瑞典的京城斯德哥尔摩,并未停留,即转车直赴乌普萨拉。维曼教授在这里迎接了我,介绍住一寓所中。此时,我在明兴所研究的啮齿类化石,已由我再为包装,早已运抵此地。至于我之论文亦已付印,并已由师丹斯基(时也在此)校了头校。我虽只看了一次二校,但也费了不少时间。此后我在瑞境内做了一次地质旅行,将此间所有从中国运来的标本逐类加以参看,得益不少。这些标本之修理工作十有八九均已竣事,已研究完毕者亦不少,所留之鱼类化石维曼尚未着手,他有意留我在此小住,将此类化石加以研究。我亦颇有此意,但一想需时稍久,而我势不能长在国外,主要是经济能力不许可,所以只得作罢。

■ 杨钟健在德国及欧洲作地质旅行（一九二七）

时维曼教授正在装架他所研究的盘足龙，此为师丹斯基在山东蒙阴所采集。维曼亲自动手将保存完整之后腿胯骨及腰部之脊椎装架起来。维曼教授为瑞典古生物学权威，对中国化石之研究极尽辛苦，对于我在瑞典期间，亦多协助。

趁离瑞典回德之便，我曾在斯德哥尔摩下车参观了瑞典地质调查所及植物学家哈勒之实验室。并在此会晤安特生先生，参观了他在中国所采集的古代陶器。这些陶器均存于他所创办的东方博物馆内。

由瑞典回到柏林，仍住在原地。我在柏林先后住了两月多时间，对各地质机关已了解得差不多，对柏林街市也较为熟悉，对旅居柏林的中国学生，也比前认识多些。但我不能久住于此，只得照预定计划办理手续，前往英国。由柏林搭三等车过科隆出德境，在比利时的京城布鲁塞尔下车，住了一天，并参观了此地有名的自然科学博物馆。这个博物馆以禽龙的陈列馆最为壮观，数十架禽龙化石十分完整，用各种姿态陈列于馆中。在此也会晤了几位地质学家，惜因语言不通，未能多停，乃离此上船入英。过海峡风浪甚大，呕吐不堪，虽不过两小时多，而比之由国内来此还要难受些。

英国伦敦可参观的地方很多，最重要者为不列颠博物馆。在这里，我见了研究中国象类化石的胡步伍，又会到了在明兴已见过而今已回英国的研究中国猪类化石的斐尔森女士。伦敦学院大学的主任瓦特生教授，为英国研究脊椎动物化石的权威。我与他曾数次会见，他还赠送了我他的许多著作。吴定良先生当时正在英国攻读，我和他在此相识，亦得到协助不少。我本想在英多住一段时期，尤其希望到其他主要城市一游，终因经济情况不许可而作罢。

离开伦敦，我便来到巴黎。巴黎本为我三年前到过的地方，但三年后再来，这里有些变化。以前招待过我的那些人士，除了李士林仍在此外，其余均未见。我此来主要为到自然历史博物馆参观。在这里我才第一次见到知名已久但尚未见面的德日进先生。他为法国天主教神父，亦为德国古生物学家布尔之高足，因

■ 杨钟健在欧洲（英国、法国、瑞典等）游历（一九二七至一九二八）

发表文章触犯教规，被遣送到中国。他在中国与桑志华神父同做自然科学工作数年，曾到过华北不少地方，对古生物地质极有造诣，且研究范围甚广，旁及人类学、岩石学、考古学等。他最近由中国返国，我们相见甚欢。他说在中国时看到过我的毕业论文原稿，甚为钦佩。他在巴黎带领我会见了布尔皮夫杜及其他许多法国地质学家与古生物学家，并参观了博物馆。桑志华与他在中国所采之化石，一小部分存于天津北疆博物院，一大部分则运到这里修理陈列，尤以在桑干河岸泥河湾听采之上上新统化石最为丰富。他这次回来，正为督促修理这些化石，并做研究。故我在此数日，得益实为不少。

在巴黎住了几天，我决定由此转回明兴，以便取道西伯利亚回国。回到明兴已是冬天，因前房已退，我只得住于火车站一公寓中，不过有时还去看看旧居。到明兴以后，中国学生多无变动，我便仍到地质系，找一固定的地方看书。施洛塞不时仍以有关脊椎动物化石方面之新著见示。有时，我也旁听一两门想听的课程，并在余暇时学习修理化石及做模型等工作。不过，我已不是学校学生，而只是地质系一位访客而已。时国内北伐军节节北上，胜利在望。但北方局势显然仍在军阀势力之下。我因限于种种条件，势不能长期待下去，在明兴虽可择一题目研究，却又恐怕为时太久，所以还是决心回国。地质调查所翁文灏先生以前赞成我考试完毕做短期旅行，注意为将来在中国研究脊椎动物化石做些准备。最近，他又有函召我回国任职。我想不管将来地质调查所变动如何，但至少可在所学范围内工作。我将此事去信商之于父亲，父亲来信说，既翁君所言绝无客套语，可为应允。于是，我当即办理护照等手续，决定取道西伯利亚回国。时已过新年，即一九二八年年初。这是我在德度过的第五个新年。念及从一九二三年冬到德整整住了四年，并到了第五个年头，内心实在对明兴有不胜依恋之感。在此的许多友人如汤元吉、王恭睦等均有惜别表示，其他的德国朋友亦多谓未知何日始可再见。有一天，布罗里教授约我在其家便餐，全家作陪，叙谈甚欢。布对我预祝道："中国之古生物学材料，都在等待着您去发现。"自己亦觉颇有勇气，决心回国后努力工作，以求对中国古生物学有所贡献。

一九二八年二月的一天，我离开了明兴，搭火车先往维也纳。时张席禔正在此，我得其招待，并参观了维也纳大学古生态系。因为这个系的亚伯尔教授提倡古生态学，故将其系命名为古生态系，着重研究古代生物之再造与当时的生活环境。我曾听了他一小时课，参观了系里的设备，又参观了维也纳之博物院。维也纳为欧洲一名城，文化悠久，如动物园等，亦均可观。我在此住了数日——因所购为联运票，时间有限，不能多所停留——即再搭车启行。

由此过捷克、波兰而入苏联境内，因在夜间行车，故我所看到的景物不多。入苏联境时，检查虽然严，尚不故意留难。到莫斯科只有一日停留，此时屈武、杨大程均在此，我亦曾与他们晤见。由此上火车才是国际联运车，我所乘车座为二等，因要坐车一星期之久，才购二等车票。车上旅人甚少，西伯利亚途中尚是一片严冬景象，冰雪满地，不过车中相当之暖，尚不觉寒冷。由此到满洲里入我国境，经过详细检查，再上车。过哈尔滨到沈阳，由沈阳上车为三等车座，沿途秩序及站上、车上所见，与在欧洲有天渊之别，不觉心中引起无限悲观情绪。到北平未住旅馆，而寓于华州会馆中。因天气寒冷，又兼在途中饮食失当，所以我一到北平即感身体不适。多年未回北平，初到时不料以大病迎接。

到北平次日，去澡堂洗澡即感发热甚高。我勉强到地质调查所拜见了翁文灏先生，他说当尽量使我有工作机会。谈完辞归，病体不支，乃到协和医院诊断，当即被收留住院，确诊为副伤寒。谁知一住便是一月多。我初到北平，亦不知有何友人在平，所以虽然身在熟地，却好像到了外国新城市，举目无亲，甚为孤寂。后打听到王旭哉先生在平，经与他联系，他乃时常到医院来，我始稍为得到一点安慰。此时家中亦知我有病，但却无法来平。

我于四月初出院后，人尚虚弱，乃到王旭哉家居住，以资休养。此时，地质调查所送来聘函，请我入所当技师。不久，我即到所任职，并参加房山县周口店的发掘工作。不料周口店工作未及两月，即得父信，知家中发生巨变。

前已说过，当我一九二三年出国时，正当国内青年醉心革命，国民党与共产党两大主流已密切合作，在国民党旗帜下从事国民革命。但自我到德至我回国的四年多时间里，两大主流之间的合作起了变化，初有摩擦，继而分裂。此等经过，我无资格详述，所可言者，国内种种事变亦往往反映于国外之中国学生中，独我因专心研究学问,未再卷入。当时,北伐日见成功,许多青年朋友为革命而牺牲。军阀势力虽然日益衰败,但仍在做垂死挣扎,张作霖的势力尚在北平、开封,所以,不久当北伐军到济南时,即有"五三之变"。

我初到地质调查所时,大门上所挂的牌子为"中央地质调查所",并未冠有什么部的字样,或者这就是当时的应变。我心血所一度浇灌的共进社早已于一年前被封,人员也已星散。后来听说同人中激进者多加入左派,不少已经牺牲;大多数则各奔前程,自找出路。北平情形相当混乱。不久,张作霖出关,北平和平易手。犹忆奉军最后一部分开出北平的那一天,我还在协和医

■ 兵马司地质调查所(一九二九至一九五二)

学院娄公楼凭窗观看（地质调查所新生代研究室设于此），真有说不出的观感。此时南京已为首都，北平降为普通城市，但北平毕竟是一个文化中心，我仍希望在北平可以施展自己的抱负。

我到北平后，刚刚写信回家，报告平安抵平的消息，不料又卧病一月多，增加了家中的忧虑。照常理言，我回北平之后，当先回家一省，但此时地方不靖，交通时有问题，家中亦谓稍缓再回家亦可。我因已接调查所聘书，乃决定先到周口店看看再说。恰在此时，我接到家信，说五月十五日（时为一九二八年）有一股由东向西的兵痞匪人侵入村堡，与当地反对新学的顽固人士相勾结，将我家房舍放火烧尽，并将二叔绑至南门外击毙。当时，我母亲正在家中磨面，她衣着破旧，很像用人。匪问家中主人，母甚机警，告以我乃用人，因得乘机逃至邻家，幸未受到伤害。父亲则于遇事之时尚在县里学校，次日始由友人伴送到家，见家中已是一片瓦砾，二叔正陈尸村堡南门外，心中十分悲痛。我在北平得此信后，念四年前所离之家已不可复睹，为之凄然，当即向所中请假回家一视。时交通情形日乱一日，我于六月某日与陕西在平学生二人，购得石家庄车票。下午由前门上车，等了好几点钟，车尚不开，车厢内人挤人，毫无隙地，移动绝不可能。好容易到夜半开车，但天明才到了长辛店，车又不开。如此时开时止过了一天一夜，至次日上午才到了石家庄。在此又得等南往郑州之车。费了许多事，才购得车票，幸已不如前之拥挤。在石家庄等车时，看到此地混乱情形不亚于北平。我与同行到近郊散步，反觉乡下倒平静安定。

四年半未回，陇海路仅由观音堂进展到陕州。我们在此下车，得雇车骡西行，幸尚无大的困难，费了两天时间便回到家中。到家时，父亲已在辛苦办理善后，家中三套房舍烧得只剩下下边前房三间，其他只留得焦烬与瓦砾一堆。二叔灵柩停于堂屋中，我抚棺呼号，已不得起死者于九泉。近年以来，虽连遭丧事，然均不能与此次之变相比。

此时，县中驻军冯玉祥某部，对来往行人盘查甚严。有一次我入县城，因衣装稍特别（西服），几遭意外。对于此变乱局势，人人有朝不保夕之虞。

回国以后，在北平遇到王德崇等旧日共进社友人，有的还有些雄心，力图再做当年学生时代的所谓文化工作。我因不忍拂他们之盛意，自然赞成，然兴趣实不再在此。他们创办了一个《萤光》刊物，我只于在周口店工作时作了两篇小的杂感而已。

我的家庭

这里暂停记述以后的事，先回叙一下我的家庭。

因家道中落，当我诞生时，家中仅上房三间，厦房两间，我祖父耀海公辛苦务农，供我父亲读书。我继曾祖母尚在堂，二叔、三叔则从我父读书，我四叔只比我大五岁。次年，我曾祖母去世。

我祖父痛感早年因战乱失学之苦，对我父及诸叔读书之事十分认真，虽在万分艰苦的条件下，亦不令其辍学。其实我家除简单房舍外，仅有薄田十余亩与一耕牛而已，然我祖父种田，以"粪多、苗稀、力勤"三诀取胜。收入不但能维持家计，且可稍有积储。有余钱即买地，地价也不高，因之数十年以来，田地日见增多，至祖父去世时已增至百亩左右。原有的六间房舍，于五月十五日烧掉三间，我中学以前之毕业证书、日记、文章及幼时什物，亦均随之而毁于火。

我祖父极富家族观念。家境稍裕后，他便联合同族在南门外又建祠堂三间和厦房两间。积一年之余资，总要于节日祭祖一次，且略具祭祀规模。这种祭祀活动，主要是为了商谈族务。祖父平时急公好义，凡遇亲戚朋友或邻居纠纷，经他片言调解，立即平息；对村中之事，祖父亦力尽所能予以主持办理，是以堡中才树立自治之风。他平生的嘉言懿行，一直为众人所称道。

在我的记忆中，祖父是一位和蔼的老人。他日夕在家劳作，有时夜出，为竹园灌水，往来于谷道及堡巷之间，孤身赤足独行。每当农忙之时，祖父下地参加摘棉、晒杏干、收麦等工作，辛苦至极。我稍

■ 杨钟健祖父杨耀海遗像（杨钟健父亲杨松轩先生为遗像亲笔题字）

长，唯一的任务就是每天早上去给他和我二叔送早餐馍馍。

祖父虽在家务农，但对县里的人极熟。每于农暇时，尤其在冬季，他常到县中亲友家，停留盘桓竟日，至暮始回。这也是我幼时所得的深刻印象之一。我为长孙，所以祖父对我特别钟爱，幼时教我识字，及入学督责甚严，因我早上爱睡不能起来，常遭斥责，盖他唯恐我有荒学业。及我在外读书，回家时间有限，祖父便放松了对我的管教。每有较好的食品，常是我与祖父共同享

073

受。祖父对子孙不喜欢直为教督,每当有事不顺其意,他即不发一言,令人难受,比当面斥责还觉可怕。所以诸叔及我均养成一种自动努力之作风。

祖父于一九二二年三月六日逝世。前数周,父亲虑有不测,乃召我回家。祖父患食道窄狭症,一度甚危,然及我与诸叔先后回家后,他初很高兴,继又不悦,以为我等荒其学业与所学,等着他死。为此,我们只好先后离家,各事其事。不料,此竟为我与祖父的永别。

佐我祖父成家立业者,当首推我祖母刘氏。她为蒲城民地村人,十九岁与我祖父结婚。祖母一生辛勤劳碌,养鸡、纺纱、做鞋底卖钱,每天操作至深夜。我出生后,祖母担心我母亲照料不周,即将我抱至其身边亲为看护,故我儿时心中只知有祖母,一切唯命是从。祖母督治家事甚严,我母亲及诸婶每有小过,动辄厉骂,随之继以殴打。乡间村邻诸妯娌间常有冲突和口角,其事往往甚微,而影响可能甚大。唯我家多年以来赖祖父主持于上,二叔辅之,又兼兄弟和睦,故始终未有出轨之事,所谓重心常存,其他诸事均易解决。

我祖母为旧式家庭中的标准人物,助夫教子,均有足取;勤纺织,严治家,节衣缩食,堪称典范。她晚年亦常享家庭为婆者所能享受之幸福。时值家庭蒸蒸日上,故我祖母虽早逝世,而其精神上则十分快慰。

今不能不一述五月十五日被杀害之二叔。二叔为人坚毅、沉静,幼时入学后,因兄弟过多,若均在外读书,势不能维持,他乃入蜀就商两年回家，在我祖父母身旁襄助一切，耕耘播种，吃苦耐劳，实可钦佩。他在村中主持正义，努力于公众福利，修筑城垣（因经常有逃兵来村中勒索盗窃，修城垣为全村防盗匪之措施），十余年中他遂成为村里的中心人物。不幸于辛亥前一年，他为邻村所忌，竟因堡垣之事被殴伤甚重，累日始愈。

二叔娶亲多年无子，我祖母于我幼时令我呼二叔为"亲爹"，盖出于对二叔的慰藉之心。二叔对于我亦钟爱备至，犹忆在村塾中就读时，每遇雨天背我来去，唯对我有小过亦不放松，前述告我"逃学"即为一例。我每当暑假回家，常帮助二叔割草或做其他活计。直到祖母逝世前，家中从未雇用零工，一切劳作均由全家男女老幼分担。我虽娇养，亦不例外，也随家人劳动。

一九二三年，我去德国留学。当时我父在县从事教育，开支颇大，自无力供给我留学费用，虽有三叔在外的收入支持一部分，仍然不能解决全部问题。二叔在家中经济情况许可的条件下，多方张罗，设法接济，唯恐我在外受困。四年多来，我一直期待着学成回来，可以与二叔晤见言欢，岂料祸生不测，他竟死于非命。当我回家时，家已非家，然尚可望恢复，唯独二叔竟以五十之年遭此惨死，铸成我终生遗憾。二叔遇难后，家中洗劫一空，不但使用物件均由亲邻借助，连二叔之衣着、棺木，亦由各方筹措而来。其窘况可想，父亲之心境可知。当我到家时，正值夏季，二叔已停柩于堂屋中，我亦于二叔未葬前守丧于堂屋，稍尽寸心。二叔于七月二十六日安葬于祖茔。父亲题二叔之墓门："半世辛勤付流水，千年遗恨在今朝。"此盖血泪之言也。

我父弟妹共五人，二叔以下即我姑母淑贞。她秉性聪颖，幼时在家帮我祖母劳动，当我父教诸弟读书时，姑母随之自学，亦能识字不少，可以看闲书，并善言辞，为人所不及。她后来嫁到耐村段家，我亦常到她家小住。

姑母所嫁之段家，家境甚清寒，我祖母和二叔等不时给予援助。姑母辛勤持家，能使家道日上。她生子一人，生女五人，其教育之费用，我家亦多资助，一如我家子弟入学。然她热情刚毅，与姑父不时有口舌之争。姑母对于我家所遭之巨变，自然十分悲痛，我此次回家，不免相对啼泣，不能成声。

我三叔长我十三岁，少时从我父亲读书，及长，入三原宏远学校。所娶三婶不能得我祖母欢心。三叔于清末赴上海求学时，陕人出外求学者甚少，家中十分挂念。三叔持家中所筹之旅费慨然就道，后又赴日本。祖父知其远涉重洋，尤为牵挂。辛亥年，三叔自日本归来，脑中充满革命思想。我当时在同州读书，因不喜欢旧式教学而思家，三叔亲往将我接回。不久，武昌起义爆发，西安亦起响应，三叔未带一文，只包馒头数只，离家赴省参加革命，到山南龙驹寨等地工作。事稍定后，他被派往办理石油事务，然未赴任，却以继续求学为志，旋即赴日本，入千叶医学专科学校，数年不归。一九一八年冬，父亲东游时曾到日本与之见面。这年祖母逝世，正值三叔毕业之际，他乃从日本过北平回家奔丧，以不及治母病为终生憾事。他后来在西安历任陆军医院院长、军医课课长、红十字会会长等职，一时颇有声誉。当时，红十字会有一叫胡景翼的人，颇有名气，三叔虽与之友善，但颇不同意其为人。三叔觉得在陕西的人事关系难于摆脱，乃往南京私人开设医院。当我由德回国之时，三叔尚在南京。家变后，他匍匐奔回，相对失声。

我在北大时少年气盛，对军阀痛恨入骨。当我父在省任议会副议长、三叔任职省府时，我每发不满意父亲的至友郭希仁之言论，父亲和三叔均以为然，竟以此自豪。某日郭问我父亲："你钟健为何骂我？"三叔应之曰："他为何不骂我呢？"由此可见，三叔虽在省任职，然其思想实非常之进步，不亚于在辛亥革命时代。三婶久无子，祖父及父亲等均为挂怀，尤以祖母更时时刻刻忧虑。三叔为此又另娶一位婶婶。我虽没有明言，然心中亦觉此事非新人物所当为。三婶在家与我母亲时常发生口舌。我回家见此情形，颇为不满，念母亲劳苦一生，还要受气，心中百般感触。有一次，我在祭二叔之文中，言之殊为露骨。三叔对此很不高兴，于治丧后南行，便带第二位三婶同去南京。

四叔比我大五岁，小时常与我在一起嬉游。当我在堡中蒙养学堂读书时，四叔亦入学。后来，他随三叔往三原，未及正式入学，辛亥革命发生了。四叔回到家里，亦醉心于革命事业。大势稍定后，他去西安，我亦入三秦公学。四叔不久与朋友若干人，一同离陕西赴北平读书，初入汇文学校，继入北京大学理预科，毕业后入工科矿冶系。当我一九一七年到北平时，他已入本科一年。一九一九年毕业后，他即回省，在省建设厅任事。他在北平时曾创立实业会，以发展陕西实业为志，惜以后人员星散，未成事业。家变时，四叔在西安，闻讯后亦回家办理丧事。

四叔于辛亥年结婚，四婶来我家最晚，亦最受我祖母优待，未受过分苛责。四叔在外求学时，四婶一直在家，四叔后到西安做事，始接婶住西安。时我祖母已去世。

当我一九一七年往北平，四叔正在北大。我一切赖他的照料，饮食起居均有安排。他对我在校的活动一任我意，未加干涉。

此外我还有弟妹数人。芝英妹小我十岁，亦为我祖母所钟爱。英妹于家中发生事变前半年与关中哲结婚。二妹芝芬、二弟钟华最幼，家变时方十二三岁。二叔久未生子女，娶雍氏后生子钟毅，与钟华同年稍长，后生女菊英、桃英、梅英。三叔久无子女。以后生女莲英、子钟宝等。四叔有女芝惠、子钟全等。弟妹较多，口舌亦杂。钟毅、钟华均在学校就读，毅性聪明而顽强，华温厚寡言，未染恶习。我有子感孝，时已十岁。继室焕月，经人介绍于我，当时我在北平醉心于新思想，对于婚事颇不以为然，希望待大学毕业后稍能自立时再言婚娶。而我祖父爱孙心切，力主成婚，某年我由平回家，我父为安慰老人计，又因感孝太幼，需人照料，亦赞成说婚。全家希望我有一忠厚温良之配偶，认为焕月很合适。我经不起各方面的强迫，终于应从，便与焕月结婚。然结婚以后无何感情。一九二三年我去德后四年余，亦少与她通音讯。她在家尚能侍奉双亲，热心家务。家难发生时，她亦备受惊恐，帮我父母在家主持大计，从瓦砾中恢复家园，工作极为辛劳。我回家后，目睹实情，虽钦佩其行为，然在夫妇感情上，则依然不满意。

我家之乖运并未因二叔之被害及家室之烧毁而终止。二叔葬后未及十日，其幼女梅英即病。同年八月十日前夜，焕月急病，亦于当日下午即亡。梅英尚幼，无所谓葬仪，然因为她属二叔骨肉，未免更使人哀痛。焕月葬于堡西，又免不了一场哭泣。诸事稍有头绪，我理当回平任其所事。父亲对家事亦有一番计划。其大要为二叔所遗子女由诸叔分别教养，且由各人分担家事。钟毅、菊英随三叔、三婶赴南京，桃英随四叔，而令我奉母及焕月赴平。但不久焕月病逝，母亲又不愿去北平，于是我这一部分未能照行，而只令我携二妹芝芬赴平照料其读书。八月二十二日为父亲生辰，适亦为二叔逝世百日之期，父亲百感交集，于次日设有家祭痛述所感。我念及一九二三年去国之行，距父生辰数日而竟未在家庆此佳辰，今适逢父亲生辰，而又正值丧中，亦自有难言之悲思。

事后，我即别离残破之家，携二妹芝芬赴北平。过郑州北上，适遇漳河大桥为大水摧毁，必须换车，甚受惊恐，然幸车上已不如来时之拥挤。到北平以后，二妹考入后门外女子中学，我则转寓地质调查所宿舍中。当时周口店之秋季开掘工作已经开始，我待诸事稍定后，即赴周口店从事采掘工作。

然我一九二八年之厄运并未完结，尚有更悲惨事情在等待我。我到周口店工作于后山中，虽照常上班，心中终不畅快，有时回平一视，不一二日仍回周口店。那时北伐军虽已到北平，然一切仍尚未纳入正轨，社会上还是一片混乱。十月下旬，我在周口店山中，忽接由平转来一电，乃以母亲名义所发，大意为父病危速返。我接此电，刻不容缓，及又离周口店回北平城内安顿二妹，独自请假回家。幸此时交通情形稍好，无何重大麻烦，然想到父亲的凶吉，心中忐忑不安，在秋风凄厉中做回家侍母之打算，真是思潮起伏，倍觉苦痛。我到陕西下车后，雇一脚骡，继续赶路，夜宿中途某小镇，与许多生人同睡一铺，一方面恐有匪人，一方面恐有小盗，不免情绪紧张。

到家后，父亲病已大轻，且能饮食流食。原来父亲于家事布置稍定之后，仍到学校处理校务，国庆日主持学校纪念会后，即觉发热头痛，以为平常感冒，不以为意，后服阿司匹林等发散药无效，热度日高一日，竟成大病，经医生诊断为伤寒症，在家中休养。母亲之电，乃父发热正高时所发。我到家距病初发时已有三周，危险期已过。当父病时，四叔由西安回家，亲为服侍，夜即睡于父侧，并为防万一计，已在西安将父亲身后衣物购置齐备。

我返家后父亲精神日见好转，不久即能起床。至祖母忌辰日，他尚着所备老衣，亲为致祭。我以为父病已愈，乃又离家赴平。父亲送到堡北郭家坟，郑重告别。实不料此乃我与父亲诀别的地点。

我别父后，只身东行，路遇大雨。及到平，周口店工作尚未结束。我仍前往，不久结束后即回平。时已残年将尽，尚接父亲由家来信，述及病体已大康复，又对家中事有种种指示。父亲对二妹婚事，已主嫁同县徐锡龄。对于钟毅、钟华亦主早日订婚。盖自家难后，为策划未来计，不得不做如此打算。

我以为父亲大病已愈，心中稍为安然，由周口店回平后布置一切，准备在冬季做些室内工作。十二月三十一日夜，我应人之约，欲往北京饭店参加舞会，借以送走对我最为不幸之年。我将衣帽更换一新，与友人先到东安市场，不料遇到同事赵亚曾君以一封电报示我。此电乃晴天霹雳之噩耗，亦以母亲名义所发，言父亲竟于三十日逝世。我得此噩耗后，立即回寓，次日召芝芬告之实情，兄妹相对饮泣，筹备回家。时地质调查所所长翁文灏先生已因公赴南京，我乃备函请求辞职。我做此决定，主要是因为心中内疚。在不到一年的时间内，我曾三次请假回家，而此次回去，尚不知何日可以再来，与其误公务有惭，反不如辞去为佳。我自念忧患与日俱增，觉得人生已无任何乐趣。

我于数日后始购得车票，与二妹一同回家。到郑州旅馆等候转车，适三叔亦闻耗自南京携英妹北上。我们在旅馆中巧遇，相对失声，乃一同西行返家。我到家后，父已呼叫不应，停柩于他本人新盖之腰房西边之一间内。此情比之去年在瓦砾中相聚，已略胜一筹，然其悲痛之情则远有过之。

父亲的一生

我父以健康之身体,又富有卫生知识,终不幸以伤寒症使元气大伤,又以血压增高骤得脑溢血症,而地方又无得力医生可以抢救,以致造成不幸。父逝年才五十有七。二叔忌日时为他五十六岁生日,孰知此时即其最后一个生日。

我父生于一八七二年八月二十二日(阴历壬申年七月十九日)。此时,我家情形甚为清贫。父稍长,凡农家工作,必亲任之。但我祖父仍努力使之就学,终于在二十一岁那年入学,以食廪饩(清朝薪给),后从陕西大儒刘古愚先生游。其一生思想与学识,得之于刘先生者实多。

刘先生对清朝八股文不满,我父在刘古愚门下即持革新之论。时清政腐败,外患日甚,士大夫对国事亦多所建达,我父遂联合仁人志士组织友仁学会、集义书社等组织,从事于当时之新文化运动,反对八股文。我幼龄时,犹能记忆我父及其友人在我家举行友仁学会会议之情形。刘淼、刘经轩等外县人士亦常参加聚会。我堡之蒙养学堂即为华县及陕西最早之新学堂,其亦可谓为革新运动之产物。我父则历在甘露寺、时家下头（地名）及家中授徒。我在蒙养学堂两年多，后随父在各处侍读。临潼校长李嘉续先生慕我父名，聘为雨金学堂教员，我亦随父前去一年。但父觉得为人做事总有不便，乃有在县兴学之动机。后来，他终于在华县成立了教育研究会，并附设了小学堂。

当我父兴学之时，县中风气未开，反对者颇多，校舍、教员均有困难，经费就更谈不上。然父以二两纹银为经费，终于借得耐村大王庙为校址，并由家中拿来板凳及桌子，借给学生草草开学。这个学校于次年移至县城内西北角的少华书院旧址。这里当时为县衙所占，故迁校费了相当周折。此时父亲还兼任县立高等小学校长。我在县读书时，有一时期随父宿县校，而上课则仍在附小。其办学之困难，县里顽固派反对新学之嚣张，非我当时所能理解的。然而，"起手不起手，先洗潭峪口；杀完不杀完，先杀杨鹤年"的传闻，却给我留下了深刻印象。父亲办学经费均为自筹，仰仗于官府者甚少。犹记有一年举行所谓百文捐，每人捐款百文以期集腋成裘。在腊八会上搭台唱百文捐歌，我亦登台唱募。

我父于兴学之时，还联络志同道合者做改良民众风气之工作。主要目标为女子不缠足，劝人们不吸鸦片烟。并创办了天足会，自编了许多通俗宣传品，有时也兼及国家大事与外交失利之宣传。惜这类宣传品多已失传。

辛亥革命中，县里亦有焚烧县政府之事。我父所创立的学校受到了第一次打击，书籍物品散失，未能上课达一年之久。时省革命军部指令我父办粮草等事,我亦有时到县,因得晤见县长杨立潮。他后来殉节于甘露寺。我父亦受其生前之托,照料一切。大局稍定,省中革命军领袖郭希仁先生等,认为我父在县办学多年,极著声誉,乃召他赴西安任军政府教育司副司长。

我父到西安后,见政局复杂,又不耐于当时省里尚未革除之官僚生活和争斗风气,深觉距自己之理想尚远,乃坚决辞职,仍回华县,锐意恢复学校,从事自己感兴趣之教育事业。

父亲回县后,同盟会已公开,并在各县设立分部。我父亲也加入了同盟会。当时党派有如雨后春笋,多不可言,父自此对政治逐渐灰心,而毕生从事教育之志益坚。后有选举国会议员和省议会议员之举,我父当选为省议会议员。他有时赴西安开会,往往住数十日始归。虽父有时在省,然对学校事务仍负指导责任,与学校从未中断联系。以后,他又筹备设立咸林中学校。此时,新教育虽已为多数人明言赞成,而事实上赞助者甚少,暗中作梗者亦不乏其人。然父亲从不以此而灰心,仍本着"阻力即助力"的信念,积极筹备,终于使学校得以成立。自此,校事较前尤繁。咸中初以薛辑五为校长。薛为一新人物,为人很好,然工作中困难不少,我父于是聘请刘竹轩为校长。刘系北平师范学校毕业生。我父虽有志于新教育,然总以自己未受过新教育而自愧,故对新教育只尽提倡之责,凡有新人必尽力提拔。他的这种做法为许多人所不理解,怨言闲语常有所闻。故我父亲总结说,办学初期反对者在外界,以后为同人,再以后为学生。此盖痛心之言也。唯其兴学数年如一日,始终不懈,始能使咸林中

■ 一九〇七年杨钟健父亲杨松轩创办的私立咸林中学

学初具规模。

父亲在四十六岁前未出省门，恰于我祖母逝世之前外出，而做四十余日之游。此举使他遗恨终天，故在为祖母治丧时，他甚为悲痛，所作祭文皆血泪文字。祖母丧后，父亲除了忙于学校事务外，对家事亦时常挂念。他秉承我祖母的意志，主持家计，一方面表示他不忍心分拆先人创立的家业，一方面则想以他所醉心的国家宪政先试之于家中，子女均令入学。后来，父亲又当选为省议会副议长，事务较前更为繁重。他在省议会期间，疾恶如仇，每能为民众伸张正义。虽为环境所限，行动受诸多阻挠，然其正直之声，常为知者交相称道。后国事日非，省议会第一届后无形取消，父仍然专心一意在县办学。此时省府虽稍有资助，然往往为数甚微，且不能照时发放，故他有时为校事常到西安设法筹款。

父亲办学在外，往往数十日不归，对家事无法过问，一切二叔主持。故我祖父常说，他生长子为县所生，二子为村所生。然自祖母逝世后，父亲悲于对祖母的奉养未能尽力，只想在祖父身上有所弥补，但祖父秉性不望子孙之报，父亲亦往往不能尽其心意。只于一九二〇年借为祖母禫祭之机，给祖父举行了七十三寿辰纪念，略开寿诞。亲友所送纪念文辞颇多称颂。不幸，两年后即遭祖父之丧。一九二八年五月，家庭飞来横祸，一切重任集于父亲一身。他终以辛劳凄楚得病，竟致不得延年而终。

父亲办中学时，我由西安毕业，不久便离陕赴北平，先后六年，只回省数次，故对父办学之详情与困难所知甚少。然就印象而言，父亲平日留心新出版物之阅读，其思想之进步，非一般人所能望其项背。他还醉心于美国私立学校事业，时有成立大学之雄心，诚如张伯龄先生为我父所撰墓志所言，不幸因处在偏僻的内地，以致未能尽展其志，然他为兴办教育事业而连带成立之机构，如公储局、利济源会社、咸林医院、合作社等，均有利于社会。公储局在民元开办，为县银行之雏形。利济源会社以校中资产作为生产用，为学校经济独立打下了基础。咸林医院乃与咸校合作成立的一卫生机构，学校及地方人士均获其益。合作社乃集合校内师生从事合作组织。父亲目光远注，愿使学校成为一最先进、最理想之学府，不幸因人事及其他种种原因，他所兴办的种种事业，多年来未能充分发展，后或中止，或徒有其名，则非创始者始料所及。

我在北平就学时，常禀父命为学校代订新出版物，并代介绍新教员，如魏野畴、蔡颂、严少儒、王复生、王德崇、吟甘等，均在校执教相当时期，咸校之基础亦日见巩固，一时咸中毕业学生遍及国内外。华县亦成为陕西文化中心之一，也出了不少革命人物和不少共产党员。

然我父晚年对校事亦时有摆脱之心，希望能交付继承其志者，自己得以在晚年过得稍为悠闲一些。一九二三年，我将出国时，校中事相当复杂，父亲心力俱瘁，时对人事纠纷有"早知今日，何必当初"之愤言，乃趁日本震灾随三叔做第二次出游，转道上海，送我出国，前后离校半年左右，意在自己离校后，可使能任其职者认真办事。回家后，他便在家不去学校，以示决绝。不料校长刘竹轩先生再三再四前来，涕泣挽留。父不得已，遂又到校主持一切，并改组学校，分咸林学校为中学、师范、小学等部，整理校产。此后，他被举为资产监督及校董会常务董事，直至病逝为止。

父亲对于办学校极具热忱，常与学生打成一片，原有"视学校如家，爱学生如命"之格言。凡所任课程均能引起学生之极大注意，对学生思想的影响尤大。后数年提倡朝会，父亲每早召集全校师生举一题目——或时事，或格言，或歌谣——做精辟之解释，给学生的印象很深，数十年后尚有乐道之者。

父亲除办校事外，对县里各事亦多兼为协助，常对县中赈资及县议会事有所尽力。当北伐军北进时，陕西政局混乱，地方治安很成问题，我父常为众议所求决断之一人，但亦往往因之遭小人所忌。

父亲事双亲至孝,每归必依祖母旁,尽力照料一切。祖父病时,他亲为奉侍。他虽醉心于新思潮,然却有一定局限性,其中心思想仍为儒家思想,尤以对家庭各事为然。

我父对诸叔均督责极严。二叔早结婚后为奉双亲计,留在家务农。对此,父亲心中常有对不起之思想。三叔、四叔均随父读书。父亲对他们督教备至。然诸叔成年以后,父亲又莫不尊重其个人立场,从不以己意强人相从。三叔自日本回国后,醉心佛学,父颇不以为然,曾去函劝止,然终亦任其自然。

我出生时,父年二十六,母二十四。他虽对我爱护备至,然在旧式家庭中,一切奉亲为第一,故他对于我母亲所遭逢旧式婆母对待之苦痛,从不敢公开表示同情。祖父母去世以后,家中一切交于二叔,内事由母亲主持。父亲对母亲倍较以前亲切。母所痛心者系此境不长,父即去世,其心境当较子女更为悲苦。

父亲对我教育备至,已见前章。我中学毕业后,他送我至北平,然对我年少远游尚不放心,曾有长函劝诫,并附有训言若干条。我之能在平奋发,此训言实有重大作用。我大学毕业后,父又力排万难送我出国。在国外时,我每月一日、十六日必有信件禀报平安,并陈告在外情况,如有特别事故,还另写家书。父亲亦于万忙中每月来一二信,述及国内、省内、县中以及家中情况。此数年之父亲来信,实可谓当时国内及省内稗史之最好材料。我禀父信件亦积年成堆,父以布包之。据姑母言,在县当危急时,家人向外避难,父于急促中任何物件均不带,必携此包信件同去。其心境可为想见。

我父一生致力教育，咸校为其一生结晶，不料终竟逝世于校中。一九二八年十二月于大病后逐渐康复，数日步履如常，往来于家中及学校（家距学校七华里）。二十九日晚，他到公储局等地游散，与友人交谈甚洽，深夜回校。次日清晨，他未戴帽至咸林园中厕所归后，连呼头痛，后即不省人事。学校请张顺斋医治，并将母亲、姑母等均接至校中。然而人多口杂，抢救意见不能统一。张顺斋虽尽心医治，所投药石却均不生效，延至当日晚上九时，父亲竟舍其心血之学校与家人而逝。遗体被当夜抬回家中治丧。我与三叔由外地抵家时已距父逝一周有余。

我回家后，对一切事情均不闻不问，专心治理父亲丧事。咸校师生对父亲身后诸事均尽其所能予以协助。三叔、四叔在家亦尽礼仪，他们出讣闻行述，并托友人在平印刷。墓志则由咸校公制。他们还公制"精明忠毅"匾。于三七日（一月十九日）举行家祭，我始能忍泪作一祭父之文。以后于七七日，亦举行特别家祭。三月十七日，咸林学校为父亲举行追悼会，并奉神主至县城。葬仪虽极为哀荣，但何尝能起死者于九泉！

父逝极为仓促，幸衣服已由四叔于父大病时制好，所用棺木乃暂借同县友人的，其他一切在此时局不靖时代亦多未预备。最重要的为墓志之刊，终能于葬前完成，实则极为不易。墓志印刷成册后，于葬时分赠亲友。父于四月七日安葬于堡北祖茔的祖父母墓前。

■ 杨钟健父亲杨松轩遗像

葬父以后，最重要的问题便是家事如何解决，不料其结果竟以不解决而解决之。其时三叔、四叔均在外有工作，势不能在家，二叔逝世后，家事有父亲主持，父亲今随之而逝，我的长辈就无一可主持家事者。我初由国外回来，不懂得如何处理这些情况。我若留在家里，则多年心血前功尽弃。亲友多谓无论如何不能令我在家。我离平奔丧时，虽向所中辞职，然翁先生自南京和北平来信，一再劝慰，嘱我治丧后仍返所工作。仅以我离所日久，只停薪金，却保留职务，并有电来催我返所。此时翁先生正与步达生创立新生代研究室，拟任我为副主任，盼我赴平甚急。对于这一切，我一概置之不理，专心在家治丧三月有余。今丧事既毕，念国内能用我所学者，除地质调查所外，殆无他处。今翁先生又一再表示诚恳相约之意，自以为能回去任职为佳。再念北大六载，出国四年，所学虽无深得，然亦可略窥门径，如从此弃业，实深可惜。我要去平，至少母亲及弟妹等非同去不可，因为母亲奉养之责与弟妹等教育之责非他人可任。三叔、四叔已于葬父之后，即先后东行。我乃商之于母亲，决定于十二日奉母及妹芝英、芝芬、表妹瑞芳、弟钟华、子感孝，妹婿中哲等一同东行。母亲在家数十年，一草一木，一桌一椅，均为一日不离者，今于新丧之后弃家远行，虽迫于事实不得不如此，然其内心之痛苦实可想而知。

到郑州后，中哲与芝英仍住南京，我等则继续北上。抵平时一无所有，我们下车后，先直赴达子营王旭哉寓处暂栖，有如难民流亡。幸王君尽力关照，帮助一切，于最短期内在后门外吉安所八号租得房屋一院。初次安家，锅灶碗筷等无一不需新制，自感一番紧迫。我则一人仍寄住地质调查所宿舍中。自此，老家事情一任三婶负责。时地方不靖，又逢大旱之年，家中除田地外几乎空无他物，旧房基亦不能恢复旧观。我回平以后，不得不专心于地质工作之推进，自无精力顾及此事，但求能奉母安康，弟妹等入学，于心已足。那时，我的生活真是悲惨已极，而工作则更为积极，竟日埋头于地质研究。我自一九二八年回国后，名义上在周口店工作了一年，而真正之工作，实为葬父以后才开始。

回忆一九二八年一年，所谓我生活中的一个转折，这一年，结束了我的学生生活,结束了我少年时代的迷梦,结束了我家庭的欢乐和团聚,以后的一切都在等待着自己去奋斗。

关于父亲丧事,连同以后祭文及所收追悼文等,均汇于《父丧记》中,以上所记,不过就我当时感触之要者择为一叙。

我的地质工作的开始

我之学习地质,前已叙及,可以说全是意外。入北大本想考哲学,因四叔及友人相劝,才改入了理预科。又因我数学基础太差,在理预科的四系中,只好选择了地质系。此后,我逐渐对地质发生了兴趣。到了三年级,系又分组,我入了地史古生物组。这完全是受了葛利普师的影响。以后,我对地质不但发生了兴趣,还成了系内的一名活跃分子,创办了地质研究会,对中国地质发展情形也有了深刻了解。

地质一词,源于南京国民政府成立之初。曾在日本学地质的章鸿钊先生,在当时的实业部设立了地质科。后来政府移至北平,始有地质研究所之机构,由章先生、丁文江、翁文灏等人主其事。先造就人才,招收学生二十余人,严为训练,五年毕业。此后才成立了地质调查所。北京大学在前清已设有地质系,但从来没有一正式学生,民国后又被取消。地质调查所成立后,着重于实际调查,关于训练人才方面的工作,经与北大商定,由他们来承担,因而又恢复地质系。我入地质系时,已有一班毕过业。

地质调查所成立伊始,在北平南口、西山等地曾有初步调查,所聘洋顾问安特生先生,为前瑞典地质调查所所长,对所内工作甚有帮助。后来又请到葛利普先生入所,于是研究古生物之风勃然兴起。

其时,但关于脊椎动物化石研究还无进展,所有知识还只限于施洛塞关于中国哺乳动物化石之记述。安特生在中国除帮助考察矿产外,还对中国北方之新生代地质颇为注意,积久将零星观察所得,著为《中国北方新生代》一书,同时并托各地教会帮忙,采集各地化石等史前遗物,收获甚丰。

后来在北平西边房山县周口店,由请来的师丹斯基发现了许多化石,得到了可能为人类化石的两颗牙齿,于在北平举行的欢迎瑞典皇太子席上发表,由此引起了中外人士的注意,才有协和医院与地质调查所合作发掘周口店的计划。协和医院解剖系主任步达生先生对地质调查所工作甚有兴趣,且在研究安特生在甘肃及辽宁等地所采之人类遗址的工作中甚有成绩。他力求博得洛氏基金会的捐款,以与地质调查所合作对周口店进行试探性采掘。此时,地质调查所在与瑞典古生物研究合作中已甚著成效,美国纽约自然历史博物馆亦开始在蒙古做关于地质及古生物之工作,国内研究化石空气十分浓厚,因而研究计划顺利成功,于一九二七年即开始在周口店进行工作。

那时,我在德国即将毕业,翁先生知我学习脊椎动物化石,认为于此等工作甚为有助,促我回国参加研究。但我因学业未完,未能立即回来。此年地质调查所已请瑞典古生物学家步林来华主持古生物方面之工作，而以李捷担任地质方面之工作。就在这时，步林得一保存完整之牙齿，经步达生研究，始确定其为一真正猿人之牙，于是中国猿人北京种之名始由此确定。到一九二八年春，我由德回国，周口店工作仍继续，翁先生乃决定以我代李捷之职，前往工作。他送来聘函，任我为技师，月薪二百元。在那时，认为这工资太高，实际只由罗氏基金中支出一百二十元。当时入所工作的国内毕业生，工资自三十元起，国外者可达一百元，或多至一百二十元。翁先生恐我不能维持众多家人生计，乃又先后介绍我到师大及北大教两小时课，补足二百元之数。步林则为洋员待遇，比我高好几倍。

当我病愈出院，要去周口店时，翁先生恐我一人照料不周，派一位同事协助，那就是和我在学术上、事业上发生密切关系数十年之至友裴文中先生。翁先生向我介绍时说：我给你一位成绩最坏的学生。其实后来证明，裴先生的成绩实是最好的一位。裴先生于一九二七年夏由北大地质系毕业后，愿入地质调查所工作，但因限于名额不足，裴只好在北平某一中学教书，然却仍抱入所之志，并用业余时间研究某地所采之三叶虫化石。翁先生感其意，允其入所，乃与我同赴周口店工作。据裴先生事后告诉我，他对我印象最深的，为我好喝白干。因我去周口店时总带一扁酒瓶，内装白干，不时与同事对饮，以消我当时心中之积郁。

我们头一年在周口店郊区的刘珍店租得住房一院，这年仍续住于此，作为发掘工作的办事处。步达生住上房，带有一厨子做西餐吃。裴君与我住东厢房，我们另请一人做中饭吃。在工作方面，我与步达生计划，准备扩大去年发掘地址，开展关于地层与古生物的研究。裴君则主要主持事务工作，并亦参加实际发掘。我们用了几位有经验的工人做内工，薪资以日计。外工则包于本地一乔姓人士，由他指挥。工作分大小两种，大者为成年人；小者为未成年者，日资三毛（按银洋计）。每日用人不等，依工作实际需要而定。所用石工做打炮眼放炮等工作，则亦按外工计，人亦每日不等，工资较一般工人为优。

我新病初愈，来到此荒凉山中。虽然回国，然尚未能回家，心境自然还不安静。我十年所学，涉及地质古生物各个方面。今到周口店，在不到方圆五六里的地方做洞穴地层的研究工作，而且实际发掘的第一地点方圆还不及三十公尺。日日如此，自觉有些生厌，尤其每日要对付成百个工人，更为繁杂。虽然此事由裴君主持，而我也得随之过问，好像成了工头一样。再则，虽然我在德时名为专习脊椎动物化石，而看的全是抽屉中的标本，博士论文为啮齿类，不过是脊椎动物化石中之一小部分。今天用起来，自然感到自己学识实在不够。

在周口店的第一年，由李捷主持工作时，已有报告在中国地质学会论文会上宣读。在地质方面，认为所掘之部位有断层。步达生所做的为古生物方面的工作。他的报告为文甚简，还不及两页，因而所方颇为不满。我参加第二年之工作，奉所里命令要将地质方面的问题解决，古生物方面则仍由步达生主其事，故我到周口店之后，除在第一地点发掘外，还要在四周数里附近详做地质观察，以便了解此猿人地点之地质历史。此外，早已以产骨化石闻名的鸡骨山，也需派人去采掘。那里距周口店有五公里。

周口店一带产第四纪骨化石区域实多。此为奥陶纪石灰岩之裂隙堆积。当石灰岩经地下水溶解以后，形成许多空隙，后经沉沙等混以动物遗骨填入，组成地层。第一地点规模最大。它似曾为一洞，而今已不能复见其顶，当为以后遭摧毁也。至于所谓鸡骨山，乃为一宽不及两尺之裂隙。此等裂隙堆积不是石灰岩，因而为当地烧石灰者所遗弃，作为墙状或柱状暴露于山坡，所含骨化石便为人们所发现。在周口店最先发现骨化石之地为鸡骨山，以后才发现第一地点（师丹斯基之五十三地点）。这第一地点首由师丹斯基做试探性采掘，得化石甚多，成果发表于《中国古生物志》中。今做采集化石的工作，以师著之书作为参考，颇为有用。

我对周口店另一不感兴趣之工作，是用经纬仪实测周口店产化石区详细地形图。我在北大时学过测量，今已六七年未用过，不但技术生疏，而且有许多地方简直忘了，所以很感受窘。裴君虽离校较晚，比我熟些，但也不十分熟悉。我二人就以此不十分高明的技术居然测成一幅五千分之一的周口店产化石区地形图，包括第一地点及大多数已知之化石地点，如二、三、四、五、七、八、九等。

裴文中先生在北大时，并未学过脊椎动物化石课和地史近期课程。因葛利普向来教地史只注重古生代，以后甚为简略，所以翁先生令裴先生到周口店工作，本非用其所长。但裴先生到周口店后努力自修，白天在山中工作，认识实际标本，晚上抽工夫自修，把齐特儿教科书当圣经一样念，因而他的新生代及古生物方面知识与日俱增，以后成为名家，此实可谓自力苦学之成功也，并非完全得益于大学教育。

一九二八年这一年，我家中连遭不幸，我回家竟有三次之多。由初到周口店到第一次回家，在山中不过两月左右。第二次回家在秋季工作刚开始，前去不过一月即回家。等由家回到周口店，北京工作已近结束阶段。幸有步林及裴文中二君主持发掘工作，尚无大的妨害。我将那一年观察所得，著为周口店地质报告，在中国地质学会第二次年会上提出，惜当时我尚在家守丧，仅宣布题目而已。后来在一九二九年，工作继续有所增益，所以那份报告终未正式发表。

当我由家办理丧事完毕到平，已是四月中旬。我即赶赴周口店工作。由平往周口店有许多行走方法可采用。一为坐火车到琉璃河下车，再搭琉璃河到周口店支线到周，或雇小驴前往；一为由平直雇黄包车往周口店，所经路径不一，大同小异，也需六七个钟头，甚或一天时间；最直截了当的办法为坐汽车，然只有洋人去时有此方便，而且限于秋末到春季，夏季至秋间阴雨多，往往因道路泥泞，不能行车，所以适中的解决办法还是坐人力车去。我在周口店主持发掘工作，每年两季，三四个月不等，平均每月必回北平一趟，道路可谓跑得很熟了。

我到平时，地质调查所关于脊椎动物化石研究，及新生代地质之调查，另有新计划，即以周口店之工作为基础，与协和医院合作成立新生代研究室，经费由罗氏基金委员会捐助，经中国医事委员会转发，在协和医院记账，不经地质研究所之手。研究方面则言定凡有采得材料，均为地质调查所所有，并分别请人担任研究工作，除类人猿材料由步达生研究外，其他门类之研究由所内派定专人担任，并且规定，所有材料，包括猿人材料在内，不能运至国外。人事方面，则由丁文江先生任指导，翁文灏先生任所长，步达生先生任名誉主任，我为副主任。另聘德日进先生为名誉顾问。实际工作方面则除照常在周口店做采掘外，还得赴全国各地做新生代地质之调查与研究。此计划制定后，步林即被解聘。后来步林加入当时在平组织之中瑞西北科学考察团，周口店之工作仅由我及裴先生任之。

德日进为法国神父。前已言之，他在天津成立北疆博物院，常与桑志华赴各地考察。北疆博物院设在天津法商学院内，为天主教会所主办。桑志华为一植物学家，对一般自然科学甚感兴趣，且喜欢做采集旅行，唯研究成绩稍差，只好常利用德日进之丰富知识作为掩护，并且发表了不少文章。德日进亦利用考察机会做研究工作。桑与德在山西、陕西各地多有发现，尤以在绥远桑干河所发现之泥河湾堆积更为丰富。他们所采集的标本，除一部分在北疆博物院外，大部分移往巴黎自然博物院。翁先生为加强新生代研究室的工作，请德日进为名誉顾问，德因之往来于天津、北平之间，时常出入于葛利普先生寓所，成为北平学术界之一闻人。

我一九二八年在北平时，步达生先生已回国，未在北平，及他回来后，我又回家奔丧，等我由家回平，他又去马尼拉参加春间召开之太平洋学术会议。直至第二年我赴周口店工作仍未谋面。但关于未来工作计划，他则已与翁先生商定。随后，翁便离开北平，到了南京，他的意见寄到住在北平之前所长丁文江先生那里，由他代为转告。此时，我乃先赴周口店将发掘工作继续展开，并约德日进前往协助，对周口店地质再做一度复勘。此事完成之后，发掘工作则交裴先生主持，我即与德日进去山西、陕西等地做一度考察旅行，为期以三月为限，并言明中途如不分程，厨子可以公用；如分程，则厨子交德一人用。

我们一九二九年春季在周口店的发掘工作，是按照新生代研究室的计划进行的。虽然步林先生已卸任，但我与裴文中已合作一年，工作很顺手，所以并未感觉不便。德日进在我回国之前，已对中国北方新生代地质有所认识，而我在回国后仍只限于周口店一隅，所以在与各地地质进行比较的方面，我得德日进之助益不少。因为周口店地质我去年已看过，这年春天只是再带德日进看一遍所以只用了十余日，即已竣事。后即用我之原稿作蓝本，作了《周口店骨化石堆积》一文，并在本年之《地质学会志》上发表。

下半年，我与德日进由山西回平后，又忙着秋季的周口店工作。在这一年中我在周口店的总时间虽不如去年之多，然工作正常，心境也不像去年那样紧张。此年所采掘的化石比之去年尤为丰富。最重要的为临收工的前几天，裴文中在第一地点北端下裂隙中发现了一个保存最完整的中国猿人头骨，于是延长了几天工作，在零度以下的气温下利用柴火升温，做紧急采修，直至将这个标本安全运到北平。此标本即举世闻名的第一个完整的中国猿人头骨，裴文中先生亦由此驰誉中外。

我一方面参加周口店工作，一方面又到外地考察，在北平时间还写报告，做研究，先后发表了丁文江在广西所采的化石、第一年在鸡骨山所采的化石的研究结果和周口店的报告，还有在山西、陕西所调查的结果。自一九二九年以后，我索性将家中的事全抛在一边，专心致力于研究工作，一年以来幸尚有所贡献。

我的家庭一直住在北平吉安所左巷六号，待到我由山西、陕西调查回来，因觉此地距研究所较远，来往不便，才在西单牌楼附近新皮库胡同中找到一所房子。此寓所比前者较为新式，但地

■ 杨钟健与中外地质科学家在周口店。左起：裴文中、王恒升、王恭睦、杨钟健、步林、步达生、德日进、巴尔博（一九二八）

方更为狭小。此时芝英、芝芬、瑞芳等均已考入北平师范大学，钟华入中学，感孝入小学，均能安心上学。虽然家中人多，用费大，但我的心境上则比以前好得多。唯有母亲在外省居住，我总觉不便，时常以家中情形为念。就在这一年，陕西天气特别冷，竹木多有冻死者，母亲尤为挂心。大妹婿冬天由南京来平，住了一段时间，帮助我整理父亲遗稿，但未竣事，他即赴日本。我们到北平以后未能回陕，父亲生日忌辰等纪念均在平寓所简单举行。

还有一件事情为母亲所挂怀，那就是我之婚事。我自一九二八年再度丧偶后，于父病时回家，父亲尚与三叔计及此事。今父逝已一年多，虽在新丧，依理不当谈及婚事，然母亲对我极为放心不下，尤以我一人尚住地质调查所内，饮食起居诸多不便，更为令她担心。在平的亲友多有愿任介绍之责者，洽商数家均无结果。后于年末之时，由王旭哉及张褆人二先生介绍河北定县的王国桢。我们于一九三〇年一月会面，情感至洽，乃于二月六日举行订婚仪式。国桢为河北名儒王瑚的侄孙女，母亲叫赵恕隆，父早去世。因家贫，她只得白天去上学，每晚到人家任家庭教师，自己供自己上学，余钱交家用。她兄弟姊妹七人，她居长，依次为国章（由伯父供给入同济大学）、国祥、赓尧（免费入学）、国钧（早亡）、震之（奔赴延安）、国玉。当时国桢正肄业师范大学历史系。弟妹均在中学或小学。王太夫人抚养孩子们颇有声誉。介绍人张褆人先生乃太夫人妹丈，因王旭哉曾寓张先生家，也充当了介绍人。我们相识以后，每周均有往返。

我也常至西四北大街的国桢家中。为早日解决住房问题计，我们订于同年四月十日结婚。事先租得石老娘胡同十五号房一院，共三十二间，有两小院，引岳母观看，她因恐我收入不敷开销，色颇不喜。事实上，我来平一年多，仅可勉强维持生活，且有小债。结婚之前，我想到所里借薪一月，竟被当面驳回，使我深受刺激。后来，翁先生终令周柱臣允予借支一月薪。结婚之日，请地质界前辈章鸿钊先生证婚，葛利普师及许多学术界人士均来参加婚礼。此后，新皮库寓所被放弃，我亦放弃了地质调查所之宿舍，大家同住到了石老娘胡同。

我的地质旅行生涯

　　地质工作，特别注重野外的实际考察。随着新生代研究室的成立和野外考察计划的制订，我每年至少有三个月的时间在野外工作。自一九二九年起到一九三七年七月中，我先后在许多地方做过实际考察，北到蒙古边界，南到粤桂等地，东迄青岛，西至新疆之塔城。一九二九年到一九三一年的各次旅行著有游记，见于《西北的剖面》一书中。以后各次旅行也均有游记，一大部分在各刊物上发表，并于抗战期间汇编成册，题为《剖面的剖面》，交由禹贡社出版。不料到了全面抗战爆发，此稿尚在禹贡社未携出，等到胜利后连续托人设法寻找，均无结果，原稿就这样散失了，无法增补。

　　第一次长途旅行，为一九二九年与德日进的山西、陕西之行。我们于周口店春季工作将结束时回平筹备起身，先坐火车到大同，在那里筹备了一个小型的旅行队。除我二人外，另带了一厨子，一技工，一名服务员，加上骡子和骡夫，已算相当浩浩荡荡的队伍。我们先向东，发现了第四纪火山遗迹；后转南过浑

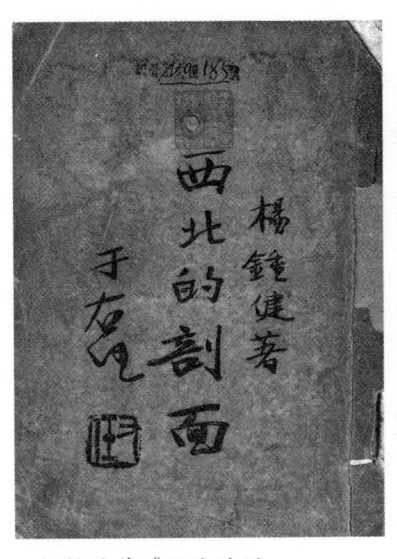 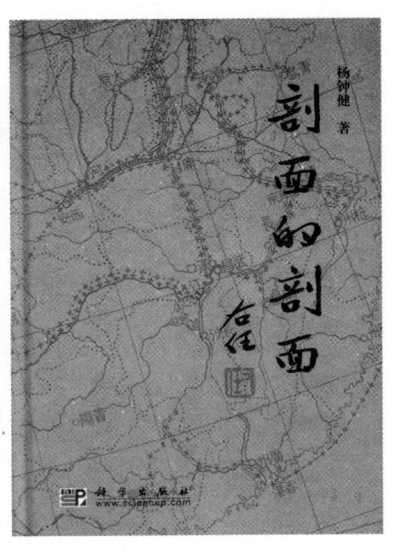

■ 杨钟健著《西北的剖面》（一九三二）　　■ 杨钟健著《剖面的剖面》（一九三七年著，二〇〇九年出版）

源、繁峙等县，越大同至太原的大道到静乐、岢岚，然后到保德；在保德住了相当时期，北上至河曲，过黄河，又沿河南行到了陕西的府谷县；由此沿长城外通过神木到榆林；由榆林沿无定河南行，过米脂到绥德；由此再东行到宋家川过河，往石楼、隰县、吉县、大宁等入汾河河谷到稷山；最后由此沿汾河大道北到太原，始舍骡队，搭火车回平。历时三月余。

这一次旅行，为我第一次长途地质旅行，目的是考察第三纪后期及第四纪之土状堆积，如红土、黄土等。凡此种地质发育之地，均择主要者做有剖面，并尽量采集其中之化石以确定年代。此外亦注意其他相关的问题，如地文之发育，史前石器遗迹之寻获等。关于较老地层则很少注意，然也有若干收获，如神木恐龙足印之发现便是其一。这次考察结果,均分别在地质调查所的刊物中及《中国地质学会志》上发表。

德日进学识丰富,又为人温和,诚可师可友。我们沿途相与探讨,使我获益不少。他又以神父身份出现,在有天主教的地方可以借住,尤其得到便利不少。不过,此时各地秩序尚成问题,途中有好几次受到威吓,幸均平安无事。那时一般人尚有崇拜洋人的心理,见了中国人和洋人在一起,总以为中国人是侍候他们的,或是买办者之流,所以我与之同行,心理上也有一番痛苦,幸我问心坦然,且同行者均受我节制,尚觉无意外岔子。

德日进所用的那一位服务员不谙野外生活,途中帮忙殊少。那位厨子,不知为何人介绍,出发到野外第一天便露了马脚。他不惯烧柴火尚可原谅,不料竟连鸡蛋也不会炒,还叫什么厨子?后来还是我教他做。于是,沿途为省时间且将就他的技能计,几乎顿顿以煎鸡蛋为主要食料。如照事先所言,分程时将厨子分给德日进,那定会造成极大困难。幸后来实际未分,我们始终在一起,问题也就掩盖了。

一九三〇年一年,我一连做了三次旅行。这年初,步达生已回平,因在唐山附近发现有类似周口店之化石,我们于是决定前去一看。步达生、德日进、裴文中与我同行到唐山,住于煤矿公司之招待所内。产化石地点在附近的贾家山,我们看了以后,采了些标本。原来此地为周口店式之裂隙堆积。由此至太行山东坡及山区中,凡遇石灰岩,均有类似之堆积。唐山虽非太行山脉,但化石分布可以证明当时情形差不多,不过精确年代不尽相同。

事毕之后，我们即回平，未误我四月十日之婚期。

照地质调查所预定计划，四月中旬我即要与德日进、王恒升二君往东三省旅行，但因我新婚，特推迟两星期，于四月下旬出发。我们先到葫芦岛做观察，后沿铁路到打虎山，由此再沿新通车的铁路到通辽。最后北行到昂昂溪，始转哈尔滨、沈阳回到北平。在葫芦岛工作完毕后，还到北票做了一次旅行。此行先后一月多，目的亦为调查一般新生代地质发育情况，但因时间仓促，且因此地的这种地层之发育不如山西、陕西之佳，所以成绩不如往年之丰富。

最有意思的一次旅行，则是这一年参加美国纽约自然历史博物馆所组织的中亚科学考察团的工作。原来，安得思所领导的考察团已在我国各地做了多年考察，在云南、福建、四川均有其足迹。他们还在四川万县盐井沟做了两次较长时间的发掘，获得更新统化石甚多；在蒙古、绥远、察哈尔等地，他们也做了数年发掘，对于中生代的恐龙一类化石及第三纪初期之各种动物化石，采获甚丰。当时在军阀统治之下，外国人在我国工作如入无人之境，及到北伐成功，国人对此渐有不满之表示。一九二九年，他们在绥远又有采获，得标本八十余箱。此标本运至张家口，为驻军所扣留。后经北平的中国文物保管委员会出面，与美国人讨论与会商，达成协议：先将标本运到北平，由中美双方推人检查，凡是骨化石均放行，凡是其他标本均留赠中国，或由中国方面人研究。这个协定表面上看很公允，甚或中方占了便宜，事实上，美方所有标本，十分之九均为骨化石。议定之后，我为中国方面参加检查的人员之一。我特从周口店回平，做应酬性的检查工作，其结果只检出了不足一箱的材料，如安氏所采的黄牛头等，才按照协定留在中国，其他均运到美国去了。即使如此，此事在美仍引起了烦言。美国人认为所谓古物，不应包括地质古生物化石在内，并认为此等材料之研究应为国际性的。此说虽然不无理由，但也未免太藐视我们的国家了。经此次波折以后，双方商定，以后如再工作，须有中方参加，名为中美考察团，双方各派团长及人员。但事实上，我方无力出钱，一切要职由外国人担任。在美方看来，中国人似乎是在强迫揩油。不过，好在中国人容易敷衍，故在中文中用一下"中美考察团"的名字，其他一切还不等于美方的？由此还可避免将来运出时的麻烦。但就我方讲，能有人参加考察工作，亦为一机会。当时中美商定了一考察计划。中方派张惠远为团长，德日进则以洋员身份作为中方代表之一，我与裴文中亦各参加一半时间。按翁先生之意，无非希望裴先生与我能有一机会跟他们见习见习，所谓中美合作，只不过是那么一回事。他们利用我们，我们何尝不利用他们呢。

决定后，前一半我先去，随他们的团员安得思、谷兰阶等，先到张家口。在那里，他们设有大的接待站。由此换汽车与安、谷等人同行，由美人扬格开车入蒙古高原，直向东北，驶到了那前一年发现扁齿象的地点。

这一带的湖泊和地层，经他们以前的考察，原以为是上新统的，但后来发现了扁齿象和其他特别化石，才对其地质年代产生怀疑。扁齿象为一最特殊之动物，它的门牙扁平，有如铲状，具在湖泊旁生活、以介壳为食料者之特征,这年他们来此,主要目的是多采化石。到达以后,德日进与我忙于利用他们的工具在附近看地质,采化石,如介类等,但对于脊椎动物化石,则凡所采集者,均要交给他们。后来我们在狼帐篷发现了大量的扁齿化石,便驻于此达数星期之久。我因同德日进一同工作,对于野外采集化石之技术从他那里得益不少。我们在此住了将近两月,完全过的帐篷生活。不过因团中所带东西齐全,如行军床、便桌椅、皮卧具乃至一切食用品都应有尽有,每天下午五时,照例有茶点,间以留声机助兴,所以完全不觉其苦。期满以后,我借他们运回化石与运补充物品到野外之便,坐汽车仍回张家口再转北平。而裴文中则搭同一车去野外,直至在渐新统地层发掘后,才与张惠远、德日进一同回平。

一九三一年,我又做了一次远途旅行,就是参加所谓的中法科学考察团。法国有一家汽车公司,为要宣传他们一种新式的、可爬行于沙漠的汽车的效力,先在非洲做了一次旅行,后来又组织要横穿欧亚的远足旅行。汽车分成两队,一队由巴黎起身过中亚细亚,另一队由北平出发,到中亚细亚会合,再一同回到北平,然后南行到香港结束。计划伟大,当然要拉些学者捧场。西队方面原要求过俄境,被苏联所拒绝。东队则取得我政府之同意。我方以褚民谊为团长,另加科学家、军事人员与新闻工作者,共七人组成。所谓中法科学考察团,其实还是与中美考察团一样,为地道的揩油性质的组织,本质上互相都不信任,难怪中途出了事情。在中国方面,翁先生认为可借此不出钱而得到调查的机会，所以也让我去参加这一颇伤脑筋的旅行。德日进为法人，当然也去参加，但似已不算中人之一份子。此考察团之西队由团长哈特亲为率领，东队则由卜安率领。除中方七人、法人员多人外，大多数为开车的和修理机械的，真正之科学家甚少。从出发后，中途常有摩擦。此辈法人，多在殖民地工作过，完全以殖民地主人的态度待人，当然引起中方人员反感，后来终有一次大破裂。我方褚民谊又庸俗无能，不善应付。考察团勉强到了迪化时，又因新疆由金树仁当政，诸多留难，无法展开调查工作。时新疆又有局部战事，且有种种不经之谣传。后来法方坚决要求西行，与西队会合。中方人员除中途散去者外，则全部取道塔城，经西伯利亚回平。不及两周后，东北即发生了"九一八"事

■ 杨钟健与德日进在中法考察团途中（一九三一）

变。后来法国人会合以后，于次年三月始回到北平，最后放弃了用汽车南行的计划而散。哈特病逝于香港，卜安回法国后自杀（不详事因）。

这一回考察所去的地方甚远，也很有趣。自白灵庙起，三十余日，完全过露宿生活。入新疆因有战事，乃取北道到哈密。适值省军与国军交战，我们两次穿越战线，备受惊恐。考察结果，在学术上收获极少，主要原因乃因团体太大，行止不能自主，有意思的地方不能停留，除极少数例外情况，一般不能离开路线到附近去做观察，因而有如入宝山却空手而归之感。但也做了些零星观察，尤以地文考古方面较多。这些成果有专文发表。

一九三二年春季，我与德日进又做了一次旅行。我们先到井陉，在距煤矿不远的地方看了有裂隙堆积的一地点，采有少量化石。这里的保存情况完全与周口店一样，不过我们未能做大规模发掘，有无猿人化石尚不得而知，只是做了一"井陉猿人梦"而已。事毕后沿铁路南下，过郑州转陇海路，到渑池、新安等地，来到安特生发现的仰韶地点。在这里也有红土层的地方做地层观察及采集化石。我们又由会兴镇过河，在山西南部之平陆做了同样的考察。

这年一月，山海关不守，北平人心惊慌，我乃奉母率英、芬等妹及弟钟华、子感孝回陕。母亲回家以后，又主持家计。时三叔已先一年回家，在万分艰苦的条件下将上房舍修起来了。此后，除钟华、感孝分别在省及县上学外，英妹、芬妹则待时局稍靖后仍回北平。我在豫西考察完毕，始抽暇回家一行，省视亲人丘墓，然后回平。

■ 杨钟健在北京协和医院娄公楼新生代研究室工作（一九三三）

一九三四年为新生代研究室多事的一年。这个室自一九二九年成立后，在翁文灏、步达生二先生领导下工作，无论室内或室外均异常顺利。新生代研究室成了地质调查所中最出风头的一部分。步达生对新生代的工作有种种计划，但他的心脏病突然严重，住医院很长时间，出院以后不久，竟骤然在他的办公室内逝世。逝前的半小时，我还拜访了他，谈及当年度野外工作事宜。

我们于一九三四年把野外工作计划推广到了扬子江流域，并且邀请前燕大教授、已归国而又特地回来的巴尔博参加，以期对扬子江流域的地文有共同的了解。我们决定野外计划不因步之逝而中止，一切仍照常进行。中央研究院李仲揆先生已在江西庐山发现第四纪冰川，甚欢迎我们前去一看，以便一起探讨。李先生暂返北平。我引了德日进和瑞典地质家琳（为中瑞科学考察团团员，对冰川甚有研究，在新疆工作过很久），由北平直抵南京，再赴上海，迎接自外国来沪的巴尔博，一同达于南京，与中央研究院朱森先生先往南京东茅山一带做一般勘查。南京附近的地方，我们也去了不少，对当地之火山岩年代及雨花台砾石、龙潭下蜀红土均有观察。后来李仲揆先生由平赶来，乃一同去庐山做野外考察，中途并在安庆停留。

我们在庐山停留了一周多，山上山下的各重要地点或有露头的地方，均经李先生及其同事喻德渊详为解说。我适于此时患腹泻，未能尽量发挥工作能力。关于冰川问题，大家意见未能一致。事毕后，李先生返京，我与德、巴等赴汉口，照原来计划当西去四川，但为参加在平举行的步先生的追悼会，所以又回到北平。此时翁先生因年初在武康遇汽车险,住杭州养病甚久,未能参加。追悼会举行后,我即与德、巴等仍南下到汉口,买轮船票西上到四川。我们到了万县,参看了谷兰阶所采掘过的裂隙堆积。此后,德、巴西行往成都,我则往北碚,对翁先生所发现的草街子化石地点做了若干采集。未入川之前,我们还在湖北宜昌附近的南沱、洋溪做过考察。

事毕以后,重回北平。是年夏天,母亲又携芬妹回平寓中。寓中气氛较前更为活跃。三叔秋间也曾来平一次。

秋末,我与卞美年往山东,在泰安下车,用黄包车作为代步工具,历经莱芜、新泰、蒙阴、费县等地,对新泰之第三纪初期地层及蒙阴之恐龙化石地点,均有观察与采集。后由曲阜搭车北上,过济南时遇齐鲁大学教地质的斯考德,他示以含于矽藻页岩中的植物及鱼化石,知山东必有含此种特殊地层之地点。后经多方打听,始知在临朐县境。于是我做出了次年再来山东的计划。

一九三五年春天,德日进、裴文中和我有两广之行。我们先到了上海,由上海搭船到了香港,再由广州起,在附近略作考察,即转梧州。我们利用汽车在广西各地调查,先后到了武鸣、柳州、桂林等地,对于发育甚好的洞穴堆积做了观察。对一般新生代地质问题,我们亦特别注意。后来过八步搭车南下抵梧州,然后直驶香港经上海回平。是年五月,我一人去山东到临朐采了大量的植物、鱼、蛙及哺乳类的化石,确定了中新统、上新统的年代。

这年夏天,裴文中先生去法国。自一九三〇年以后,周口店的发掘工作,事实上由裴先生主持,我与德日进、步达生不过偶尔去一趟，每次住上七八天，做些共同决定。关于周口店的发掘，裴先生曾有专书发表，记之甚详尽。那里发掘的方式，也由裴先生不断改进。他去法国后，工作由贾兰坡先生担任。此外，卞美年、李悦言等人有时也一同工作。所以周口店的工作仍能照常进行。这年，我与卞美年往甘肃。我提前数日回华县一行。时母亲已离平在陕。我在家小住，到西安与卞先生会合，一同取道西兰公路西上，做沿途考察，到了兰州，并在兰州附近及永登阿干镇等地做了调查，历时一月多。时甘东不靖，我乃乘飞机回西安，又过华县家中，而后返北平。

一九三六年春我来到南京。此时，地质调查所总所已于年前移至南京珠江路九四二号，北平改为分所，先由谢家荣任所长，后翁先生派我接任。事实上北平之所已经空虚，其主要内容只是新生代的工作。我到南京以后，适美国加州大学古生物学家甘颇由南非转道来华，乃计划赴山西及四川做一次调查。我与甘颇到平后即先赴山西，清华的袁复礼同行。由正太路经阳泉南行，用骡代步过榆社、武乡等地至沁县，沿途发现了不少三叠纪有化石地点，对新生代地层古生物亦有补充观察。由沁县搭汽车到太谷转榆次，再搭正太路火车回平。以后又计划四川之行，我先数日回家一视，约定时间在车上与甘颇会合后一同到西安，由此搭飞机至成都再转荣县川大。周晓和同在荣县三星期多，专门采荣县的恐龙化石。甘颇因行期所限，要回国，便离川赴上海，我则于事毕以后取道汉口回平。

一九三七年春末，古植物学家钱耐由美来平参加研究我前

■ 一九三五年在山东山旺野外考察。中间为杨钟健

在山旺所采之植物化石。此次采集的化石，本交静生调查所胡君研究，后钱耐亦加入，遂共同工作。钱有意往山旺做一次实际观察。于是，六月我与钱又一同再到临朐，往返共两周，还续做了些采集。就在回平不久，"七七"事变发生。我历年之工作，此时受到打击。周口店十年之采掘，亦至此停止。

以上所述，是我野外实际调查的概况。前三年的工作详情，均见于《西北的剖面》一书；以后的情况，虽计划出版《剖面的剖面》，然却未能出版。除两广旅行游记之原稿已散失外，其他如一九三二年至一九三四年的游记，均见于《自然周刊》，一九三五年甘肃之游，见于《中外评论》，一九三六年晋蜀之游记，则见于《禹贡月刊》，只有最后一次赴临朐，未有游记发表。

几位对我有重大影响的人物

一九三七年"七七"抗战前夕，我已整整四十岁，并在学术界做了将近十年的工作。此时，我已不是学生时代在北大做种种活动之学生了。换言之，我的一生从此定型，以后余生，也必将献身于学术事业。就我所处的环境来讲，以后接触的人物也多以学术界的人物为主，个人也不会有多大的改变了。回想何以成了四十岁的我，问题较为复杂。此时之我除受父亲及家庭环境的影响外，显然还有许多同我一道生活的或发生深谊的师长和同事，对我亦产生了重大影响。所以今为专章，做一叙述。

辛亥革命对于我是一个很大的刺激，又因父亲及三叔均富有革命思想，我当然受了很大的影响。民元以后，孙文让位，一时报纸上的中心人物为孙、黄，孙为孙文，黄即黄兴。我那时不知为何对黄产生了无比的敬仰，遂自己以克强为字，表示崇敬。但这不过是一时冲动而已。后来看到父亲所编制的学校的纪念册中，于我名下注上了克强二字，我才知以克强为字，已得到父亲的默许。心中一高兴，就公开使用，一直到现在。我在中学、大学时期，对政治及社会活动很有兴趣，早年作品以此类内容为多，也可以说是受了黄兴的影响。

入了三秦中学的中学班，影响我最深的一位先生可以说是朱漱芳先生。朱先生为我们教课不少，尤以国文一课受益最多。我的国文底子可以说完全是在朱先生的门下打下的，以后便没有显著进步。他对我在思想方面影响尤深，我的荒浮性情也时为所忧虑。我去平后，他一度见我父亲，谈及我时，尚以此为念，父亲在信中还对我特别叮咛。以后，我有一次回陕，特到三秦公学探视他，不幸那次即为最后一次之拜别。

到了北平，适逢蔡子民先生任北大校长。其人道德学问，实足令人敬慕，尤以他在北大所表现之民主作风，影响于人者实深。又逢"五四"后之新文化运动时代，当时的俊彦如陈独秀、李大钊、胡适之、高语罕诸先生均为我所崇敬之人物。其时新刊物甚多，如《新青年》《新潮》《努力周报》等，都是我必购而细读之刊物。胡适之先生为我们教哲学史大纲，尤使我感兴趣。我原想学哲学，后来入了地

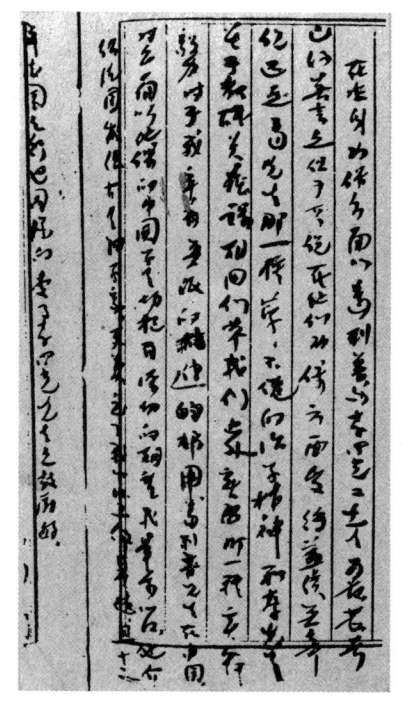

■ 杨钟健手迹

质系，自然对哲学仍旧心向往之。然迄今思之，我当时之所谓哲学，是专指思潮史一方面的内容，对于古典哲学一类的东西，从始至终均未发生过兴趣。后来与胡先生熟悉，常到其家中接谈，所以更受其陶冶。

在本身功课方面，以葛利普与李四光二先生为最甚，前已略言之。但与其说在功课方面受得益处，毋宁说还是葛先生那一种孜孜不倦的治学精神和李先生曾于教职员罢课期间仍带我们出外实习那一种实干毅力对于我实有无限的推进作用。葛利普先生在中国，对每一个听他课的中国学生均抱有深切的期望。我毕业以后，他介绍德国几位古生物学家，更奠定了我的工作基础。且一九二三年的德国之行，也同样受了李四光先生之鼓励。

到了德国以后，主任教授为布罗里。他对于我之一切甚为关怀，他之学行为我所敬佩。至于施洛塞先生，虽未教过我的课，但在我作博士论文的一年中，时常会面，学术方面每多指示。他那种潇洒风度和虽已告老而仍埋头研究的精神也给我极深的印象。离开明兴的时候，施还赠给我一张他最近的照片。我在北平工作期间，施还赠了我许多比较有用的标本。布、施两位时常有信来同我讨论我在平的研究工作。有一次，我有一个问题不能解决，施为此写信请教德国格廷根大学的许耐教授，后来他将答案写信告诉了我。他常常要我不要忘记我为明兴的学生，其关怀之切可以想见。在当时，德国关于脊椎动物化石之研究，施洛塞为唯一仅存之权威。资格稍晚的，便是明兴的布罗里及斯稠穆等人。这些学者，我均有许多接触，只有在格廷根之许耐未及见面。

我回国以后，首先见到了翁文灏先生，当时尚未料及翁先生将与我一生生活最有关系，以至会影响我的一切。对于翁先生，我在学生时代即知其名，且见过面，听过他几次讲演，但印象并不甚深。有一次，我所发起的北大地质研究会开会，请翁先生来会指导，当时会中有发刊物、做调查等计划，翁即老老实实说没有那么容易，当时我甚感动。以后我到德时，事前事后并未与他接洽，后来在我毕业之前，翁始来信述及约我入所工作且专攻脊椎动物化石及新生代地质之意。当时因国内局势不靖，我曾将此事商之于父亲，得到了允许，但自己却并未存多少奢望。及回国以后，我与他见面，他言及"当尽量为研究者谋利益"的主张，深得我心。我大病时，翁先生派人来医院关心我的医药费，更足堪为念。因此，我便产生了尽力为地质所服务之心。

我回国之时，正值北方军阀解体。我心中十分痛恨官僚政治。那时地质调查所备有签到的簿子，每早上班必须签到。我觉得此乃空文，并不重视，且存鄙视之心，所以入所数月之久，并未签过一次到。对此，翁先生当然知道，而历久却未说明。后来他托某君转致嘱为签到之意，我始开始签到。

在所第一年，我回家达三次之多，请假在半年以上，并未减少翁先生对我之信心。新生代研究室成立，任我为副主任，从此我之科学工作才迅速开展。当时之新生代研究室，一切计划均由我与步达生商定，后呈翁施行。翁先生对我的工作极为重视，且有须他协助之时，无不尽力协助。我之研究工作能迅速进展，实与翁先生的主持与协助之力是分不开的。翁先生在地质调查所所长任内，对所内各事必详细过问，指导一切，独对新生代研究室的事相当放任，凡历年调查计划及研究项目与应刊行之论文，几乎无不由我等自为决定，他不过同意而已。不过，有时他也有些不放心，曾在一次信中稍微言及。

一九三四年《塘沽协定》签署以后，北方局势日渐危急，翁先生乃将地质调查所总部迁移到南京，北平改为分所。初以谢家荣为分所所长，后于一九三五年冬交我接任。以后翁先生即在南京从政任行政院秘书长。然他仍兼任所事，对北平一切措施仍亲函指导。我亦有数次往南京与他洽商工作。以后，直到抗战期间及抗战胜利前后，翁先生对我研究工作始终密切注意，并且竭力相助。

在我回国之前，我对丁文江先生只知其名，而并不熟悉。但自我回所任事后，他对我亦十分关怀，我亦对他有了好感。他常常说，新出学校门之人，应当在大都市文化中心工作才有教学相长之益；如去外省，则容易夜郎自大，故步自封，难有进益，反要退步。他还列举了许多这方面的事例。我当时甚赞其言，亦可以说受用终生。我自一九二八年回国，至抗战发生为止，凡与我接触之人士，其学识均比我为优，实得到讨论与学习之益，真如古人所说，"无友不如己者"。丁先生以后亦在南京中央研究院任总干事。一九三五年冬，我在北平地质调查分所，只闻其声，未见其面。以后他即去湖南调查，竟以中炭气（炭火盆）不治而亡，实可谓失掉一位诤师。

奠定新生代研究室基础的步达生先生是加拿大人，原任协和医院解剖系主任。他为人精干。自周口店有发现猿人可能以后，他对中国化石人之研究甚感兴趣，并与翁文灏先生合作，成立了新生代研究室。对于新生代研究室的一切规划，他出力最多。当周口店每次开始工作时，他必与我们详为研讨，然后决定如何继续开掘。他有时到周口店与我们一起爬山越岭，亲自指导。他又精于人类学，故对中国已发掘之材料均能做精当之研究，在《中国古生物志》上发表，为解决人类起源问题做出了贡献。他对地球两极的问题也很有兴趣，曾有专门文章在《中国地质学会志》上发表。

步达生白天忙于系中各事，夜间则从事研究工作。他在实验室内备一小床，以资休息。然而，他却往往工作到天明才回家睡觉，长期如此，习以为常。他自知有心脏病，不能终其天年，所以工作更加勤奋，总想在他死以前把中国猿人工作弄出一个眉目来。他对自己的病讳莫如深，不肯为外人知道，直到他卧病于医院时，还对人说不要紧。

在周口店所采材料，如师丹斯基第一年所发现的两颗猿人牙齿，第二年所得的猿人幼体头骨，第三年裴文中先生所发现的完整头骨，均由步达生研究。他又将研究所得，在英国皇家学会刊物士发表，借以取得了皇家学会会员的荣誉。

他对新生代研究室有远大计划，目光不仅及于猿人之研究，而且很注意地层、地文、冰川等问题。他实想把新生代研究室办成一完整之研究室。他有在协和医院解剖系旁隔马路的地段另筑一研究室之计划。如不早逝，而时局又无大变动，相信必可成功。可惜他只以四十九岁的年龄便骤然逝于其办公桌上。消息传出，中外人士莫不痛悼。在他逝世前半小时，我尚与他长谈，故次日早晨听到他逝世的消息，我几乎不能置信。后将他安葬于西便门英国坟地。他的工作计划，至少在他逝世的这一年还照常推进。

步达生为人平易和蔼，谈锋极健，性格活跃，绝不似一短寿之人。我们与之相处数年，从无间言。那时我主管新生代研究室内账目，我为一最不善理财之人，每月报账交协和医学院会计处审核，常有小错误。有一次，我为此事向他表示歉意，他安慰我说："要会计这种人，就是为了改正账目的嘛。"

他对我所做的许多工作相当满意，但是当他由马尼拉开会回来后，见我关于鸡骨山报告已出版，先是表示庆慰，然亦不甚愉快，盖因为事先未得他过目。以后凡有文字，我必先送解剖系，由他看过，交他的秘书照他所定的式样打出付印，以示慎重。正唯如此，有许多方面我们反而得到便利。他为宣传计，不惜工本，每种刊物加印单行本六百册，分送国外各学术团体及知名人士，新生代研究室在短期内能蜚声宇内，我个人亦能收到很多交换的外国单行本，实与步先生的这一措施大有关系。

以这样一个人做我们的名誉主任，我的行动和思想当然受到重大影响。可惜好景不长，他竟早逝，今所留于脑际者只有他和蔼的遗影而已。

关于德日进，我在前面已一再叙及。他长我十八岁，当然为老前辈，但他从来不以老前辈自居。我们一起工作将近十年之久，除极少几次摩擦外，可以说相处无间。不过，我与他出外考察，适值许多人过分崇拜洋人的时代。我在许多事情上常坚持己见，不肯退让，则令他不甚愉快。再则，我两人作的文章，照理他的名字放在前面，有时却不是如此，因此外边时有我不满意德日进的谣言。有一次，丁文江先生当面为我解释过，我听这种莫须有之言，不过一笑置之。

我们在野外做长途旅行多次。在这些旅行中，生活枯燥，枝枝节节的小事很多，能经久保持不发生不快，几乎是不可能的。不过我们自始至终并无大的违和。相反，一九三四年，我与巴尔博一起在南京，巴不明了自己的身份，妄为要求。我几至与他公开冲突，德日进对此还进行调解，终未闹出大事。就是那次中法科学考察团的所谓合作考察，本来是法国人的私事，中方人士自有一种下意识的不快之感，而德日进为法国人，故使人总觉得他有些忘了自己的身份，常袒护法国人，比较起来，我与德日进的旅行，以这一回为最不痛快，然事后想来，也多有我自己下意识不愉快的成分在内，未便完全责怪人家。

谈到我们在野外有关学术上的探讨，可以说。我之获益，比在学校时多得多。他学识渊博，除古生物及地层外，于考古、人类、地文、岩石等方面均较我为优。所以我随时随地可以得到他的指教。他实在是名副其实的顾问。他虽为天主教徒，然却是最浪漫派，从来没有一次向我宣传过天主教。我们在野外一同用饭时，他也从未做过祈祷。只有有其他天主教徒参加时，他才祈祷。在北平，他常去葛师寓所，社交特别广，娄公楼也常有找他的女宾，所以裴文中和我戏奉他以"花和尚"的绰号。

在研究室内，德日进对我们一切工作也颇有兴趣，时常参加讨论，有些方面他参加的意见还不少。他号为法人，而英文相当好，且他写的文章能保持法国人的作风，既不如德国派文章之长，而且头绪又清，亦不像英国许多作品失之于太简陋。他喜欢用脚注，因为这样可以把次要的东西提出来，使正文更加贯注。我的作品也多少受了他的影响。

我们在野外和周口店采集的标本，是由我提出研究计划的。我因他相从多年，觉得不让他研究一部分材料似不合适，拟分给他一部分。此意翁先生不甚同意，认为凡我们能做者，不必令他担任。但事实上，他终于分得了周口店第九地点之化石研究任务。以后战事一起，我们将一切留于北平。他在我们南行以后，才接着研究了周口店的许多材料。

前已说过，德日进虽为天主教徒，而交游却甚广泛，三教九流均有他的朋友，几乎我等所痛恨之外国人，他均与之保持接触。我们戏之曰"国际间谍"。但无论如何，他对于我在科学工作上的影响还是很大的。抗战发生后，我离开北平到滇川等地，他尚时常有信来。及抗战胜利后，他才离平回国。

自步达生逝世后，新生代研究室急需一代替他职务之人，尤以周口店之猿人材料日益加多，非有一位研究人类化石之人难当此重任。英国人类学家斯士斯为这方面的权威，对周口店工作甚

■ 杨钟健与地质古生物学家在周口店。左起：裴文中、李四光、德日进、卞美年、杨钟健、巴尔博（一九三四）

有兴趣。步逝前二年，曾邀请斯氏亲来周口店参观。当步氏初将周口店之猿人牙齿写成文章发表后，世人多有不信者。斯氏则连续撰文助步，排斥他人见解。步氏逝世后，斯氏乃介绍德国犹太人魏敦瑞继其任。他的这一推荐为翁先生所接受。魏曾在斯特拉斯堡教书，后来在法兰克福大学任教，来华时年已六十余，对化石人虽未做过许多工作，然在人类学上极负盛名，且曾研究过在德国发现之依任村人。他于一九三五年末来华，完全代替步氏之地位。我对此年高之学者当然亦表示敬意。他初来时，报上译其名为卫登雷，他知之后，非改为魏敦瑞不可，自然是有人向他解释过，说魏敦瑞之名比较典雅，近于中国人名。他还戏言"魏从鬼"代表洋鬼子也。

魏来华以后，对步氏未完之工作及新加材料彻底加以整理与研究。他以历年在此方面之成就，驾步而上，获得了世界声誉。但他对新生代研究室一切事情均不生兴趣，全都由我等处理。时因步逝，洛氏捐款已不痛快，而魏交际太差，亦不能如步之活动，自此新生代研究室一蹶不振。而魏不思向外发展取得支援，反极力紧缩室内活动，故自魏来不久，所有研究工作均以周口店之材料为限，且印刷费亦只能用于有关周口店的材料。一九三六年，我去四川，以研究恐龙为主，魏颇有烦言，他盖不知道步氏当初对于新生代研究室的计划，本包有脊椎动物化石之研究在内，且明注于招牌之上。

魏虽有时到周口店一行，然亦唯唯诺诺而已，一切工作均由我等自为决定。不过魏究竟为一纯粹学者，我亦尝得讨论之益，时常与之来往，不知不觉亦受其熏陶。他初到平时，尚有雄心学中文，我亦为温习我之德文计，故一度每星期两次至他寓所为他教中文。

以上所叙的这些人物，可以说是在我四十岁以前关系最密切的几位。其他如瑞典之维曼，英国之瓦特生，北大之李大钊、王崖松、陶孟和诸先生，对我均有显著影响，不必细述。我只觉得自入大学以后，尤其是回国就业以后，能不断与比我学历较优之人士在一起，实为我能日新又日新，不致中途自满的一大原因。我之所以能在学术上稍有建树，实在应感谢这些先生的。

我的一些朋友

在小学时代，我一班同学共十三人，以我为小。我们交往均很密切。班外同学也有十分熟悉的。入中学以后，班次加多，人事庞杂，也谈不上对我有特殊影响的人。在三秦公学时，一度与赵愚如往来甚多，但以后也就疏淡下去了。到北平以后，才有许多对我思想极有影响的朋友。

我与以共进社为中心的许多友人，如李子洲、刘天章、赵国宾、魏野畴等，均都关系密切，我们朝夕相处，常在一起谈许多有关学生运动及陕西学生的事情。那时我年龄最小，而活动力特强。我与赵国宾最为引人注目，一时有杨龙赵虎之称。赵为人比我更急躁，所以我不但未得到他的好处，反受了他的渲染。同人中以李子洲与刘天章最为沉着，一时有大脑小脑之称。盖一切重大决策，皆唯二人马首是瞻。后来共进社加入了一批新人物，其中以王德崇与我最要好，另外还有刘尚达等人。我去德后，一切委之于王德崇。

省外同学影响我最切的，无疑为邓仲澥（邓中夏）。此君为文科学生。我们相识以后，特别表示互相敬重，时常在一起。后来我感觉到他有政治背景，不但要引我入其组织，还有意要把共进社拉入。我当时虽明知如此，然自己亦对现状不满意，也有那时青年人向上向新的热情，所以并不以为意。到后来，几乎所有事情都与邓一起商讨，又由他的关系而认识了刘仁静、范某等人。少年中国学会的许多友人也是由他而发生联系的。我之加入少年中国学会，是由他所介绍的。直到毕业后赴德我才与他中断了联系。

到了德国以后，我虽然专心于学术，然对中国政治之改革仍未灰心，尤其对于无形中将解体之少年中国学会仍抱有希望，所以将新认识的友人中最敬佩之汤元吉君介绍入会。汤元吉在明兴学习化学，虽与我不同行，而往来甚繁。王恭睦、张席禔二君则与我同学地质，自然关系甚切，不过很少谈及大局。

我回国以后，王旭哉已离北平。他为我小学同班同学，又为对我父亲平生最为仰慕之一人，故多所来往，我之一切亦多受其劝诫。不过在学术方面，我们因已隔行，而互相无何影响。关于这一方面，自然要推裴文中先生了。

当裴文中先生与我初在一起工作之时，我们并未有深切了解，然裴不久即显示出其特殊才能，不但山上一切工作协助甚得力，以后便直接由他主持，而且在研究方面更显示其卓越之能力。他曾很刻苦地补足他古生物学方面之不足，后来研究周口店第一地点的肉食类化石，奠定了他在古生物学上的地位。当初期在周口店工作时，对于周口店猿人之是否用火与石器，尚无定论，后来发现堆积中有灰层，又发现了大量的石器，步达生于一九三五年请来法国考古学权威步日耶先生亲来周口店，于是方解决了这一问题。步来华数月，与我们朝夕相处，视看各种标本。裴氏受其影响最大，以后的兴趣也移至考古方面。一九三六年裴得有机会出国，即到法国从步日耶做考古方面之研究，并得有博士学位。裴文中先生与我在周口店工作期间，先后将近十年，可说是我们工作中最得力的一位。

我们不但一起在周口店从事发掘，还一起到野外跑过许多次。每次外出，裴先生常能以敏锐的目光，探取自然界的奥秘。在实验室，我们常以下午时间到娄公楼工作，有时讨论甚久，彼

■ 杨钟健与裴文中在周口店（一九三二）

此均获益处。周口店的采掘用人甚多，我因居住较远，没有介绍何人参加，一切常用人多由裴先生介绍。他所介绍的人多数十分称职，尤以贾兰坡先生，于裴文中去法国后，担任了周口店之发掘工作更加出色。

我将近十年在北平新生代研究室工作，没有裴文中先生相助，相信成绩必不能有那么圆满。

据我所知，裴文中在学生时代是一位对文艺很感兴趣的人物，常作小说等等。毕业时，翁文灏对他初无好感，故不得入所为练习生。次年我赴周口店，才介绍他一同到周口店工作。事实上，裴先生的成就，完全是由于他自我奋斗的结果。

新生代研究室成立不久，步达生对于室内人事另有一套计划。他针对新生代研究室的工作，想使每一方面均有专人担任，训练出一批专门人才；如一时无适当人选，可以请外国人暂为担任。时我担任脊椎动物化石及地层方面的工作。裴先生有志于考古，并研究第四纪之脊椎动物化石，亦可独树一帜。地文方面一时无人，乃请巴尔博协助。所缺乏的为一研究淡水介壳的专家。

当时卞美年君新自燕京大学毕业，为巴尔博之高足。他有意到新生代研究室来，于是到周口店工作。周口店这地方，事实上成了凡有志于新生代工作者的野外实习学校。只要入新生代研究室，必须到野外工作一时期。卞君到后，立即表示出其特有的天才。然后因事短期离所，再到燕大，后来终又回到所中。在周口店工作停顿时，他从事介壳类化石文献与材料之收集，曾到上海参考胡得博物院之材料，后来以抗战发生未能继续。卞先生在平时，曾与我在北平附近及山东做过野外工作。他以特有之天才，也成为新生代研究室的一位中心人物，卞君除从事介壳类化石工作外，亦曾研究周口店之鱼及两栖类与龟类化石等材料。卞君生于美国，夫人为火奴鲁鲁华侨，已入美籍，故他的家庭生活相当美国化。然在工作中，卞君却一样能与我们过艰苦的生活，而且富有仗义精神。一九三四年，他自四川归来后，我曾因目疾入医院。他同德日进、巴尔博等一度在豫西秦岭东段调查。他自己还曾单独在豫陕间及山西太谷等地工作，获有良好成绩。

当裴文中先生赴法后，新生代研究室稍见空虚。有一年，我到南京，翁先生以各年北大毕业生入所考试最优之一位，派到新生代研究室工作，此即李悦言君。在北大时，我为他授过新生代地质及脊椎动物化石课。李君到所，亦照例先到周口店做采掘工作，后来被派往山西垣曲调查和采集化石，成绩亦甚显著。不过，李君所做报告，一切全用新生代室所沿用的材料。时黄汲清新由瑞士归来，翁文灏任他为地质主任。翁见李与黄脾气不合，李又不熟悉新生代研究室的一向作风，翁故表示不甚满意。李竟因之久未升迁，于是大感头疼，对新生代研究室工作兴趣不复如以前之浓，此事我事后始稍感到，然已挽救莫及。

这些新生代研究室同人与我均能相处甚得，而且室内人才一天多似一天，各门工作均有专人担任，就连未入过大学而在周口店从事发掘多年的贾兰坡先生，也对考古和化石发生浓厚兴趣。所以，室内的研究空气可以说无比浓厚，若非抗战发生，此室能在北平继续成长，相信以后当更有辉煌成就。不幸后来时局大变，以致有许多工作未能尽如人意地发展，后当再为叙述。

至于新生代研究室以外的地质调查所中的朋友，无一不相处甚得。那时所内同人感情融洽。"七七"事变前，大家因生活比较安定，时常彼此请吃小饭馆，如庆林春、同和居，几乎每周必去一两次。其主要人物是谭锡畴、王竹泉、谢家荣、金开英、钱声骏、王恒升、朱钦吾等。然我一年到头忙于自己所任工作各事，除普通应酬外，并没有较深的接触。一九三五年我接任北平分所所长，始与一部分人常有交往，但此时大部分人士已迁往南京。地质调查所同人，均多能不计个人地位，埋头研究，所以这里也可说是一个优良的研究环境。新生代研究室之能顺利成长，地质调查所之环境的安定实有重大作用。

这里我还要介绍一下我在北平新生代研究室时代所接触到的，而且共事很久的许多技工。他们也是新生代研究室成长的一个主力，不能因其职位低而不为一叙。

做野外工作有内工、外工之分。内工比外工待遇稍优。修理化石的技工就属于内工，均选择聪慧手巧者加以训练而成。外工中，凡年岁轻，且符合上述条件的亦逐渐收为内工。这些内工，当周口店发掘工作结束后，全调至研究室内从事修理化石工作。时因娄公楼地方太小，又在西城丰盛胡同辟一处，所以我们的工作地点，连同协和医院解剖系和周口店，共有五处之多，一时盛称"五院制"。

我们都知道，研究脊椎动物化石，修理工作极为重要。从周口店采回来的大多数标本，均含存于极硬的石灰质角砾岩中，石头比骨头为硬,稍有不慎,骨即裂碎;只有少数化石不附着于此种石头之中,然也需要一番修理,去其土质,因之工作相当繁重。在极盛时期,我们用了三十名以上的技工,从事这种工作,最少时也有十余人。他们中有一部分成绩不佳者,即被解雇。到了最后数年,剩下的人几乎全成为精巧能干之技工,他们在当初进来时的待遇,每月不过两元(银圆),作为试用。就当时北平生活情形来说,这两块银圆只能糊口。但一经试用合格,即可增加工资,最多者每月可收入三十余元。因为他们在协和医院工作,所以也照协和的办法,星期六下午休息,每年有两周的假期。这一点比地质调查所一般的待遇还要强。

这些技工的工作,除担任化石修理外,还要将完整的及较好的化石标本装架起来,因而要用铁工。有位陈德清,在室内工作时间较长,且甚精于手工,能将许多完整骨架装架起来。南京总所陈列馆和北平分所之骨架,均出于陈一人之手,不过另有些人帮他的忙。

此外,这些技工还可以帮忙代为整理标本。因为日子久了,他们也有了动物学方面的知识,能认识这个是猪牙,那个是鹿下颚,那个是牛牙等等。这样便解除了我们研究人员的一部分繁难。遇有特别重要或需特别技巧的地方,我们自己也常动手整理,或帮忙装架。

以上所说的修理工作,不包括猿人化石在内。凡在外采有猿人标本,要一律交步达生,或交以后的魏敦瑞。在他们那里,有一位工人帮同修理。对第一个猿人的完整头骨,步达生不放心,竟亲自动手修理，历时数月之久。协和医院的解剖系，对于做模型的技术十分拿手。我选派陈德清前去学习，他以很短的时间学习成功。后来娄公楼也能由陈自己将各种重要标本制成模型，不须我们特别操心。

除陈德清外，还有向永明、江风阁、柴凤山等，均为能独当一面的技工。

我们因为时常到野外工作，所以也需要能跑野外帮我们找化石，或在野外修复化石的技工。一九二九年第一次到野外时，就在参加周口店采掘的工人中选拔了一名，名叫唐亮。以后证明，他在野外很有用。在我们做初勘工作时，往往不能在一地久留，只能以数十分钟之时间草草一过。在此情形下，能多一人帮助寻找化石，得的标本就比较多。尤其对红土中的小化石，更是如此。我们每至一新露头处，总是将最先找到的化石或石器向唐亮宣示，令他照样品去寻找。他往往能如所期，不令我们失望。后来好几次旅行，均带他一同出去，收获不小。可是，回到室内，他的修理工作却十分落后，赶不上人家。后来抗战发生，珍珠港事件以后，北平新生代研究室无形解体。他竟至穷无所归，饿死在北平街头。真令人不胜惋惜！这悲惨消息，我是逃出北平后，在昆明听人说的。我很久还在悼惜和怀念他。

此外，常随我们出去做野外旅行的还有杜林春、王存义、柴凤山等人。他们不但逐渐有了野外采集的经验，而且还于旅行中照料一切，对我们很有帮助。在北方旅行，照料骡马，寻找客店诸杂事，如无人办理，也是不行的。这几位各有专长，但能自己独立寻找化石的，当以王存义为最佳。一九三六年，我与甘颇及王存义去山西，后来我与甘颇先回北平，留王存义一人去武乡一带。他竟能找获很好的三叠纪骨化石。至于杜林春，则在旅行方面所做的事较多，而寻找化石却较少。但若有得力的人指导他找化石，他也往往有很好的成绩。

最痛心的，是若干技工的意外死亡。唐亮饿死，前已言及。抗战初发生，因日寇逼迫，我不得不南逃至长沙，周口店陷于游击战区。当时，我们在周口店的办事处还在，留有技工赵保华及另三位技工看管。在最初的日子里，或日本人来，或游击势力来，他们尚能对付。不幸有一天，日本侵略军又来了，技工们为了护山，赤手空拳与侵略者搏斗，终究敌不过枪弹，为日本人所杀害。他们为周口店的工作，牺牲了自己宝贵的生命，后来竟未得到适当的抚恤，尤为可痛。他们生为发掘化石流汗，最后为护山流血而亡，至今已默然无闻了。

我在本章记叙和我一起工作很久的许多朋友和技工，心中有无限感触。大凡一个工作或一件事情的办成，总不是一个人的力量所能达到的，必须有许多人通力合作方可。新生代研究室自成立以来，赖许多同事相处无间，完全以工作为重，又有这些能用命的技术工人，所以不到几年才有那么伟大的成就。这些人大多数今尚健在，而新生代研究室的工作则若断若续，远不如以前之状况，此则大环境使然，非一人之力所可左右也。

还有一位朋友，不能不特别叙及以结束此篇。他即为赵亚曾。赵君虽于北大时与我同班，然在那时，并无若何深交。后成立地质研究会，赵亦加入，然未积极活动。在北大预科，他在甲班，我在乙班，当然很少来往。预科毕业后，赵入地质系，多为同学惊异，因其数学甚佳，似不当入地质系。他入地质系后，与我同班，当然有来往。毕业以后，赵入地质调查所，在葛利普指导之下专攻古生物，发表了许多专著，成绩远胜于我在外国四年的学习。因我不过一本博士论文问世，而他已出了七八本专著。我一九二八年入所以后，因家中迭遭灾难，我一再回家，无多建树。这年十二月三十一日，他在东安市场以我母亲报父丧之电报转我，并对我不胜同情。其时，他已准备与黄汲清一同赴四川等地调查。我在家守丧时，他们路过华县，西行过宝鸡入川。到一九二九年十一月，忽然得悉噩耗，说赵先生竟在云南昭通调查途中为匪所害。

赵先生为我们这一班毕业后首先做地质工作之一人，而且卓有成绩，万不料我们在东安市场一面，竟是我与他的永诀。正因赵先生死况甚惨，可以说是殉学而死，殉化石标本而死，因而给人的印象也特别深。调查途中，闻匪徒至时，他不设法避去，而竭力保护地质调查所的地质图。匪人闯进小屋，误以为化石标本箱内装有金银，即行抢劫。赵与之争夺，竟遭杀害。我与赵君在同学时代及在地质调查所同事时期虽为泛泛之交，然自他死后，我对他反益增敬佩。后来翁先生对其亲属的生活各事备极尽力，中国地质学会亦设有纪念赵氏之助学金。但这种人才终不可复生，唯有所留的若干遗著为世人称道而已。

我们一九二三年毕业的地质系古生物组的学生，后来被人们

■ 杨钟健（后排右七）与地质古生物界同人在赵亚曾墓前（一九三八）

视为北大地质系最杰出的一组人才，赵先生即为其中之一。其他如田奇，始终专攻古生物，后来到湖南工作；张席禔、王恭睦均与我同时赴德，后来在地质界亦多建树；侯德封后来专攻经济地质，成为权威；蔡堡后来改学动物学。他们都是我的同学和多年的朋友。

"七七"前后

我在北平的八九年，正值外患最严重的时候，尤自一九三一年"九一八"以后为然。前几年，还可勉强过安适的生活，及一九三三年年初，榆关不守，平津震动，我不得不奉母亲回家。后来虽于一九三四年又接回来，然塘沽协定、上海战争以后，十分为母亲忧念，终于一九三五年仍奉母回陕。虽然如此，我在地质调查所每年应做的工作，并未因之中断，相反的还一年比一年向前推进。后来，地质调查所有南迁计划，终于将北平改为分所。总所南迁以后，已将陈列馆、图书馆以及实验室的大部分东西运走，北平分所实际上空虚了。我接任所长之前，原以自己兴趣在研究方面，辞不肯就，翁先生说，这有何难！也无何要事，只是每天查看查看签到簿就是了。

接事以后，我首先是将图书馆所存残书加以整理，陈列也重新布置。因标本不够，请贾兰坡先生在西山一带采集了好几次，终于勉强将已有各陈列室布置得有了头绪，照常开放，星期日也任人参观。至于实验室内，则矿物岩石方面许多标本的标签已失，符号亦多有不清白者，未能彻底整理。

那时在北平分所的尚有王竹泉、谢家荣、杨杰、张兆谨、朱钦吾等人和新生代研究室的一般人员。每天倒也无何大事，一切循例推进而已，只有王绍义因病逝世，家境甚为萧条，不能不由所略为协助。

最后在平这一年中，北平政府实际上同那时之伪组织十分相近，不但长城各口常有战事，通州且为伪组织所占。在此情形下，本来就随时有发生事变的可能。

一九三六年夏，我乘赴川调查之便回家一次，后于秋冬间因三叔骤病请假回家，与母亲、姑母等在省三叔家相聚。至十一月底，我由西安起身回平。到平不及两周，西安即发生双十二事变。当时情况紧张，华县已为前线，我甚以家人为念。以后虽然西安事变平安解决，而次年暑假即发生卢沟桥事变。

当时我与钱耐方自山东回平，正在陪同钱耐整理山旺化石，并有酬酢。七月七日晚，在北京大学蔡子民纪念堂前请葛利普、钱耐、魏敦瑞、张席禔、谢家荣等人吃饭。饭尚未吃完，传来消息，说是街上已戒严，始知报载卢沟桥冲突已告扩大。草草吃完饭，大家散席，诸洋人回去时通过戒严哨大概困难较少。我出去后，在北池子北头即遇盘查，然尚予放行，及到北海南门口三座门那里，竟绝对不放行。我说了许多话，均无效用，后那位巡警忽然问我：你在协和医院做事，可认识某某吗？我答以当然认识，并说那是我的同事。他听后竟然放行。后来我才知道，那某某先生即为巡警的邻居。我过此哨，穿过小胡同回到家里，还不到夜间九点钟。后来听说张席禔想回清华的同学那里住，竟因通不过北池子，还是在北大地质系过了一夜。

还有一件巧事，就是在这前几天，我曾求胡适之为我写两幅字作为纪念。他快要赴庐山，临行前将所书字幅送来，封面上写着"七七"字样，竟成了"七七"的纪念。

这几天，北平人心不静，传说不一。乐观的人还以为是局部事情，不久可以解决。悲观的人以为这是大时代的开始。我由野外回来，身体感觉不适，这几天发高烧，已不能去研究室，请梁舒文大夫（在德同学）多次来诊视，均无效，后来才决定入协和医院。住在医院里，消息更为迟缓，不过外面紧张的情形还是可以略知一二。在医院听到的炮声并不甚激烈，后又听到传说，谓北平转让了。终于于七月二十九日，北平守军停止抵抗。这一夜，街上相当紧张，而我则在医院安然度过。此时我病已大轻，于八月八日出了医院。就在这一天，日本军队开进了北平。事情至此，没有什么可说的了，只有接受现实。

那时最重大的问题还不是对付日本人，而是如何对付伪组织。起初，我们想用北平研究院作掩护。因为三年以来，北平研究院的地质研究所一直与实业部的地质调查所合作，北平的地质调查所虽已改为分所，而地质研究所则照旧在兵马司。但是后来知道这一个办法并无什么效力，只有用协和医学院和新生代研究室的关系，以图保护地质调查所在北平的整个财产。葛利普先生对此事也极尽力量，居然能相安一时。

北平到南京的邮政还能通，过了一个时期以后，翁先生托有关方面转来信函，希望我不要留在北平，并说明此次之战非普通战争，如要留在北平没有什么好处。后来地质调查所的地质主任黄汲清也来了一封信。他用德文写信，其苦心是为了逃避检查，然想来也未免太小看日本人了，他们岂有不懂德文之理。其信中大意也是劝我即速南行，一同在南边合作。

这时候，由青岛到内地的交通还未中断，由天津到上海的海船起初也还通，到八月十三日后，即只能通过香港再转内地。由北平离去的人不少，只是路上相当担心。最大的卡子是前门车站与天津车站两关，如能在这两处逃出检查者的注意，便可无事。有的人化装出去反而不妥当。其时谣传很多，也不知究竟怎么样才为安全。

无论如何，北平已非可居之地。但也有些人劝我不必离平。这种劝说以魏敦瑞为代表。他列举德法的史实为例，说法国占领德国的斯特拉斯堡及莱茵河等地时，所有地质人士全固守岗位不走，以图保全。但此情形不完全相像。事实上，在后三个多月的时间里，我日夜在北平过着精神紧张的生活。同时也做了必要时离去的准备，将公家的重要标本移至了东城的娄公楼，我个人的重要图书和毛泽东先生给我的信件也存于此。还有在西北考察时我所研究过的材料，也多存放到这里，好像此地比较安全。有些地质界友人也多把书籍等物往此地存放。西城丰盛胡同之陈列馆尚维持，兵马司图书馆及办公的地方已成为空架子，但为防止被人侵占起见，还照常办公。

此时章鸿钊先生在平，他因曾在日本留过学，因而为日本人所注意。但章先生并不为日本人助力，劝我早离北平。有一天，他来告诉我说，日本某学自然科学者要在某日请我及其他若干人士在北京饭店吃饭。我想，这宴请定无好心，乃决定即日离平，并商定与卞美年君同行。

当时，我北平寓所尚有国桢及感孝、新孝、慈孝、思孝诸子，还有表弟段明慧。岳母王太夫人暑前由南京来，也居于此。事实上，不能取消平寓，想有岳母及段照料，必无大问题，所以我决定独身暗自南行。

再者，此时一般人还有一种幻想，我个人也为其中之一。就是认为中国与日本相比，战事决不能持久，或者中途妥协解决，或者外人调解解决，做梦也想不到战争要持续数年之久。所以，当时为了容易逃出北平，也不做携眷南行的打算，痴想不久就会回来的。

行期决定在十一月三日，距"七七"事变已三个多月了。我先一日到分所及东城的娄公楼新生代研究室一视。十年工作的地方，一旦舍去，百感交集。为防止过于刺激，我未令同人知悉，只与魏敦瑞、德日进、贾兰坡诸人谈及今后维持计划和今后可能的发展，但无人能看出个清楚轮廓。

事前到葛利普先生处辞行。他因限于身体（拄双拐），是无法南下的。但他决定不在伪组织下做事。他托我致意南边的朋友，他为中国前进祝福。当我和他握手言别时，他竟老泪纵横，呜咽不能成声。

第二天清晨，我离开了寓所。家中只国桢一人知之，自然又是一番沉痛心情。我一人雇车到火车站去,与卞君早已约好会齐地点。我们进月台上车,倒也无何特殊困难。入车厢刚找好座位,魏敦瑞先生来车站相送,我安慰他道:"不要紧,过一时期就回来了,还可一同工作。"他说:"不见得,恐怕一百年以内,北平回不到中国人手里。"我听了很生气,但不忍拂他的友谊,只以不答答之。就在这样凄惨的情形之下,我离开了我工作的中心地点——北平。

后来知道裴文中先生于时局紧张声中,由法回国到了南京。他在南京住了一个时期,因为家眷在北平及种种关系,又由南京冒轰炸危险沿津浦路转青岛北上回平。这么一来,他在北平代替了我在平的工作,我则过我未来的漂泊生活。我们几乎十年之久未能见面。

在天津下车,也幸未遇到困难。过了万国桥,已为当时的租界区,一入旅馆,倒比较放心。我在旅馆遇到不少由北平出来的友人,还遇到了正在为清华大学做南移准备的叶企孙。我们终于购到了直到香港的船票。这是英国商船,名曰"好亦好",其实有何"好"之可言!船停在大沽口外。我们由驳轮上船,已昏夜,几至出事。此船拥挤非常,我所购的又为通舱,更为复杂;船上饭食也吃不惯,相当受罪,幸有同人多人在一起,强为欢笑,倒也不觉得寂寞。船在青岛停留,我们上岸溜达了一趟。此地为德人所建设起来的城市。由青岛上船即直驶汕头。过上海时,上海战事正紧。我们在糊里糊涂中到汕头时,见埠外已有水兵,也是一片战时景象。在此未久停,即驶香港。到了香港后,始知上海战事已近尾声，南京已有危险。在香港住了几天，我们购了去长沙的飞机票。为什么要去那里？因为我在离平时得到总部指示，将以长沙为集中地点。我离平时，只携有一小箱和一铺盖卷。上飞机时，因为重量所限，铺盖卷不能带，只有交旅行社代运。后来过了三个多月才运到。由此赴长沙，本可搭粤汉路去，但却先要到广州，周转费事，又要避粤汉路沿途被日机轰炸的危险，且在广州住宿，沿途耽误时间既久，经济上也不合算，不料后来到了长沙报旅费账，竟因我只为"荐任职"，不能坐飞机，而不许报账，成为笑话。因若规规矩矩照二等舱购票，再加上由香港到长沙沿途的费用，实际要超出飞机票应报之数多少倍。然而，我也只有隐忍受之。

到长沙下飞机，遇到正要到汉口去的于右任先生，我便住于他已订好之旅馆中。后来到湖南地质调查所，遇到田季瑜及诸地质好友，由南京来的地质调查所同人也有陆续抵达的。田约我住在他的家中。经一定筹备，中央地质调查所即借湖南地质调查所一部分地址开始办公。此时，黄汲清、曾世英、金开英等均已到达。从此，我们就暂以长沙作为我们在大后方的办公地点。

全面战争的形势已展开，后方人心振奋，共产党亦宣言愿同国民党站在同一战线上，争取民族生存与国家独立。虽然战事日烈，失地日多，但全国充满蓬勃朝气，为多年来所未有。我南来以前，有投笔另寻适当而更有贡献之工作以报国的心思，及到了南方以后，发觉倒还是坚守自己本职工作为切实，并未再存另图之心，仍然在地质调查所服务。原来那一番心思也就逐渐消失了。

上面已说过，我虽南下，而裴先生却间道北上，新生代研究室的工作并未中断。事实上，到珍珠港事变发生时为止，一切还照常进行。魏敦瑞仍专研究人类化石。此时荷兰古生物学家王林已发现了巨人化石，新生代研究室特请他到北平。魏与他研究中国猿人与爪哇新发现之材料，并与巨人化石做比较研究。德日进则把天津马场道北疆博物院材料移至北平，成立了一个地质古生物学研究所，同时做新生代工作，对我所遗的一大部分材料加以研究。裴文中除继续考古工作外，并将周口店化石的一部分加以彻底研究。此时出版方面尚无困难，并未太受战事影响，不过再大的计划也就谈不上了。终于到了珍珠港事起，北平所的仅有掩护不灵了，娄公楼竟为日本宪兵所占，成了残害中国同胞的一个中心。西城所址则早已被日本人接收，举世闻名的中国猿人化石标本，也就在此时失踪了。

我到长沙以后，首先向那时的代理所长黄汲清表示辞去新生代研究室副主任的兼职，并推荐裴文中继任。此乃实际问题，所中当然同意。任裴之令，终因某些原因未能发出。我在责任上也无可承担。我从此只在南边以地质调查所一员的身份从事工作。

在北平的一般生活

在叙述战争期间紧张的漂泊生活以前，我先把十年来在北平的比较轻松舒适的生活鸿爪做一叙述。虽然寄寓在北平，家事不少，东北的形势又很紧张，但仍可以放心工作。北平寓所的人很多，尤其母亲在平期间，真有阖家欢聚之感。每当我从野外调查回来，确有回家的快乐。我们从新皮库胡同移居石老娘胡同十五号以后，从未搬过家。生活也相当安定，尽管收入有限，但大体说来总可过得去。

我在北平石老娘胡同的八九年，为自父亲去世后，最为上轨道的几年生活。母亲在北平，弟妹又均在平上学，朝夕有处，又兼新婚之后，精神上也得了不少安慰。其时人口约有十口，每月吃面八九袋，英妹等均上师范大学，所费有限，然加上入中学、入小学的，合在一起，也就负担不轻，前两年尚常负小债，后来可以维持，到离平前二三年，还可稍有积蓄。"七七"事变时，居然存蓄些许。如无战事，经济方面可望不至于再感恐慌。

一九三一年六月二日，新孝出生（因此年内，我在新疆野外考察，故名新孝），家中有了多年未有之乐，我母亲尤为欣慰。我循例每日上午九点到所，午间步行或有时坐车回寓。吃了午饭，于下午二时前去东城新生代研究室。此地距寓所相当之远。去的方式也不一，有时坐车，有时坐一段，走一段；而最常用的方式还是坐电车：由寓所走到西四牌楼上车，到东单牌楼下车，再走到娄公楼。晚上回来也是如此。当天气酷热或严寒时，自己觉得稍有苦恼，最不便的还是因为电车开驶班次不按时间，有时往往等到半点钟左右才能上车。在等车的当儿，我和裴先生很幽默，谓之为"当铜像"。因痴立道旁不动，与风雪尘灰相抗，有如外国都市道旁的铜像。

晚上在寓所没有事情或写写东西，我的游记文章和普通作品多半都是这样在寓中写成的。有时亦陪母亲、妻子或弟妹等打几圈"卫生"麻将，也有一种术语叫"茅厕钻"，因"摸四圈"与"茅厕钻"陕西发音相近。我们很少在外边看电影或戏，平均一月不到一回。母亲初到北平时，衣物所带甚少，且不合适。在两三年过程中，逐渐为母亲补足四季应用的衣服，母亲的寿衣也在这生活较为不太窘迫时期预备成。

一九三二年九月三十日，慈孝生，此时家中经常有女用人两个，一般笨重活及做饭等事减轻了一些，母亲仍照旧操劳，不忍全赖用人去做。母亲调理饭菜均多为家乡口味。凡于家中去世长辈纪念日期，均在平设位祭祀。父亲逝后，一周年至三周年均未能回家，生日及忌日纪念仪式，均在平约数亲友举行。遇母亲生日，为慰母心及稍申庆幸之意，亦举行简单之寿宴。

寓所平常往来的人，除同乡，如王旭哉、马之轩（其时有时在平）及其家属外，主要为岳母及其相关亲属。当我结婚时，岳母家寓西四北大街，后移至石老娘胡同九号，相距甚近，往来更繁。到前数年，国章在南京做事。当我由新疆回平不久，于九月十九日（"九一八"之次日），岳母为国章举办婚礼，同时亦为二女国祥与徐桢结婚之日。三女国瑞（后改名赓尧）那时与其同乡段绳武订婚。段为军人出身，且为续弦，国瑞本人及家中初对婚事颇不满意，然终订定。我新从新疆归来，受刺激最深。因痛恶军人，所以在王家姑爷中对段较为冷淡。后来段先生毁家赈灾，移民于包头五原一带，渐觉此人非凡，来往反而甚密。及他们卖掉北平华贵的房子到包头新村住家后，每次回平，常住在我寓。不幸，他们所生的四个儿子，全因在包头染上了乙型脑炎，相继在一个半月内死亡。这个惨状令人不胜同情。

他们那一年结婚地点在欧美同学会，时间为一月六日，天气甚冷。大家都为他们祝贺。以后事实证明，这一对起初比较勉强结合的夫妇，到数年后感情甚密，不但共患难，而且共事业。我在以后还要特为叙及的。

国祥与徐桢结婚后在天津、太原等地做事。事变那一年，他们在唐山，有时亦来北平。国章则早去南京任职。此外，岳母之胞妹在平住家多年，亦与我们时相来往。所以，在北平常有亲友酬酢，还是不寂寞的。

我因职务关系，常和许多外国人来往。接触最多的是新生代研究室之洋员。另外，步日耶、斯士斯等来华，均多所交往，

149

协和医学院院长顾林、解剖系福丹，天津北疆博物院桑志华、汤道年等亦为常来往之人士。在明兴时，我所认识的谢理士及其夫人为汤元吉之好友，此时他们亦在平辅仁大学服务，我们还常见面。在我所接触的外国人中，比较起来还是德国人少，他国人多，所以觉得对德国人一天天生疏起来。记得当年初到德国时，说德文时不小心就吐出英文来；现说英文已很顺，而不带出德文，德文即逐渐生疏，不过对于看德文书，却不但能保持以往水准，还自觉较有进步。

在北平这样一个文化名城，每逢星期日或其他假日，可以有不少地方去游览。我们最常去的只限于城内几个公园，如中山公园、北海公园等。故宫博物院、天坛公园等地就不常去。虽然去西山的机会也不少，但也不过一年去两三次而已。对城内外许多古庙，我因不感兴趣，去得很少，如有名的雍和宫和其他古刹，根本就没有去过。大凡住在一地较久，总以为有的是游玩机会，因而不急着去，反而有些地方未去成，至今尚为遗憾。这正和我家距华山只有几十里路，而未上过华山一样。不过北平的景物还是值得留恋的，只就已去过的地方讲，去了还想再去，从未令人生厌过。

北平的吃，可以说应有尽有。但我们去过的馆子究竟不多，有的根本未去过，有的不过偶尔去一回。倒是普通的饭馆，如庆林春、同和居等，却常和几位朋友去。亦因时间与经济力量所限，我个人常去的地方只是东安市场，因它距娄公楼很近，既可散步，又可趁便小酌，作为偶尔的自我慰劳。

我平日除作研究文章及从事标本整理等工作外，间或亦作些通俗科学文章。因我平日十分羡慕欧美各国之自然杂志方面的文章及丰富而精美的图画，颇有志也办一个这样的刊物，以提倡科学大众化为目的。我在平联络了若干地质调查所同人及静生生物调查所一部分人士，着手举办，但限于财力，未能独立出版，于是借得《世界日报》一角地位，作为副刊，由大家轮流编辑，每月有一次聚餐交换意见。一时如尹赞勋、张春霖、张尔玉、计荣森、裴文中等诸君多加入，但始终没有一个定型组织，故不能称为团体。此周刊何年出版已记不清了。每半年我们就所得之单张合订成册，亦为社会人士所欢迎。这一工作一直维持到事变后我离开北平才终止。这是我在北平期间的主要业余活动之一。

除此以外，我也常向其他杂志期刊等投稿，如《科学杂志》《地质评论》《西北评论》《禹贡》《大公报》等。自一九二八年回国以后，绝未作过一篇政治性文章，亦未妄评社会其他事情。良以心不二用，既已专心致志于研究工作，所发表的文章就自然与所研究者有直接关系，并非故意回避政治。相反，我对国家大事及政治情况还是十分注意的。在此期间，科普作品连同科学专著，每年还能保持十种以上之纪录。

一九三六年六月八日，幼子思孝生。当时，我有山西之行，是年回家，亲友多为我祝贺。我亦以有四子而自慰，然念未来负担日重，亦不得不增加工作。

表弟段明慧来平后，寄寓我处，他后考入辅仁大学。然察其内心，实不快活。后据人言，此乃由于家庭环境使然。我虽在

■ 三十年代家人在北平合影，前排左起：杨慈孝（三子），中坐者杨钟健岳母赵恕隆女士，杨思孝（四子），杨新孝（二子）；后排左起：夫人王国桢，表弟段明慧，长子杨感孝（一九三八）

平，却因忙于他事，亦未多加注意。

我有石桌面一个，为南口石灰岩磨成，上有藻类化石，颇富地质意义。我又好花草，历年所添，多至百余种，虽无名贵之品，然院内也布置得花木扶疏，清雅可爱。在平八九年中，此寓相当平安。前闻多人言，所租住房乃一凶宅，但自我移入后，除偶闹过一两次贼外，均甚平安。可见俗言不可信。某一次，贼跳入墙后上房，因在冬季，室内未住人，我私人所收藏之地质标本放在几个抽屉内，贼打开过，但均未动，其失望之情可以想见。

自我从西安到北平后，历年所积图书均在北平。前在家存者，已随五月十五日家难而付之一炬。一九二八年在平做事后，自己增购图书及由交换单行本所得图书，年有增多。当我一九三七年离平时，已积有四千余种。就个人研究与兴趣言，已成为小规模之私人图书馆。故离平之时，对于多年经营之平寓及个人藏书，不无留恋之处。

"七七"事变，是国家的一个大转折点，当然影响到每一个国人之生活。就我个人言，实为尤甚。在事变初发生时，我尚未深切了解其重要性。待到十一月要离开北平南行，才感觉到此后将进入一个新的难以预料的生活环境。然当时我实存着无限希望，故虽悲观，而并不消极。

当我离平之时，平寓人口虽不如以前之多，然以后的经济如何接济，尚不得而知，也许有中断的可能。当时，协和医院声言，薪水只能发至十一月为止。所以以后的生活全要靠我历年的节余支付。幸北平亲友尚不在少，还不至于为此十分焦虑。所担心的是我到南边去后怎么办，还能不能在本岗位照常工作。在如此动荡的局面下，心境当然很悲怆。万没料到，此后在北平寓中接连发生事故。这些情形容后再记之。

从一九二八年回国起，到一九三七年十一月离开北平止，正是我三十二岁到四十岁的阶段，即为人生最重要之一阶段，幸未完全虚掷。尤以父亲逝世以后，我未受家庭剧变影响，而依然能从事研究工作，及今思之，实为一大幸事，否则未来之我如何，诚为不可知之者也。

抗战中的漂泊（一）

现在让我再回头叙述我在长沙时的情形。到长沙不久即遇到敌机第一次轰炸。这一天，我随田季瑜、黄汲清、曾世英等去岳麓山勘寻地质调查所可能的临时所址。归途中，见有多架敌机低飞。田君说，这是我们的飞机。不一会，即见在城东落弹，浓烟突起。据说这一回轰炸，根本未接到情报，故炸弹已落，才补放警报，损失当然很重，实在使人黯然。

后来，地质调查所临时所址终于定在城北十里左右之余家冲。在那里修筑了简陋之办公室。不过我却留在上黎家坡，住于留芳里田季瑜之家，备承招待。留芳里一至四号全为湖南地质调查所同人所建，此时由南京来的同人多住于此，所以也觉得颇不寂寞。

到长沙，苦于无事可干。来湘同人正忙于布置新的办公地址。我真不知道该做些什么，才能对抗战多少有些裨益。自己感于一天天混下去，实非办法，乃自告奋勇，首先要恢复《地质论评》。这本刊物于抗战这一年在北平创刊，出了三期，即遇

"七七"事变。但事实上，我们在平已编成四、五两期，只是不能在北平出版。我乃商之于同人，在长沙恢复此刊。这一期，我有《非常时期之地质界》一文发表，内容是谈在新时代地质工作之重要性，及同人应取之态度。以后，刊物得到王钰君协助校对，诸事进行尚称顺利。这可以说是我南来后第一件成功的工作。

在这期间，关于野外调查也有一定计划。湖南有许多红色盆地，由红砂岩、页岩等形成，其年代始终为一大谜，有的当白垩纪，有的当第三纪，莫衷一是。我很想将此问题予以解决，于是有调查湖南各红色盆地之计划。卞美年、李悦言和我首先出发，在长沙以东以南地区做调查。出发之时正值阴历年方过，村镇上还是鼓乐喧天。在此困难之中，听到这种鼓乐，心中自有说不出的感想。在途中，又遇到警报，后来得知长沙被炸。因为此时长沙已成为后方重镇，有许多重要设备均移至长沙及其附近，当然成了敌机的轰炸目标。我们于此动乱之中，幸尚能做自己想做的野外工作，固然为之一喜；然转念一想，困难如此深重，我们尚从事于这种距实用甚远之研究，于国何补，于战何益？又不免引起一腔幽怨之气。但我们都还能沉住气，认真工作。乡下除少数地方治安有些问题外，大体上也还平安，可告无事。

这时候，政府中心在汉口。一时忽有德人调解战争之传言，翁先生亦自汉口来信，虽未明言，却显然有暗示之意，谓不久仍可回北平照常工作。但后来事实证明，陶德曼所发动的这一回和议未能成为事实，战事仍然继续下去。现在回想起来，这次和议多亏未能成功，如成功，必无以后光辉之历史，也可能使中国陷于万劫不复之境地。当时得知此种传言，心中未尝不为之一喜；然从理智上说，总以为战才是唯一的出路。

此时，北平到后方的信件还照常可通，不过甚为缓慢，因为信件均绕道香港而来。从来信看，平寓中尚无大事，一切照常维持。裴文中早已到平，也时有信来，魏敦瑞的秘书也来信报告新生代研究室的消息，说那里的工作仍尚能在掩护下进行。不过，裴先生的信在长沙给我们引起了一个小麻烦。因为我们在两个不同的环境之中，无论我给他写信，或是他给我写信，总觉得有些地方不能畅所欲言，于是常在信中用些或明或暗的隐语。在别人看起来简直莫名其妙。尤其裴先生来信，常用些我们在北平时的"行话"，如称德日进为"和尚"，称太太为"皇后"，把采化石说成"办货"等等，更令人有不知所云之感。此时，长沙信件检查相当之严，当然引起了他们的注意。有一天，来了一个人，对我做详细盘问，我自然以实相告，他还不能相信，又问了我们所用的许多"术语"，并出示所抄我们往来的信件若干封，我才知此种通信，惹起他们的疑惑。经为细细解释，才算了事。

一九三八年春天，中国地质学会在长沙举行抗战后第一次年会，前两年我连任理事长，此次在长沙始得卸任。年会在一种和谐而沉着的气氛中举行。我所作的本届理事长之演说词没有谈及学术内容，而是针对现实，讲了《我们应有的努力与忏悔》这一题目，号召同人们同心戮力，发展我国地质事业。年会后的旅行定在湘乡一带。我与卞美年、李悦言二君均参加，在湘乡下弯铺对含植物与鱼化石之地层做了小规模的采集，又对附近一带的红色地层做了一番勘查。这次旅行，所得不少，唯始终未能采得哺乳动物化石，以确定年代，实为美中不足。此时虽已春暮，而湖南春寒，在壶天竟遇风雪，寒气逼人，所幸同人均能以刻苦精神应付，工作终于圆满结束。

回到长沙以后，遇到两件大事。一为四月十日敌机在岳麓山之大轰炸。是日天气晴和，我本欲往岳麓山游玩，途中在友人家中稍停，即遇警报。敌人以湖南大学为目标，轰炸之惨，为历次所未有，诚令人发指。一为台儿庄之大胜利。捷报传来，人心振奋，可惜这一胜利终未能阻止敌人继续前进。不及两月，武汉受到威胁，武汉各中央机关有迁往重庆之举。我与卞美年、李悦言二君为完成调查红色地层之计划，仍照原议前往衡阳、耒阳一带调查。在湖南的历次调查中，以此次为最久，所到地方也最多，成绩也最佳。我们曾在数地发现脊椎动物化石，足以确证此红色地层之年代。

长沙成为后方重镇达数月之久，我的朋友们在此相遇者亦多。当时之所谓临时大学迁移长沙，并已局部上课。自长沙一再遭轰炸以后，乃有移往昆明之议。所以在数月间，我与许多朋友相聚又相离。在街上时可遇到熟人，多由北平来者。丁文江先生葬于岳麓山，我亦去看过数次。一月五日，为先生逝世两周年纪念，我曾亲往吊谒，实不胜其感喟：河山破碎，丁先生已不能展其雄才大略，诚为可叹！

长沙日渐感到威胁，余家冲的地质调查所刚告成功，便有他移之计划，一大部分奉命移往重庆，一部分迁往昆明。南京所运来之图书、标本，未及全部开箱又要西运，遗憾的是当初未直运重庆，徒多了许多手续，多花了许多钱。我们自衡阳调查归来，已成必离定局，于是即筹划撤离之计。我奉命往昆明主持将要成立之办事处，其他人员自动由长沙选择自己要去的地方。由长沙往昆明，本有许多路线可走，或去广州搭船往越南海防，再搭火车入滇；一为由长沙西行过贵阳入滇；一为到广西南宁过谅山搭火车入滇。我终与卞美年、许德佑同行，择第三条路。时谢家荣君在广西八步主持矿务，我们得与之搭汽车先到桂林，翁心源夫妇亦同行。我从此结束了在长沙七个月的生活，此后的漂泊又将在另一区域矣。长沙各机关先后离去后，湖南地质调查所在田季瑜领导下亦西迁至邵阳。后来长沙终于在抗战中发挥了重要作用，武汉陷落后，在此连挫敌锋。我们则早已抵川滇后方。

广西本为旧游之地，然此次之行，感触全非。这里到处皆战时景象。最有意思的是桂林不准人穿白色或淡色衣服，如有穿者，则被人以墨水向身上乱洒。我到这里时不知其事，一日穿淡灰色西服往省府接洽赴南宁车辆事，于途中竟被污染，身上衣服被染得墨色斑斑，敢怒而不敢言。由此顺利购得汽车票往南宁，在此也未久住，另购车票往镇南关。由南宁南行，则为前所未到之地，进入了一片半热带荒林。抵镇南关，因护照尚需签字，耽误了数日。由此搭车行不数小时即出国境到谅山。由谅山搭火车到滇南之河口，重入国境。出境入境均检查甚严。越南境内完全为殖民地作风，令人生厌，然既已来此，只有忍气受之。已入云南境后，两天便到昆明。

昆明为我国西南一大都会，气候宜人，无严冬酷夏，四季皆春。我抵此时，为七月中旬，尚需夹衣，实为理想的避暑之地。此地为大后方，距前线甚远，十分安静，不过也带了战时色彩，由前方搬来的机关日渐加多。初物价便宜，本地用省纸币，与法币为十比一之比数，携法币来此者尤感生活便宜。此时北平之北京大学、清华大学与天津之南开大学，已合组为西南联合大学，由长沙移此。北大诸友均已先后抵此。我即寓于联大地质地理气象系主任孙铁仙先生家。同寓还有姚树人先生，我们相谈甚洽。在长沙第一次被炸时，姚先生夫人受惊病亡，故他只身寓此，即借住其一间楼房。

到昆明以后，我便着手成立办事处之工作，在翠湖公园借得通志馆一部分房舍，又在南城公园借得房屋若干，作为化验室及一部分同人住宿之用，于短期内开始工作。昆明地质调查所同人，除原已在滇工作者外，新加入者有十余人之多。我初到此，为了办事方便，先刻了一枚地质调查所办事处的木章，这当然不十分合乎手续，但地质调查所究竟为学术机关，为便于争取时间计，此举也无多大妨碍。后来所中虽有烦言，但却终于承认。此时，北平研究院亦由李书华先生率领来滇，在黄公东街设办事处，各单位分开工作。后经李先生同意，照北平成例，将我们两单位合设于此，一方面为地质调查所办事处，一方面为北平研究院之地质研究所，一切布置妥当之后，我们立即展开野外调查工作。这里的大部计划仍由重庆所定，在此非常时期，自然特别着重于矿业方面的工作。而我因事务缠身，未能立即出外调查。

联大正式上课后，因我曾在北大任过课，又约我授脊椎动物化石等课程。我因逃难来此，教材缺乏，殊不当意，但却固辞不获，只好勉强担任。此时，当局适有兼职不兼薪之通令，故于一年期间全尽义务，未取分文报酬。

当我由长沙来昆明之议已定，我曾去信北平寓中，说明情况。其时国桢认为战事一时解决无望，恐我在外太苦，又听说日人要找她询问猿人头骨的去向，乃决心南来。后来，她在平得德日进与裴文中先生等人帮助，弄到了入滇签证。这时，我在昆明工作，亦需一两个得力的人做助手，乃给裴文中先生写信，令王存义、杜林春二人南下。于是，他们弄好护照，于一九三八年七月与国桢一同南行，过香港经海防市抵河内入滇，沿途尚无多大困难。他们于八月上旬到昆明，我赴车站迎接。国桢初来时，我们仍同寓于孙铁仙先生家，后来租得宽巷房屋，迁入居住。从此我二人即在昆明做长期抗战打算。但实际上我的家庭仍旧一分为二。北平赖岳母及明慧弟照应，自免不了许多困难。孩子上小学即学日语，课本内容完全是愚民说教，地理、历史也改了内容。

国桢到昆明不及一月半，即遇昆明之第一次警报。时我正在翠湖公园内，轰炸地点即在小西门外，相距甚近。事后颇有死伤，国桢尚有胆力前去看视断臂缺腿之受伤人士，回来后吃不下饭，心中极为悲愤。此后，昆明亦在敌人飞机航程以内，与前方同受威胁，不过比较起来总算安全多了。

就在这一年冬天，卞美年赴元谋、禄丰等地调查，于归途过

■ 杨钟健、王国桢夫妇于西南联大期间，拍摄于其昆明寓所（一九三八）

禄丰时发现大批骨化石，运抵昆明开始修理。经初步鉴定，知为中生代之物，绝非第三纪者，证明前人的第三纪之说很不可靠。但我们由北平过长沙到昆明，公家及私人参考用书一本未带，地质调查所之书尚在重庆，一时无法使用，故只好就初步鉴定结果分函德国许耐教授、布罗里教授，英国瓦特生教授及南非步龙教授。后来均得回答，证实了我们做的鉴定无误。尤感兴奋的是，许耐教授将他已绝版的一部有关著作赠给我，另外还寄来许多相关的刊物，这使我对新的采集能开始研究，并不因在抗战流浪期间而感到大的困难。在此大量采集中，一大部分是与南非及德国之三叠纪相似的蜥龙类化石。另外两头骨及若干上颚则是与六七年前在南非发现而由欧文记述之三瘤兽相似。此三瘤兽在南非仅有一头骨前部保存，今我所不但有两比较完整之头骨，且有零星上下颚及一大部四肢骨。三瘤兽原视作三叠纪原始哺乳动物，为最早之哺乳动物化石。后来有人当作爬行类中最类似哺乳动物者，我因当时比较材料及图书很少，所以也将它归之于哺乳类。在论文发表以后，瓦特生教授始有评述，认为下颚仍有牙骨以外之他骨，可归之于爬行类之最类似哺乳动物者。后来美国学者辛普森编著哺乳动物之分类，亦将三瘤兽一并列入爬行类。当我一九四四年去美时，将所有材料携去再做研究，对瓦、辛二氏之说法未做更改，不过还是沿用辛普森的说法。这样分类，还是人为的成分居多，当它为最近于哺乳类的爬行类也好，当它为具有爬行性质的哺乳类也无不可。

当时我虽然困于事务，也乘机到野外做一些调查工作。我与卞君曾去路南调查第三纪地质，确定了路南盆地的年代。昆明附近，如昆阳等地，也去了几次，但均不能做长距离与长期的旅行，实为一大憾事。此时，我趁机写了些短文，在当时昆明出版的《益世报》副刊发表，对西南的地理与地质特点做简短介绍。每题自成一体系，总名之曰《西南漫话》。曾写了十多篇，未写完而中止。后来，这些短文均并入《抗战中看河山》一书中。

到昆明第二年，物价已开始升高。其时昆明已为大后方重镇，又为通缅甸之要冲，来往军人甚多，中央机关在昆明又迅有增加，许多工厂亦在附近，于是生活日渐为一般人所不能忍受。地质调查所向来为节省机关，在这种情形下，当然遭到许多困难。其时重庆物价比昆明为低，而昆明之实际情形又不为重庆所了解。每位工友加薪数元，乃为事实所迫，而却不能得到重庆总所之批准。我在昆明有职无权，深感困难。然既已承担此事就只能一方面向重庆总所解说，一方面努力支持，不料竟因此种下了不愉快的根苗。

昆明的轰炸一天比一天严重，许多机关竟向城外迁移，纷纷搬到了滇池西及城北黑龙潭一带。地质调查所办事处初想不动，暂在办公地点旁修筑简单之防空壕。我住所的宽巷也修了一个。不过，这种防空壕，只可避弹片，无有大用，后来乃决定移往城外农村办公。时中央研究院历史语言研究所已由城内移至城北约三十公里之龙头村。我承傅斯年先生协助，在这个村以北之瓦窑村找得一关帝庙，有房十余间，可勉强作办公之用。我们乃将办公处大部移迁于此，城内只有一二间房子，亦与历史语言研究所合在一起，作为联络用，而主要工作则转移至城外。我在此村之袁姓后院花园内租得小房三间，由城内迁此。我没有家具，除借用房东的一部分外，则用装煤油的木箱，东凑西凑，勉强凑合而成桌凳。此时多数人均利用空煤油木箱作沙发和书架等，自出心裁，亦不以为简陋。但我之做饭问题仍无法解决，于是商得房东同意，在院内以代价三百元建立厨房两小间，此为我独立建筑之第一所房屋，虽十分简陋，亦可为纪念。从此，我每星期往来于瓦窑村与昆明之间，步行数十里，亦不以为苦。

一九三八年秋，昆明办事处同人对现状不满，矛盾日益显露。总所黄汲清曾亲来昆明，意图弥缝。我觉得一年来从事事务，本非意愿，正可借此辞退，以专心于研究工作。经多次商洽，四川北碚总所才派尹赞勋前来昆明，我始得交卸。

在这种艰苦的条件下，加上心情又不好，因而不免感到神

伤,只希望于研究工作中寻求精神寄托。当时我写了一首《关帝庙即事》的诗,就是这种心情的流露:

> 三间矮屋藏神龙,闷对枯骨究异同。
> 且忍半月地上垢,姑敲一日分内钟。
> 起接屋顶漏雨水,坐当脚底空穴风。
> 人生到此何足论,频对残篇泣路穷。

一九三九年春,中国地质学会在重庆开年会,我乘飞机前往参加,承便交涉所中事务。国桢则搭中央研究院开往重庆之便车,取道宣威,亦赴重庆。

此时我始得一看重庆地质调查所之战时地址。所在重庆以北之北碚。借科学院一部分地盘建立大楼,作为总办事地点,图书馆则在北碚以东一小山上,距新址有八九里之遥,来往甚为不便。我到重庆开过会后,即到北碚,住在尹赞勋寓所。

前述之段绳武及其夫人王国瑞,于事变后,自包头往太原至潼关,再沿陇海、平汉线南下抵汉口,以同仇敌忾之心,放弃其新村事业,而为国家做更有效之努力。段绳武不幸坠马受伤,到武汉疗养不久,便继而从事后方伤兵救护工作。其夫人亦亲为看护伤兵,辛劳备至。汉口放弃后,段率所部移往重庆江北之龙头寺。其夫人则亲率一部分伤兵,经衡阳、桂林,而抵阳朔。后因丈夫病重,她才辞职去渝。当她过贵阳时,适逢敌人疯狂轰炸,势甚危险,幸掩护得法,伤兵无一伤亡,终于平安到达重庆。此时他们夫妇均在江北，故我与国桢于北碚事毕后即到重庆，前往探视。多年阔别，又逢荒乱，能在此相遇，实一幸事。其时王国章也由湖南来渝，服务于某兵工厂，地址在郭家沱附近。我们亦曾抽便一视。事毕后，我仍与国桢回昆明，与谢家荣夫妇同行。过贵阳时夜遇警报，昏黑在郊外避难，幸未出事。入滇境时检查极严，妇女由女兵带到一小木屋内检查。谢夫人及国桢，各送检查人一银圆，竟免去脱衣检查。此行计来往约一月，终又回到昆明。

在重庆时，我曾与翁先生、黄汲清、尹赞勋等商谈。总所自黄先生担任所长以来，遭遇了许多困难。黄坚执不肯再干下去。于是翁先生准黄辞职，专任地质主任，并调尹赞勋为副所长，代理所长职务。因此，尹又由昆明回到北碚，昆明则以王日伦继任办事处主任。

当我们在昆明时期，北平尚可照常通信，唯汇兑不通。北平寓所除用我离平时所余仅有之钱外，并将我父基金之款开始动用，由我在南方补还。此情形势难为继。一九三九年夏天，四子思孝在北平患恶性痢疾，竟因交不起住院费，十二小时内在医院大门外断气。表弟明慧亦以肺病病逝。这些消息，起初北平岳母等尚不肯令我们知道，后来终于告之。而国桢恐我伤心，亦久未出言。我当时因所事伤脑筋，心境当然不快。后来她终于告诉了我这一悲痛消息。但距思孝逝已半年多了。思儿自幼聪敏，极得人欢。自我们离平后，终以能治之疾而不得治，可称抗战之牺牲品了。

当尹先生来昆明后，我辞谢地质调查所昆明办事处主任职务。回思我在昆明成立办事处时，实在煞费心力，而结果不能满足同人愿望，深感自己工作能力之差，乃想专以研究为目标，不再过问行政事务。其实，同人对我意见并未公开表示，不过消极怠工罢了，然此已非我所能忍。我向尹交代完办事处工作以后，请假十余日，偕国桢往游昆明西山、金殿等处，在北平研究院陆鼎晓处寓数日，尽览昆明湖之名胜。陆君前在城内时，曾同我同寓于宽巷。他为人沉毅，是一动物学家。后担任所长，竟不幸病逝于昆明。对于他的去世，学术界无不痛惜。当时我已离昆明赴重庆，而心中亦甚为悼念。

假满后，我照常在昆明瓦窑村工作。一年来，我从事禄丰所采化石之整理，除将类似哺乳动物化石做成初步报告，交由中国地质学会发表外，并就所采蜥龙类化石最完整之一架，做详尽叙述，取名为许氏禄丰龙，即以许耐之名命名也。

此时，我写下了《题许氏禄丰龙再造像》一首，以为记载：

千万年前一世雄，赐名许氏禄丰龙。
种繁宁限两洲地，运短竟与三叠终。
再造犹见峥嵘态，像形应存浑古风。
三百骨骼一卷记，付与知音究异同。

尹先生代总所所长以后，颇给地质调查所带来了一种新作风。他将总所分为三组，而以我为脊椎古生物组主任。我曾商之所中，对外采用脊椎动物化石研究室名义，当即获准。于是，自一九四〇年六月即用此名。而九月间又来了一聘书，聘我为新生代研究室名誉主任。在战争期间，此乃不过一种虚衔，而我之工作仍着重在化石之研究方面。

禄丰化石地点之重要，出乎我们的预计。我故与所中商定，于一九三九年冬再去工作，以做地层之研究，并续采化石。卞美年仍与我同去。我们自昆明徒步西行，先在安宁县将本地与禄丰红色地层相似之安宁盆做详细调查，采得鱼类化石若干，却无可靠之其他脊椎动物化石。沿途西行抵禄丰附近，对地层做详细调查，并就已采及未采的新发现之化石地点做比较彻底之采掘，结果获得比较完整之骨架甚多，关于类似哺乳动物的化石，亦有新的收获。对地层方面，也比前卞君所口述的情况有了更深的了解。我们住在禄丰城内，每天携干粮在野外工作，持续了一个多月。对于这种生活，我们毫不觉苦，所惜的是，因交通工具及治安关系，除一平浪及附近之全资等地去过一次外，未能做更远距离之采掘。事毕以后，我将所采标本托人运回，与卞君取道罗次、富民做沿途考察而回昆明。富民的河上洞亦曾一去，因此地方前曾发现洞穴沉积，有类似周口店之化石。此次去时，视前人所采已尽，无法做粗略工作，除非再做大规模采掘，或者尚有希望，然非目下财力所许，故作罢而归。

这里应当补叙的是，到昆明以后，我曾以抗日为题材，写了不少诗作。其中《寄友人》一首，反映了当时激昂奋发的心情：

天生我辈必有用，忍看神州半沉沦。

指锥虽愧雕虫技，救亡亦存报国心。

斯文不教从今丧，国运应令万古新。

塞外风光应更好，黄河渡口看日沉。

一九四〇年九月，敌机轰炸昆明之时，我亦写下了一首诗作，揭露日寇的外强中干，表现了我们必胜的信念：

机声满天震耳聋，瞬听爆炸声隆隆。
恩怨分明终须问，血债必偿举国同。
看破敌寇黔驴技，换得神州睡狮雄。
禹域尚留半壁残，夕阳应无几日红。

从富民回到昆明，我便整理所采材料达八九个月之久。到一九四〇年秋天，地质调查所昆明办事处忽有令撤裁人员，悉转北碚。此举真实原因为何，不得而知，亦不愿深究。但我念如此名城，气候宜人，一旦离去，不无留恋之意。后转念一想，如到北碚，用书与研究均比较方便，也未始不是好计划，于是着手筹备离昆明之计。时昆明轰炸日日严重，进城往往遇警报，即在瓦窑村亦要躲避。于此种情形下，我们将办事处的标本等一一装箱，图书资料也收拾停当，唯我所盖之两间房子，就只能无代价放弃。我随着大家离昆明去北碚。共计有汽车两辆，由昆明出发。头一天住曲靖，第二天入贵州境寓安顺，第三天到了贵阳，在贵阳未多停留即北行，两天后到重庆。当时重庆也时时被轰炸，我们竟未进城，而由近郊绕过市区，直开北碚。

由昆明经贵阳到重庆的道路，半年前，我由渝回昆明已曾经过一次，当然熟悉。途中有许多地方，如娄山关等地，十分险恶，车辆时常出事，道旁随时可以看见翻了的车辆残骸。此次过娄山关时，亲见有翻车伤人惨事。在此时期，旅行实在是一种极大的冒险，把生命就交给那司机先生了。

我们到北碚后，立即分别各找居住地方。我因对此尚未有准备，即暂寓尹赞勋家，因他去昆明时家眷仍留于此，在此找永久些的住所也很费筹思。此地也闹警报，住得距市区较近，逃警报受不了，稍远则道路崎岖难行，有"蜀道难"之苦。经过了好长时间，我才租定北碚附近离体育场不远的牌坊湾秦家院的秦姓房四间。其实只是一大间，隔成了楼下两间，楼上两间，外加一小厨房。此房本为地质界友人李月三所住，后来因怕警报离去，由某君接住。我经人转说，才租到手。房既租定，一切日用品，又要重新购置。来川时，我只携了几只箱子，木器、床等均未带，厨房用具也很缺，幸原房尚有家具若干，可以借用。但即使如此，也大大地增加了经济上的负担。

这是我第四次来北碚。前两次均在战前，专为调查工作。第一次来时，此地尚在初建；第二次来此，也还得到特别的招待；第三次则为前六月；这一次回来，打算将这里作为战争期间的隐栖之所。北碚此时已俨然成为文化中心，中专以上学校有上海医学院、复旦大学等。中央迁来的机关尤其多。地质调查所在此并不算了不起的机关。我此来自觉身心轻松，也不求闻达，就从此在北碚做一个临时性的居民。

抗战中的漂泊（二）

把在昆明工作的人全移到北碚，当然感到住房不能敷用。事先地质调查所也有筹划，在距北碚五六里的天生桥建筑了简单的竹筋泥灰房舍，并在当地租得若干同样简易的房子作为职员宿舍。他们也为我租了两间，均无窗，白天漆黑，空气不畅。虽然说在抗战期间应该受苦，但这样的房子我实在不能接受，乃退了。后虽在牌坊湾自己租了房子，但是有一个问题非常难解决。我们研究的骨化石一部分被安排在天生桥，禄丰的采集也均运放此地，我从事研究工作的地方自然也应在天生桥。在这种情况下，一天要跑四趟崎岖的小山路，倘若中饭回去吃，计程共三十里左右。此实感觉为难，但也没有办法，也只有强勉为之。北碚附近的路极不好走，尤以天雨时甚不方便。如此继续了一个时期，我实在不能忍受了，乃请求先在那悬在山顶上的图书馆内匀得一小地方工作。直到后来，所中感于天生桥之办公地点太不方便，方在图书馆旁另辟两间房子作为存放及修理化石之用，于是我所研究的脊椎动物化石标本才移在一起，解决了大问题。

由牌坊湾到图书馆也还有二三里之远,不过路比较好走些,每天来回四次也不觉怎么为难,只是当夏季天气酷热时,中午来去实在太紧张,所以有时午间携带干粮,不回家去吃饭。图书馆在市区以外,如有警报,逃避容易,也算其优点。

我们在瓦窑村时,一切已够简陋;到了北碚,更为狼狈。住天生桥时,办公室四面通风,地方小得转不过身来,我研究的标本又为庞然大物,周转极为不易。我只得将放标本的架子区分开来,中等大小的化石放在竹架子上,大的就用本地人用的竹床支起来。此法看来经济,但标本极易损毁,算起总账来,仍不合算。地质调查所的一贯作风喜欢在当时省钱,而后来吃了大亏,也在所不顾。北碚办公室之凌乱分散,可以说为最明显的例子。我移至图书馆楼上后,就在楼上当中那一间房子里办公。那里只能放些随时研究的东西,大部分标本还放在楼外附近的屋子。每天跑来跑去,十分累人。所得的唯一好处就是借书方便。

一九四〇年,我与国桢来重庆在江北龙头寺遇见段绳武夫妇后,我们不久即回昆明。就在我们去后不久,段绳武因久有之糖尿症与失眠症日渐严重,曾到北碚对江石子山之通俗读物编刊社休养(因段是此社副社长)。病稍见轻,他即返重庆龙头寺的"伤兵之家",恢复工作。某日,他在卢沟桥事变纪念会上讲话,突然昏倒,移住歌乐山中央医院住院医治。手术后,稍见愈。七月十二日,护士照例给他注射"因苏林",但却忘了注射葡萄糖,致使血糖突然下降。抢救不及,他竟于七月十三日与世长辞。护士怕承担责任,便逃走了。段君素日行事平等待人,自奉俭朴，思想进步，早招当局少数人之忌妒。这次注射之误，是否有后台指使，因在恶毒权势之下，只有含冤莫申了。

段绳武夫人王赓尧系国桢三妹。其人刚直不阿，对当局及大人物所送的抚恤，一概拒绝。当时她家中所余仅十二元，除两女外，还有其他数人。骤遭此变，自然困窘莫告，其悲惨之心情，可想而知。然她能拒纳恶人之赠，其志可嘉。幸其夫妇素日以诚待人，至交甚多。大家协助她移家北碚对江通俗读物编刊社旧址中。

通俗读物编刊社为顾颉刚先生等人所办，用通俗文字灌输新知识，以期唤醒民众，努力抗日。段君任副社长时尽力颇多。

段君生前在重庆倡导"伤兵之友"运动，改伤兵称号为"荣誉军人"，以"虽残不废"的口号鼓励伤员，并聘人帮助伤残军人学其所能学的一技，以备日后自力更生。他对伤残军人，实在爱抚备至，乃有"伤兵之父"之称。当段逝世消息传来，伤残军人如丧考妣，哭声震天动地。

我们由昆明来北碚，住牌坊湾，与赓尧同在一地，只有一江之隔。我们于星期日经常过江聚谈。她成了我们在北碚时期最亲近的患难至亲。赓尧承其夫绳武之后，喜客交游，结识文艺界及各方面人士甚多，每日座上客常满；惜生活艰苦，未能杯中酒不空耳。

赓尧等在北碚生活全靠自力更生。她有一位曾在段绳武手下服务之同乡，名梁振恒。此人为人忠厚诚挚，极具肝胆。绳武逝后，仍忠心耿耿协助处理一切。他在北碚市上筹设了一个诚记小商店，经营日用品。赓尧和玉如在家中以其一缝纫机制作衬衫、短裤等出售，尚可勉强维持生活。来北碚以后，每于绳武忌日，诸友俱集，均有简单而隆重之纪念仪式，并常有纪念文字发表。其悼念之情，久而弥笃，我亦有诗文抒内心之景仰。

我到北碚以后，虽然和总所在一起，但已不十分过问所事，只在简陋的环境下继续研究禄丰化石。《许氏禄丰龙》一书已付印，并由我校勘一次，于一九四一年春出版。许氏禄丰龙运抵北碚以后，曾开过一次展览会，参观者甚众。当地人并有持香来叩头者，因为是"龙"，自然有人崇拜。我曾有一文说明这个标本之采集、修理、研究及预备装架等情况。这年三月，中国地质学会又在重庆开会，并第一次颁发丁文江先生纪念奖金。此奖金原定每两年发一次，上次因困难才议决停止，故这次为第一次。受

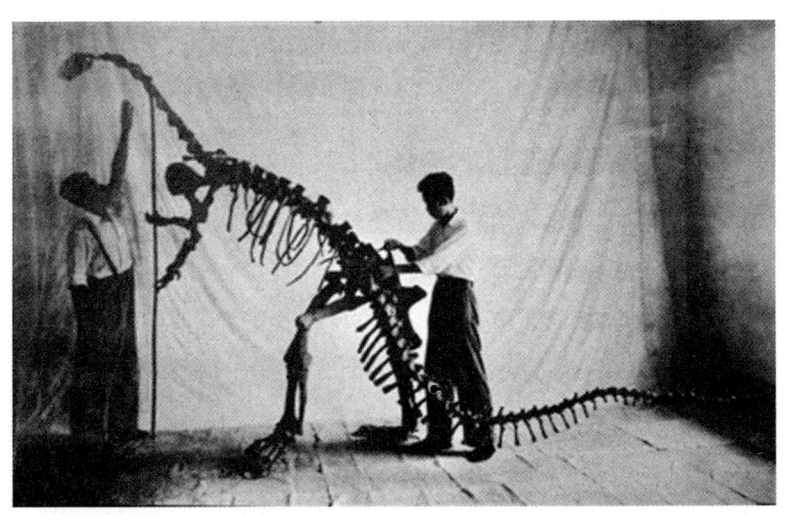

■ 许氏禄丰龙化石装架现场

奖人由奖金委员会决定。此次授予湖南地质调查所田季瑜先生，由李四光先生主持颁发。田因事未到，由我代受。

当我来北碚后，重庆大学地质系主任朱森特约黄汲清和我前去各开一课。我所开的为脊椎动物化石。因重大地点在重庆近郊沙坪坝，所以只能每两星期去一次，去时住四川省地质调查所内。此为我在重庆时唯一讲书时期，名为一年，其实不过四五月即终了。前在昆明时，曾将过去所出版的《脊椎动物化石之采集与修理》加以订正增补，始终无机会付印，今乃决定由重大油印若干份，以资学生使用。朱森原在中央研究院地质研究所，自抗战发生，所务紧缩，朱先生乃在重大授课，对重大地质系极力加以整顿。

抗战发生以后，我虽在湖南、云南做了几次野外旅行，然比起在北平时毕竟嫌太少，每年不及三个月。今到北碚，乃极欲设法再赴野外调查。我决定调查嘉陵江上游及江南与甘南新生代地质。这些地区包括的地质问题很多，但我们所注意的问题还是新生代地质、地文及搜集中生代及以后地层中之化石。我们于一九四一年初夏由北碚出发，同行除卞美年外，另有米泰恒。米君在联大毕业后入地质调查所，有志于新生代地质与脊椎动物化石之研究，希望乘此机会做一次野外实习。我们乘木船逆流而上，相当地慢，但可以借以观察两岸台形地的情况，并随时可以下船，必要时择地做局部调查。到了广元，在附近做比较详细的考察，并采了许多化石，包括好几种恐龙，可惜没有发现很完整的。即使如此，亦对四川的红色盆地在年代上有了依据。

广元为通陕西及西北各地的要道，自然有战时的繁忙景象。街上的交通工具简直为一展览会，自新式的汽车到牛车、人力车等等，应有尽有。陕西的棉花用各种不同形式的车向成都运输。西北运来的布匹、日用品、军火等，亦充斥道路。我们在广元住了两周左右即往北行。

由广元往北弃舟而雇滑竿，目的在于观察沿公路直到汉中盆地的地质情形。报上载我们徒步入甘，其实说来惭愧，一大部分还得用其他方法代步。但无论如何，我们却避免坐汽车，一因汽车票不好买，二因走得太快，不适合我们沿途考察的目的。

我们在汉中附近也做了较详细的考查。到这里正遇到汉中空前的大轰炸。我们临时在北郊躲避，幸未出事。我们还到了城固。这里已为抗战期间的一文化中心，西北大学即在此。因时间太仓促，未在附近多做调查，仍返汉中，再穿过秦岭到双石铺。双石铺为一第三纪盆地地质发育之点。照原计划，应在此做详细考察。我们住此地相当之久，把附近数十里以内，凡可以在一日来回的地方，均做了一番考察，颇有收获。

由双石铺出发，本应去甘南之天水。因双石铺距宝鸡已很近，我乃请假若干时，由此赴宝鸡回家一视。卞君等则去天水，过一时期他们住陕西陇县，我可与之在那里相会，为期预定一月左右。计划既定，我即购票赴宝鸡转赴西安。宝鸡在战时已成为西北重镇，其重要情形，与西南之贵阳有些相似；所不同者，此地还通陇海铁路，不只是公路交通与空中交通而已。

我自一九三六年回家以后，已整整五年未回家，在此战乱之时，不免时时以家中母亲为念。战事初起，敌骑纵横，犹忆一九三八年在湘潭、湘乡一带工作时，看报载风陵渡已为敌人占领，潼关已在敌炮射程以内，我对家中十分担心。后来战事胶着，潼关始终无恙，虽然常有隔河炮战，华县、渭南可听到清晰炮声，但人心镇静如恒，大家还是安居乐业，而且有很强的信心，认为敌人不至于过河。

虽然多年未见母亲，但母亲健康如常，令人可喜。此次回家，当然各有一种安慰。家中其他情形也就不能以平时眼光去衡量，能维持现状，已自不易。我在西安时，适接郑州来电报，乃感孝由北平过新乡平安抵郑州后所发。他头年（一九四〇年）在平高中毕业后，曾打算逃出来，不料到西山某地遇到障碍而未成功，仍回北平；今始由平出来，不久便可抵华县。他到陕西后，当然要设法考入学校。然目下最为我母亲关心者，还是他的婚事。我亦觉得此事未能慰藉母亲，心中十分着急，但只有待机而定。感孝身体不佳，连考数校，均未录取。他乃决定入四川再考学校。

时我家迫近前线，村中有军队驻扎。华县各村庄自双十二事变后，军队往来未绝。我家所驻为某营部，虽名义上不扰民，而一般百姓仍不胜其烦。然值此抗战时期，人人既有必胜之念，自当做出牺牲。潼关河防等役，亦由省东各县担任。民虽苦而无怨言。但此种情形，绝难持久，因为民力究竟有限。

我在家住数周，除侍母外，亦常去亲友处，实为多年未有之清闲时期。然念野外工作仍未结束，乃于八月末别母亲先赴临潼,过河到高陵子休家住数日,并至三原晤刘尚达诸友。离三原之晨,适遇警报,当日被炸。而我已抵永乐镇,由此并到泾阳之两仪闸参观李仪祉先生所首创之水利工程和考察附近地质。事毕后,即离永乐镇到咸阳转车西行,做地质调查。我过泾阳、凤翔而抵陇县后,卞美年则已由天水赴兰州,参加黄汲清所领导的玉门考察队。我与米泰恒在陇县附近各地做考察若干日,然后由此直趋宝鸡,再购汽车票南下入川。入川途中,因遇大雨,路滑难行,时受阻隔。然终安然返抵北碚。时已冬初季节。感孝也由陕随后来川,终于考入复旦大学。

到北碚后,地质调查所正筹备二十五周年纪念。中国地质机关之最早成立虽在一九一二年,然地质调查所却创办于一九一六年,今已整二十五年。此二十五年中,由于丁文江、翁文灏诸先生之努力,终于奠定了良好的基础,为国内学术机关之最早而最有成绩者。我于一九二八年入所已十三年,亦不失为一卖力的卒子,所以也十分高兴。仪式相当隆重,我曾有诗四首贺之。其中关于脊椎动物化石研究的一首写道:

古骨藏山不计年,研求亦应着先鞭。
泥盆古鱼类欧土,三叠爬行似非南。
曾考天山兽形迹,又叹禄丰蜥龙全。
难得最是卞氏兽,原始哺乳无更先。

自陕回抵北碚后,我仍在图书馆做研究工作。当时在这里做地质研究工作的人甚少，多外出调查。计荣森则常于工作闲暇时与我聚谈。计君研究无脊椎动物化石有年，极有成绩，时正在编中国地质学会二十周年纪念册，因他已任学会助理书记多年，对会中情况甚为熟悉。但于谈吐间，我知计君心胸并不开畅，对所中事尤多不满。他久欲出外留学，却因种种关系一再蹉跎，亦不胜其感慨。然终不料其不久即得病，且为一种精神失常之症，被送入医院治疗，春间在沙坪坝所开之中国地质年会他竟未能参加，于不久病逝于医院。计君之死，在地质界实为一重大损失。如君之学术造诣，竟不能终其天年，同人无不痛悼。

这一年可以说是地质界多事之年。计君的丧事刚办完不久，发生了朱森先生因误领五斗米而气愤病亡之事。朱原在重大任职，又被聘为中央大学地质系主任。两校重发了五斗米，朱本人并不知道，但竟有人告发，以部令免职。朱因此生气，致其胃病骤发，住医院甚久，终以不治而逝。此事发生后，颇震动重庆各界，且多为朱抱不平。犹忆开追悼会之时，与会者言辞激昂，挽章中亦有不少露骨作品，然终不能起朱君于九泉。当时之昏暗实难尽述。

地质调查所在这一年又易了人。尹赞勋以副所长代所长以来，亦感于所事之不易推进，而坚决要求辞职。翁先生于无可奈何之中，属意于四川省地质调查所所长李春昱，经很久之酝酿，终于成为事实。我的一切则仍照旧。自抗战发生，想不到地质调查所之人事问题有如此频繁之更动，计不及四年，已三易其人。我在所迄今，直为四朝元老。且值抗战期间，所中工作重心集中于应用方面，我之研究工作只能在极不便利之情况下勉强推进，所以也感到许多不愉快。然在此时期，亦只有强为安慰自己，幸自己的写作工作尚勉强可以进行，对其他当亦只有持消极的不过问态度。

这一年秋末，忽接所中转来资源委员会之函，派我及黄汲清、卞美年、程裕祺等赴新疆考察。我自去年赴陕南以后，迄今未有赴野外机会，今得此命，自为快慰。资源委员会并聘我为本会负责人之一，以利工作。于是，我半年来相当松弛之生活又趋紧张，开始预备去新疆事宜。新疆本为旧游之地，然这次去，完全由国人组织，而新疆情形亦远非昔比，故预料工作上亦比上次为易。

我们于十一月末由北碚坐资源委员会所派专车西行，要赶上由成都起飞的军机。不料车子不争气，路上连续抛锚，次日抵成都已深夜，幸机期不如在渝所传之准，尚有数日耽搁。但临去机场时，因接送的车子出了毛病，到机场稍迟，飞机已起飞，真是出人意料。于是又等了一周，才得起身。起飞后，当日到兰州，又住了一晚，次日西飞，仅在酒泉机场下落加油即续飞。沿途气候甚好，尤其入新疆境后，晴空万里，地面一切均可看见。但一过天山，即遇浓云，到迪化竟找不到机场，在附近上空盘旋四十分钟，备极惊险，幸终平安降落。此时，地面积雪甚厚。是日雾高，将及二百公尺，此次冒险下降，闻者无不惊叹。地面上亦一再警告不能下落，嘱飞往他地降落。此举竟未出事，实为万幸。

这一次来新疆的动机是这样的：当一九四二年春中央与新

疆关系稍微改善以后，翁先生曾去新疆一次，商量新疆距乌苏不远的独山子油矿与苏联合作一事。此事渐有可能，乃决定派人前去。这次去的人共有十二位，分两组。一组为业务方面的，由郭可信为团长；一组为地质方面的，由黄汲清为团长。我属于地质方面的一组，而期对古生物与地层方面有所贡献。此地油矿先由新疆省政府与苏联合作。从表面上看，双方很平等，不过因我方缺乏技术人才，实权尽操之于苏方之手。今中央想搞成名实相符的中苏合作，故派我们前往。在业务方面，则想了解此矿之经理、设备之价值及其他一般情况；在地质方面，则欲将独山子油矿地质做一详尽调查，并在新疆将其他已知有油苗之地方也择为调查，以预测未来发展之可能。在此抗战期间，这种有关实用的工作至为重要，现征用及我，我自乐于出力。

到新疆后，受到当地隆重接待，住于招待所中。时已十二月初，出外调查当然相当冷，往往要冒零下十多度的严寒。经筹备好防寒衣物后，我们与矿上约好出发日期，一同前往乌苏。抵达之日，苏方人员远出十余里相迎，当晚设宴招待，双方都有不少人喝醉了酒，可见情绪之融洽。但在此住了许久，始知实际工作不如以前想象的简单。就地质方面来讲，苏方所作之地质图，始终不肯拿出来，初言要得迪化苏领事馆许可，后又言要得莫斯科许可。最后，我们不得不放弃此要求，决定自己做实地地质工作。于是有的测地形图，有的看地质，有的寻化石。矿上备有汽车一二辆，所以可去距离较远的地方。经过一个多月的工作，不但对独山子矿区地形及地质做了详细了解，足可以绘出地质图来，而且还到附近两三个较远的地方看了相似地层，以资参证。此行总算未为空来。不过，我所遗憾的是，在这一地区始终未找到令人满意的脊椎动物化石，因而不足以确定地层年代。

我们在独山子时，已深知油矿前途并不如初来时预期之美满。后来，果然苏方将机器大部拆去，合作计划未能实现。但就我们言，在地质方面总算有了收获。我们回迪化后，又筹备往南疆工作。省政府派汽车及人员护送，故十分顺利地越过天山、焉耆、库尔勒、库车以至阿克苏，其中在库车与阿克苏二地停留最久，均在山中做了不少工作，比在独山子跑的地方还广，成绩也还不错。在阿克苏山中工作毕后，未再作西行之计，即折而东返，归途中曾到旧游的吐鲁番。此行除地质方面收获外，还在阿克苏及沿途一些地方找到不少石器。

计冬间由重庆西来，历时六个月，至东返时已将近五月，所经各县花事正繁。我们对新疆各地景色做了一番尽情欣赏。在此数月期间，我们逃避了在北碚时空袭的威胁，且常在山中荒野，天天与大自然及本地人民接触，真可说是另外一个世界。只是来回邮件投递不便，令人悬念陕西、四川的亲人，亦担心着战事的进展。我们由迪化乘飞机东回，仍过兰州住一夜，又在成都降落。此时已是很热的季节，再由成都改乘汽车回到北碚。

我回到北碚以后，得到一好消息，就是新孝与慈孝已于春间由北平分别设法来到陕西。新孝随一乡友沿平汉线南下，过防线到洛阳时路费用完，钟华由陕往接，始得回家。慈孝则于后一月也随乡友离平，取道津浦线过界首而安全抵家。

自我由昆明移居北碚以后，北平寓所常受日本散兵骚扰，经济困难日趋严重，信件来往不便，兑钱尤感困难。离平时所留的那一些钱，连同基金会的款子，全部都用光了。他们只得靠典卖东西为生，仅存的首饰、地毯、沙发等全逐渐卖出，情况不堪设想。北平的华州会馆曾有若干救济，但也无济于事。我和赓尧等设法，有时为北平汇些钱，但一因时间缓慢，二因伪币与法币之比值不合理，往往解决不了他们的近渴。今两子先后迁离北平，我在北平的家属可以说全部出来了。全家四人分四次出来，实因我太无计划。现除思孝已殇，明慧早死外，仅留岳母一人在平。她赖国祥夫妇就近照料，亦可勉强过去。以后，他们退了石老娘胡同的寓所，移到南魏儿胡同居住。我们在经济上仍设法接济，至于那些残余的家当也就听其自然了。总而言之，十年来经营成功的北平寓所，至此已经烟消云散，还丧失了一子和一表弟！

当我去新疆时，因牌坊湾的"危楼"只留国桢一人，感孝住对江学校内，颇为不便，赓尧等寄居江对岸的房子也有了问题。于是，大家商议合并于牌坊湾"危楼"内。他们迁入后，楼上内间由赓尧居住，我们住外间。楼下梁君住，楼下后边一间，有时徐中和国玉夫妇由沙坪坝来时，还可设法居住。一时人口简单之"危楼"顿显热闹。他们客人又多，所以更显得热闹。所谓"危楼"，就因为此楼为木板所造，刮大风时，摇晃欲倒。这座小楼，是没有院子的，开门就是人行坡路，每早必由门缝内收到一份《新华日报》。当时，我曾作一副对联，描述这种情形："危楼一角，背山面水峡在望；漂泊三年，东奔西走了何时。"某君看了我的对联，用纸另写了一副。他的对联是："一角危楼，江山虽美非吾土；三年漂泊，干戈未定欲何之。"据云，他是引的前人成句，惜尚不如我的对子贴切，也不如我的足申腹中怨闷。

此次新疆之行，我虽说完成了一部分任务，但却未能完全如所期望，盖在天山南北均未找到可以鉴定的脊椎动物化石，而新疆有名的化石地点，如孚远、奇台一带，则都未能前去。此当然是美中不足。回北碚以后，撰写报告，自有黄汲清先生等主持，我自愧所能贡献者甚少，仅将本人观察所及，写成概括式的一篇论文而已。此后，我还是在图书馆研究我的云南禄丰化石，并做些其他工作。

这时其他工作之一，就是把历年所作零星短文，集其未失时而仍有供一般人阅读价值者，汇编为一集，截至一九四三年秋，共计得文三十五篇，题名曰《自然论略》，由商务印书馆出版。此集编成之年，为我母亲七十寿辰之时，故我曾于序文中特别声言此为纪念我母亲七十寿诞之作。是年，我由新疆初回，加上当时交通不便，未能回去为母祝寿。在书中写点纪念文字，不过是无可奈何中的一个表示而已。

自抗战发生，我在离开北平后的五六年时间内，每到一地，亦作有游记或杂感等文章发表。后亦汇集一起，题名曰《抗战中看河山》，交由独立出版社出版。

抗战结束无期，家中迫近前线，母亲年事日高，北平寓所已化为乌有，自己在北碚仍过逃警报的生活，这些固都令人心烦；

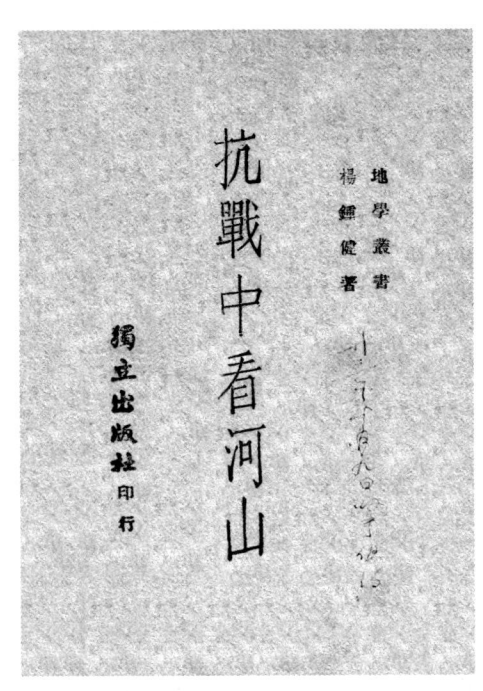

■ 杨钟健著《抗战中看河山》封面（一九四四）

而我在地质调查所之工作，亦因种种原因不能顺利推进。自珍珠港事件后，新生代研究室的工作已完全停顿，照理在重庆应马上恢复，但竟未能做到。脊椎动物研究室只有其名，实为抱残守缺之局，谈不上如何发展。本来，自战事起后，地质调查所的工作完全偏重于实用方面，至于纯粹的研究，或只为侍候别人，或只能当花瓶作为点缀，未可深责。然我心里总觉不痛快，回忆在北平时之比较完好的研究室与工作环境，不禁有隔世之感。因此，我曾一度十分消极，很想毅然脱离地质调查所，另找出路。出路不是没有，然而要找到便于进行研究的工作，却非常困难；自己要创造出另一个研究环境，在此局势下，几乎不可能。说来说去，还是在地质调查所为上策，但心里却不免时常产生矛盾。我自念已四十余岁，如不能自创环境，则此生将永远不能改变寄人篱下之局面；我之发展陈列馆事业及终身从事古脊椎动物研究之志愿将永远无法达到。想到这些，内心十分痛苦，而能了解我之心情的人又实在很少。

资源委员会鉴于战后国内建设事业之需要，想派一批人到外国做实际考察，以为将来建国打一点基础。他们主要关注工业方面，不过也从地质方面挑选了四人，即为李庆远、王钰、程裕淇和我。李、程二君为矿产方面的专家，而王君与我则为学古生物的。在这样一个组织中，竟包括了做纯粹古生物研究的二人，不知当权者究竟出于什么考虑，如若他们真正知道如何始可推进整个建设工作及了解研究与实用之关系，其远见当然令人佩服。我于奉命之后，曾有一度踌躇，后来想到可以借此到外国看看，也可避开国内所见所经的不如意事情，可谓眼不见心不烦，乃决定前往。

决定赴国外以后，还有几件事要办。第一，照规定凡是出国人员必须到中央训练团受训。此乃无可避免者，不去也得去，一切手续均由资源委员会代办。我进去被派为训育干事，比普通学员胜一筹，可以不剃光头，不跑步、下操，出入大门较自由。受训期限为六星期，中间有两星期，我因事请假回北碚一次，也就如期毕业。在受训期间，训练团对于未入国民党者极力拉拢，当然也要我入国民党。我对他们说，我曾于一九二三年入过党。如承认，我当然算老党员；如不承认，我不当新党员。后来他们问我详情，我即告之如何于一九二三年在上海由邵力子、李大钊二先生介绍入党之事，后来去德国留学，专心于科学研究，适逢国内清查，便再未与党发生联系。后来，邵力子先生还写了一封证明信。他们说需到党部去查旧党证。此后，再未见有人来纠缠，我即毕业出国，也就没有下文了。一般友人对于我入团受训而竟免于入国民党很为惊异，其实也不过如此而已。第二，此次出国至少一年，国桢留在北碚，也不是个办法，而且新孝、慈孝已先后由北平回陕，又不能到四川求学，国桢母子六年分离，天各一方，也甚凄惨，再加上我母年高，需人奉侍，因而我决定出国前送国桢回陕住一时期，可以就近奉侍我母，也可照料两个孩子。感孝则仍在北碚上学。计议已定，我们乃于年前离北碚。因带的行李较多，于北碚上车时未点明数目，到了歌乐山下车，竟发现失掉了一件。后来虽然找回，而里面的东西已大部分没有了，也无法追回。我们由歌乐山搭甘肃油矿局卡车，取道遂宁、广元北上，在张良庙适逢一九四三年最后一天。后经宝鸡，再搭火车，直至一九四四年一月六日才抵达华县。我在家中住了一个时期，又辞别母亲，一人由家南下，作出国之计。到华县次日，国桢由咸林中学聘为初中及师范班历史教员，住于校内。至于赓尧等，自然仍住在"危楼"，我的东西亦留在此地。

海外两年

世上事向后推延者居多。我由陕回到北碚以后，等了一月多才得于四月中旬起身。关于我在国外一年多的生活，及所见所闻的事情和感想，曾在《新眼界》与《国外印象记》两书中分别记载。在此，只想把一年多的经历做极简单的叙述。

资源委员会派了四十多人去国外考察，每人的行动是相当自由的，可照自己所拟就的计划实施。尤以我为研究新生代地层及脊椎动物化石者，所以更不受任何约束。我于奉命后，曾拟定在初去时或回国途中到印度北部做几个月的野外旅行，借以了解那里分布很好的新生代地层。第二，考察所要去的地方的地质，参观有关机关。第三，在美国将携去的禄丰化石做更精确的研究。第四，争取到加拿大做一次旅行。第五，回国时或先到英国转南非，或先到南非再转英国。后来，这些计划除印度北部及南非没有去成外，其他均全部实现了。

我于四月中旬离北碚，在重庆等了几天，即飞印度之加尔各答。在那里住了一个多星期，参观了印度地质调查所，唯因季节不合适，不能赴印度北部旅行。印度地质调查所的人希望我以后回国时再去。我由此横穿印度，直达巴基斯坦卡拉奇，由此乘美国飞机西行，经北非、南美而抵美国佛罗里达之迈阿密。再搭火车过华盛顿抵纽约。时为五月十三日。

我虽未到过美国，但对美国科学界，尤其是地质界、古生物界人物，已有若干认识，即或未见过面，也彼此知道姓名。此次来美，先到纽约。魏敦瑞自北平逃出后，也在此间借一角之地，仍从事北京人及其他化石之研究。我与他在此相见倍感亲切。他介绍我移居于他住的旅馆中。此地距自然历史博物馆甚近。博物馆亦为我腾出了一间大房子，供我做研究之用。我决定以此地作为在美时比较固定的处所，将所携禄丰的类似哺乳类爬行动物化石打开，一方面托他们修理，一方面自己研究。此外，我还随时到东部各城，如华盛顿、纽黑文、波士顿等地参观，认识了不少同行，尤以剑桥的罗美尔、华盛顿的计尔摩等人最为亲切。他们对我均诚恳接待，对中国抗战尤为同情。在纽约，我还遇到前中亚科学考察团团长安得思及贝克莱、毛理士等人，也不免有一番寒暄。

资源委员会原在纽约有一办事处，今更扩大，另附考察办事处，设有主任。我为团员之一，当然也不时前去，并依照规定，每周做有周报，每月做有月报，将工作情形向办事处汇报。然在我，这不过是一种公文，事实上，我的工作是无人过问的，我在外之一切研究与考察计划，亦均由我自己决定，资源委员会无不批准。在国内，我与地质调查所时常保持联系，事实上等于是地质调查所的派员，不过用的钱是资源委员会的罢了。因既属考察名义，所以用费相当宽裕，可以借此购制些衣物。有人谓资源委员会派这些人出来，名为考察，实亦寓有调剂意思在内。不知此说确否，但所派的人实不以资源委员会内人士为限。就大处想，可能要为未来造成一些中心人才。我之得于附于骥尾，还是因为翁先生在地质界的关系。

这一年夏天，我在美国中西部及加拿大做了一次比较长的旅行，先由纽约到布法罗参观自然历史博物馆，后到尼亚加拉看有名的瀑布，最后入加境。在加拿大，我经过了多伦多、渥太华及蒙特利尔三个都市，无非是看若干地质界人士和参观地质方面的设备。我深感加拿大虽比不上美国，但科学方面的进展也足至惊人。此时，加为盟国之一，自然也努力于抗战，有好些位科学家均奉征赴前线工作，作为纯粹研究的古生物也只能在维持中，谈不到进展。在加参观完毕后，我又入美境，到芝加哥、哥伦布、克利夫兰、匹兹堡等城，均获识不少人士，也增长了不少学识。尤其在芝加哥、匹兹堡等地，于脊椎动物化石方面得益最多。我回纽约已是秋末时节。

我在纽约的时候，每天到自然历史博物馆继续我的研究工作，也很有机会同许多人一起探讨。至于国内之消息也略知一二，战争不见进展，物价日益高涨，实在令人担心。国桢回家以后在咸林中学教书，二子则在少华女中附小。地虽迫进前方，而幸还相当安静，只是来往信件十分缓慢。我个人虽在外国，在物质生活上，过的是多年未有之舒适日子，但在此战争不已与背井离乡的生活中，精神上也是不愉快的。

一九四四年冬，我计划离开纽约一较长时期，做横穿大陆的旅行，参观芝加哥以西的几个重要城市，并且想到伯克利的加州大学古生物系做临时研究工作。为避免来回重复计，并计划由北路去，南路回。我于十二月初离开纽约，携带我所研究的标本，先到林肯城的内布拉斯加大学，参观地质系与地质调查所。内布拉斯加州为黄土及新生代地层发育之地。我本计划到野外去一时期，并已联系好汽车，终因天下雪而未能实现。我由此到堪萨斯州的劳伦斯，参观了大学及自然历史博物馆。完事后，又回到林

■ 杨钟健访美期间（一九四四至一九四六）在美国内布拉斯加大学博物馆参观。左一为杨钟健，左二为巴伯，右二为舒尔茨（一九四四）

肯，再由林肯西行，在丹佛作一停留，才西行到伯克利下车。在美国中西部各州，中生代、新生代地层多有发育。本当在这些地方多停留一些日子，然因正值打仗时期，汽车不便，而且一人旅行，也诸多困难，于是只得作罢。

伯克利之加州大学古生物学系为美国大学中之唯一有古生物系者。系中甘颇、钱耐诸君均为我之旧友，且均在中国做过野外工作，所以他们对我均热诚接待。唯钱耐因战时工作繁忙，时常往来于华盛顿与伯克利之间，未多与周旋。甘颇研究三叠纪脊椎动物化石，至为契合我之卞氏兽标本（此兽为卞美年在云南发现，故名）。他托其系中之一绘图员在此绘制图样，我则利用此时间做些研究工作。

在美国住的唯一外边的旅馆，就是在伯克利租得的一民房。房主人为一孀妇，其丈夫曾在北洋大学教过书。她的这幢小楼十分雅致，周围风景宜人，园中花木四时不谢。故我在此居住实际上等于休假。此时，我还用余时到三藩市、奥克兰等城一游。年后曾以一周之时间南往洛杉矶附近之帕萨迪纳、巴斯托参观。洛杉矶城区内有著名之更新统石油沉积之化石群，我曾往一视。由此又回到伯克利。

我在伯克利前后住了约三个月，还到附近有名的斯丹佛大学去了一次。当在伯克利的绘图之事告一段落后，我便离此东行，归途中曾在大峡谷特别一停。此地为美国著名的风景区，地质上亦甚有名气，且有陈列馆一所。我虽于风雪中匆匆一过，而留下的印象却很深。离此东行，先在阿尔布开克下车，参观此地之大学和了解附近之印第安人的生活。我本与导游预先约好，多看印第安人几个村庄，但不幸与导游相左，未尽如愿。离此后，即直往圣路易城，参观那里的华盛顿大学地质系，然后由此直返纽约。我此次赴西岸，看了不少大学及博物馆，自为满意；所惜者为野外旅行之计划未能充分实现。初在纽约时，友人谓来美不做横穿大陆旅行，则等于白来。然而，我觉得未能到中西部各州之乡下做地质工作，借以了解其丰富的中生代地层，亦仍等于未来美国。

回到纽约已是春末夏初。在这次停留于东部期间，世界上发生了几件空前大事，如罗斯福总统之逝世，旧金山之联合国大会，德国之投降，日本之投降等。此时，我心情为之一振，又到已去过的几个都市，如华盛顿、普罗维登斯、纽黑文、剑桥等地一游。我的主要研究论文亦于此时自己打印完成，作为定稿。至此，在美应看的也大致看得差不多了，所以即想尽早离开美国。照原计划，我想到南非一趟。此因南非步龙教授一再来信相约，盛意难却。同时，我近年来的研究兴趣，亦属意于南非之哈鲁系地层。于是，我在美将去南非之手续，如入境护照等，均已准备妥当。

我于九月二十日离美赴伦敦。此次来美共盘桓了一年零九个月，所去的地方也不少。而一切活动几乎完全在古生物研究范围以内，连地质工作也未多做，不过于旅途之余，亦将人情风物及沿途观察所得也偶尔记下来，后来均归入《新眼界》或《国外印象记》中。一般言之，美国仍为一新兴国家，一切自然有生气。

然人家是阔少爷作风,有钱不在乎。我们是个穷国,如亦效颦,必收相反的效果。

由纽约上的是英国邮船"伊丽莎白号"。一路风平浪静,直抵英国的南安普敦。我由此上火车直达伦敦,住在所订的旅馆中,即开始与瓦特生接头。因我这一次来英,主要是看他的,我所研究的化石标本等也均带来与他研究讨论。见面后,他即拨一室作为我的研究地点。此后数月,我即以此地为中心,抽暇到英国各地参观地质一类的机关。最重要的是在英国博物馆的参观。此馆曾在受轰炸时将许多标本移至城外,至今尚未搬回。我承他们帮忙,仍有机会一视。所惜的是时值冬令,仅做了一次地质旅行,亦为美中不足。

在此到中国大使馆接洽去南非事,一切均无问题,只是交通问题无法解决。因值二次大战刚结束,大多数船只均运兵士,由英国到南非的客船很少,而尤其紧要的是,由南非到印度或上海的船尚未恢复,即使去了南非,还得再回英国,用费浩大。如坐飞机去,更是太贵。因此,筹思再三,始将去南非之计划完全放弃。

为了补偿这一不足,我决定到欧洲大陆一行。瑞典步林博士曾有信来欢迎。但值冬季,在极北地方旅行不甚方便,终于未去。唯法国及瑞士相当方便,我乃办理所需手续,由伦敦飞往巴黎。在此晤见步日耶、阿让堡等人,谈及法国战时情形,甚有感慨。在战争时期,巴黎之一切标本并未运出,只由楼上移至楼下,待危险过后再移至楼上,所以一切仍为旧观。巴黎,我曾于学生时期来过两次。这次之来，适值大战过后，一切自然显得萧条，黑市十分风行，交通亦未恢复正常。我由此搭火车到瑞士的巴塞尔，由自然历史博物馆的肖布接待参观，并由此往苏黎世一游。瑞士为欧洲唯一未罹战祸之国家，人民生活亦甚舒适。外国人的感觉只觉得生活较他处贵，但无论如何，此地仍不失为世外桃源。我于参观完毕，由苏黎世仍飞返伦敦。

回到伦敦以后，已近年暮。我在旅馆过了一个寂寞节，于新年仍照常办事。过年后，我即计划如何回国。经一再设法，始知由英回上海没有适合船只。到印度本有可能，然胜利已临，归心似箭，且到印后，能否如愿赴野外旅行，亦不得而知，所以只有放弃。

在英过年之日，得家信知母亲于去冬十一月在家，因扫地倒灰误跌下，肋部受伤。我闻此讯，更加迫切想回。为从速计，反以再回美国为上策。经与纽约资委会办事处洽商，结果同意我仍回纽约，再购船票回上海。不过去美国的船票也不好买。我便趁机在伦敦附近各城参观，光阴也不算白费。后来终于二月初离英，仍买得"伊丽莎白号"船票回纽约。到纽约时适值大雪，得以一睹纽约的雪景。因为去年冬季我在伯克利，那里冬暖如春，未见如此景观。

照计划去纽约等船，或许还要相当时间，想不到竟意外顺利，购得两三天内即开的船票。在纽约短期的停留显得紧张，又逢星期日，且为华盛顿生日，许多想去的地方均未能去，许多约会也不能如约。这次我虽然再到纽约，也不过是一旅行中的过站，匆匆而来，匆匆而去。上船以后，次日即开出。过一日，在纽波特纽斯一停，检查船只后便南行过巴拿马运河，横渡太平洋。在过巴拿马时，因护照未经签字，不能上岸一游，殊为憾事。后经日本也未停，直抵上海。一九四六年三月二十六日抵吴淞口。前自喜马拉雅山脊过去，今由长江口外归来，真是感慨万千。在吴淞口停了数日，我始得入黄浦到上海，住于一中等旅馆中。此时，国内机构多已迁至上海。不几天，我便回到南京。

自胜利以后，地质调查所一部分已移南京，所以我用不着再回四川，乃决定到南京再说。此时由上海到南京的车十分拥挤，我的行李又多，幸赖资源委员会的人员照料，始得平安无事。在抗战最后两年到外国一游，可以说是我漂泊生活中的一支插曲。初去之时，我心中怀有对未来的无限期望，希冀于战后之建设事业有所贡献。但胜利后不久，摆在眼前的事实不免令人失望。就我个人言，能有此出国机会，总算得益不少。别的不讲，单说国外的地质古生物学界友人所赠送的单行本参考书和自己所搜集的资料，便有四五千种之多。我将这些书籍和资料分作四大箱运回，八年来很不完善的书室，至此得到了很大补充；如将来与北平及西安所存者合在一起，就可成为一小小图书馆，足可供晚年自己研究之用了。这是一个可怜的小小希望，实在是太有些自私，不过世局如此，不能不这样。

南京，我在抗战前一年来过，那时我在此尚存有许多重要书籍和一套铺盖，保管在友人家里。因为当时北平紧急，总以为南京好些。后来南京迁出，这些东西未及运走，都损失了。以后南京为群魔盘踞之地，胜利后，中央机关来此接收，秩序非常之乱，地质调查所所址被敌伪机关改为图书馆，各楼均为藏书，我来时尚未迁出。

回国后的彷徨

在纽约时对胜利的兴奋情绪只是暂时的。回国后，国内许多问题的发生，不禁使我有杞人忧天之慨。我在伦敦时，正值国内政协开会有了结果，又恢复了人们的希望。但是，这一希望的泡影，不久又为无情的事实所击破。我回到南京以后，首先听到的是各地接收工作中的许多怪事。对于这一切，我无何如之，只希望恢复本人的小范围内的工作，不料这个小小的希望，以后也未能完全实现。

在南京，尚不能正常办公。北碚的总所正在准备东下。我个人除了将关系转回地质调查所，资源委员会停薪，改由地质调查所支薪外，别无改变。看情景，所内尚无事情可做，我乃决定请假回家一行，省视母亲，并设法接来国桢母子。此时，由南京到西安的火车能勉强通。我于四月中旬离南京北上，先到徐州。在徐州住了一两天，得以看到战后徐州的景象。后西行至郑州。郑州残破不堪，使人想到当年战事的惨重。再乘火车西去，途中更拥挤而无秩序，且只能到洛阳。过洛阳改乘汽车到陕州，以后才搭火车到华县。

一九四六年四月二十五日到家。家中一切如常，母亲健康已完全恢复，使我尤为欢欣。数月前，感孝已自复旦大学毕业回陕。新、慈二子则在县中读书，弟妹等亦均安好。我回来后，尤使全家欣慰。我在家不久，便抽暇到西安小住，省视三叔、四叔。

我所最关心的还是我未来的工作。抗战前离开的新生代研究室，一直使我牵肠挂肚。今战火已熄，当然首先希望恢复新生代研究室。裴文中在北平已可自由活动，对于此室之恢复亦大具热忱。然而，当时的主持大计者，却对于此事似另有计划，他们对北平之新生代研究室已无兴趣，打算划归北平分所了事，而在南京总所另设新生代研究室。历年来所设之脊椎动物化石研究室则无有下文。我对此事极不满意，觉得在人力短少、设备简陋的情况下必须集中力量始可发挥更大效用。况新生代研究室的一切设备均在北平，今忽设机构于南京，只会徒具空名而已，且北平之一摊反不能充分发展。

当我从美国回到南京之时，国立西南联大正筹备北迁，仍恢复原来三校名称。北京大学由傅斯年代理校长。他闻我回国，致函约我往北京大学任教。我回陕以后，他仍有电催促。我因觉南京无可发展，颇有去北平之意。因前多年在平住家，今之再去实为夙愿；但早去又恐有人误会，以为我要去抓回北平分所，因而迟迟未能应命。后来所中另派人为北平分所所长，故我有了去北大之可能。然心中仍觉忐忑，复以在四川时还有研究未完之云南化石，亦不忍放弃。总而言之，我人虽在家住着，心情却很复杂，不知去北平好，还是去南京好，一时陷于彷徨与苦闷之中。此外，当时交通并未正常，各地仍有战事，我也不能决定在何处安家为好，因而打算暂时留国桢在陕，自己先到南京看看，如能继续下去，便在南京；否则，当另图出路。

就在这样的心情下，我在家住了三个多月，为母亲举行了寿庆，为感孝举行了婚礼，并将父亲的寿辰纪念略为提前，进行庆祝，然后才由西安飞返南京。到南京后，见由四川东下的人比较多，工作可稍为展开，然仍要等待四川托来的东西到后才能正式做研究工作。这时候，大家所忙的无非是"复员"而已。我一人独寓于单人宿舍中。我存于四川的东西，如书籍与若干衣物等，于十一月始分作四箱运到南京。此后，我除整理已运到之公私书物外，并将我之《新眼界》稿整理完成，预备出版，还就出国时期所得印象之较深刻者，撰成专论文若干篇分别发表，后来集为《国外印象记》出版。

脊椎动物化石的一大部分标本，包括以前由南京运往重庆者在内，因托运时仓促装箱，不够谨慎小心，所以运到南京后，有许多破碎不堪。这就为我们增加了很大的一部分工作，破碎者连接起来，标签失脱者要重新补上。此工作连续了较长时间，最后也未完全完成。

在胜利后的"复员"中，固然有许多人得到了好处，但大多数善良的公务员，则在由重庆东下途中吃亏不少，有的甚至船沉人亡。地质调查所便有数位遇此命运。我之一部分书物，有人托友人运来，亦不幸付之东流。总之，那时组织工作太差，秩序混乱不堪，自然要出岔子。

北平的新生代研究室终未能如愿复原，原存放于协和医学院及娄公楼的东西，运至丰盛胡同旧楼内已凌乱不堪，兵马司九号之房未能使用，北平分所之经济力量也无法使之恢复旧观。因裴文中一人之力不能发挥效用，故招回了两三个旧人，又新聘若干人，勉力支持。北平及南京若干人颇有支撑新生代研究室之议。他们主张新生代研究室与北京大学合作，由后者出一部分经费，并让我去北平，一方面从事于新生代研究室之工作，一方面在北大教书。我对此议十分赞成。我之大计为新生代研究室仍应在北平努力发展，而南京之地质调查所不再成立新生代研究室，只用脊椎动物化石研究室的名义继续工作。此意后来亦为所中当局赞成，于是即做进一步之洽商，但是总免不了还有些枝节问题不能全如人意。

后来终于拟好了新生代研究室的合作办法。我于是于一九四七年春初离南京往上海，再乘船直驶秦皇岛，由秦皇岛搭火车赴北平。我系一九三七年十一月三日离平，今隔十年重来此地，真有沧桑之感。到平即直赴王赓尧寓所。原来她一家自胜利后即计划离川，已于前一年春回到北平，途中还回了一次定县老家。她回平后已买下房舍，作为久居之计。因其住地介于兵马司与北京大学之间，对我工作甚为便利，且我在平除了此地外无他地可住，所以即下榻于此。

其时，北京大学早已开学。我仍担任脊椎动物化石一课，

■ 杨钟健（前排右三）参加中国古生物学会复活大会合影（一九四七）

另外将新生代地质一课改为大陆地质。听讲者以三、四年级学生为主。系主任仍为孙云铸先生。北大地质系自"复员"后迁入旧址，并接收了不少东西，设备比以前较为充实。当时正值葛利普师逝世一周年纪念，在平友人遵遗嘱将其骨灰安葬于北大地质系之院前。我赶上参加典礼，不禁回想起二十年前在平之学生生活。今葛师已矣，地质界将如何？自己只有奋为努力，以期有所补益而已。

在平最伤脑筋的事为新生代研究室之事未能如理想发展。上述之合作办法决定后，北大方面非常协助，划定前国会街之一楼作为地址，并允许借用家具及必要设备等。但地质调查所方面却发生了无谓之争执，竟不许将标本迁到所外。此事发生，我深感诧异，对于南京之出尔反尔，真有莫测高深之感，同时深觉对不起北平的友人，也感到以后新生代研究室发展之艰难。幸裴文中、贾兰坡诸位友人尚能保持已有之材料，且抽暇做一些工作。大的发展只有等待他日。

我在赓尧处住了三个多月，一切甚好，起居各事由他们照料。我们时常谈及一切。她对我未来的工作也十分关心，甚至主张我辞去地质调查所职务，专在大学教书。但我总放不下二十年来工作的中心。对晚年如何度过，我们也一再商讨。她之意见，到了晚年，无论如何不宜在乡下，还是以城市，如北平者为宜。这样可以有接触文化界朋友和继续写作的机会。我亦深重其言，乃决定以出国二年所节省之美金一千余元，在西直门内购置了极残破的房子一所。房子虽然不好，但院子里有花木，且相当宽阔，将不无修理余地。此为我一生第二次所置之不动产业，一为在昆明所盖的两间房子，那是在人家地皮上盖的，已送了人家；一即此房，连同地皮。一切购房手续均于我离平前大致弄好。如此作退步之想，在当时甚感需要，亦大足表示我在平时之悲观与彷徨心境。

我在平授课完毕，本当取道天津，仍搭船南下。但忽转一念，认为乘飞机到西安，再由西安搭火车去南京所费的时间差不多，并且可以抽暇到家一视。于是，当即托人购得机票，准备于七月一日飞西安。当机票订好，行期已定之时，忽接华县来一电报，云国桢在县发热症，嘱即回。我心中甚焦急。当我决定经西安时，尚不知此事，可谓巧合。飞机过太原停了半天。我在西安下机后直赴三叔寓所，始知国桢已被送来省里，住于西安红十字会医院。我当即赴医院探视。新、慈等均已来省。国桢已渐退热，医断为副伤寒，乃一需长期休养之病。在目下一切均无办法之时，忽生此意外，诚可谓火上加油，然亦只有耐心等待。病势稍减时，我当即回县一视，探望母亲。家中一切均照常，母亲健康虽不如以前，而仍操劳如昔。我心中说不出的难过，在家又不能长留，仍返西安。如此延到八月初，国桢病体始得完全康复，我们才一同回县。

当我在南京未赴北平以前，即接国桢来信，述及阴历年时，慈孝因饮食不慎患了病，他以前之风湿症更为发作。后经医治，却因诊断不明，误投药石，致使病情加重，几濒于危，虽未出事，而身体大亏。当时国桢虽已痊愈，而慈孝所得之心脏病等症，却无法根本治疗。亲友谈及，无不叹息。

我因必须早日回南京，所以不待国桢完全康复即拟启程，并议偕新、慈二子同行。但想到在南京财力不继，且孩子升学亦成问题，所以想留一人在陕继续上学。又想到慈孝之病应在南京医治为宜，所以决定带慈孝同行，而留新孝于县里咸林中学。如此决定之后，我总觉非为良策，然为慰母亲之心，不便将孩子全带走，亦只有如此。我回县后只住了八九天，便于八月十三日带了慈孝辞别母亲及家属起身。时车只能通到洛阳以东，黑石关桥为大水冲断。我们搭上极其拥挤的夭车过河，又乘无篷敞车到了郑州。当时，往南往东的火车因军事关系不通。我们在郑州住了几天，往东的车忽然能通数日。我们即起身赴徐州。由徐南下无何困难，于八月二十二日到了南京。不久得到消息，陇海西段陕州一带已不通行，从此陇海交通即告中断。我们能赶在中断以前平安到达南京，可谓万幸。

到南京后，我们住于所中之眷属宿舍中，从此始在南京安了个小家庭。计自一九四四年离开北碚"危楼"之后，我已过了数年无家的生活。此时，幸前已将家具等物准备齐全，尚不感到十分困难。慈孝因身体不佳，所以不打算入学，在家休养。秋间，北京大学来信一再催我前往授课。我因往事未能妥当解决，心中不快，如专为教书而去，实不胜其往返，所以一再婉辞，并趁暇研究在南京的标本。

地质调查所自北碚搬回南京后，一切恢复工作进行得非常之慢，正常的研究工作更加不易推进。抗战胜利后，人们的振奋情绪在急速减退中。我所担任的脊椎动物化石研究任务，因限于经费及其他原因，不但野外工作无法进行，连室内工作也遭遇到前所未有的困难。因此，我在外国关于发展中国脊椎动物化石研究的热心，也渐渐降到零下。不过，我一向遇有困难，总有一个退步的办法可以自守，那就是专研究自己所能研究的东西，不问他事，在无可奈何之中，虽然灰心，而并不颓废，仍然极力做自己的研究工作。有的文章国内不能发表，我则设法寄到国外去。这样的态度尚可勉强应付一时，不过无论如何精神上总是十分痛苦的。

新生代研究室名义上在南京，而事实上人与材料均在北平。我徒负其名，心中自然十分难过。其实，北平新生代研究室的同人，也因限于环境，不能推进工作。只有裴文中先生以坚韧不拔的奋斗精神，居然到甘肃做考察工作，其他人只是勉强维持现状。如向洛氏基金请求资助，在国家现状下，一时实不可能；靠政府的力量，尤为无望。在南京的脊椎动物化石，虽然还有若干标本可以研究，但却无以为继，不但没有新的材料增加，就连当年西迁又运回来的多箱标本，也还不能于最快时间内完成开箱与整补工作。在如此情况下，自然更谈不到发展。

因通货膨胀，物价一天一天上涨，生活也一天比一天困难。南京与陕西的交通只靠空运维持，家中情形也不如人意。母亲年事日高，自己在南京的工作亦不顺心，改善此环境又无办法，所以我内心常常感到痛苦。真想不到胜利回国以后，我竟陷于彷徨的境地，其心绪不安为多年来所未有。

我自一九二八年入地质调查所，至一九四八年春已整整二十年。此二十年中，我从未对自己所做之工作发生厌倦，且稍有成绩。然谈到理想的发展，则很成问题，其中尚有不少不能令人满意的时期。回想起来，我至少有两次陷于很不满意的境地，一次在昆明，一次即为此时。在这种情况下，我颇有离开地质调查所自己另行创造研究环境的想法，但发展脊椎动物研究之决心一直没有丧失，从未想离开地质古生物研究以做他图。此时，我真处于万般无奈的矛盾之中，一因年龄日增，如再不努力，生命必将断送于虚耗光阴之中；二因除自己的研究之外，对其他各事均不感兴趣。事实上，在国内除地质调查所外，实不容易另谋出路。各大学之地质系研究空气尚未普遍树立，设备条件也很差，不能寄托大的期望；其他如地质研究所等，亦无足以令我活动之余地；陈列馆事业本是我最感兴趣的，中央博物院筹备处也有约我前去之说，然而在此情况下，亦难发展。因此种种，我不得不暂遏不快之感，仍在地质调查所工作，然心中实有一种无可奈何之感。一般朋友并不了解我的心境，只有对少数至友同事才能倾心相吐。

二十年的地质工作

一九四七年夏初，我在北平庆我五十岁寿辰。头一年秋天，因地质调查所尚在忙于"复员"，研究工作无法开展，我念自己已近五十之年，觉得有做一回顾之必要，希望借以检查过去的历程，因而有作回忆文字的动机，并先完成了两章。数年以来，又因心绪不定，便拖下去了，久未执笔，但有时也抽暇写写。今于已记述过去的大体经历之后，愿抽出数章对工作来一个总结。这里想将二十多年来我在地质方面的工作情况做一总的检查。

从地质年代来说，我历年致力于对我国大陆地层之认识。自二叠纪起，我国大陆地层即已十分发育。此种地层，岩石性质多相似，且无脊椎动物化石极少，又多为盆地式之发育，彼此对比十分困难。如无可靠之脊椎动物化石，则难以确定其年代。因此，我国各地分布的红色岩层的年代之决断，每多依于不完全之材料，甚或出于臆断，难免有许多可疑之点。对于这方面的研究，德日进曾名之曰"大陆地质"。大陆地质包括甚广，而我能力所及者，不过就所研究之化石，在少数地点做更精确详尽之判断而已。

自从在新疆孚远、奇台等县所发现的爬行动物化石材料由我研究并断为下三叠纪兽形类化石以后，始确切建立起冈瓦纳古大陆之扩大与南非哈鲁系之密切关系。后来又在山西发现了中国肯内亚兽，更判定山西之三叠纪地层有中三叠纪层位之存在。至抗战发生，在云南禄丰发现了极丰富的上三叠纪蜥龙群，更对三叠纪地层研究上具有革命意义。

对于侏罗纪及白垩纪地层，我个人在实际工作中无多贡献，但对于地层问题，则根据脊椎动物化石方面研究之结果，有若干修正。侏罗纪及白垩纪地层在国内分布甚广，然迄今尚未能建立如美国人所做的白垩纪详细分类，此实由于我们关于化石方面的知识太少之故。此所谓化石，包括无脊椎动物在内。这方面的研究进展，距我们的理想尚远。

关于第三纪初期地层，在长城以南各省的工作中，虽有若干发现，然仍尚不如美国人所做的完善。其主要原因，是由于这些地域之地层多经地壳变动，沉积物又较粗，化石保存者甚少。但鄂西却发现了可靠之哺乳动物化石得以确定年代。在云南，我们亦对路南等盆地做过详细调查。对湖南的红色地层，我们因在衡阳发现了化石，后经鉴定，得以确断至少大部分红色岩层的年代为第三纪初期，而非白垩纪。此为一重要贡献，由此可以断定中第三纪有一造山运动存在。此外，在山西垣曲、京西长辛店等地，亦因得有比较可靠之化石，对于地质年代便有更进一步之认识。关于第三纪初期岩层，我曾有专文做一系统概述，但大多数第三纪红色盆地之地质，尚有待于更进一步的研究。此亦为无可否认之事实。

对于中国第三纪地层最大的贡献之一，为在山东临朐山旺所发现之上第三纪地层。我国的中新统地层，除绥远之通古尔外，在长城以南仅有少数化石，显示此地层可能存在。山东山旺所发现之地层，区域虽小，然为玄武岩所覆盖，未受侵蚀，且岩层极细，所保存的植物化石、鱼化石及蛙化石甚多，甚佳。只就植物化石而言，实为我国第三纪所保存的最富、最好之植物群。在其相连的软粗岩层中，又发现许多哺乳动物化石，其中如鹿类化石，显然可与在绥远发现者相比较，且极为近似。其他化石，亦显示上中新统之性质。故将山旺系列为上中新统已无疑问。这一发现实为重要，在中国，除分布极广之第三纪初期及上新统地层外，山旺便为当时除通古尔以外的唯一之上中新统地层。

我国北方各省，尤其太行山以西、六盘山以东、阴山以南、秦岭以北的四边形区域内分布极广之上新统堆积，最初只统名之曰三趾马红土，数十年没有进一步的解释。自德日进、桑志华在各地考察后，始着手分析其复杂性。我参加新生代研究室工作，对这件事情亦曾参加，还与德日进、裴文中、卞美年等做过许多野外调查。综其结果，可为一言者有下列数端：第一为中上新统地层之发现。其分布除山西静乐县外，尚未在其他地方有可靠之证明。第二为湖相上新统地层之发现，即所谓榆社系的确立。盖以前每谓下上新统地层均为土状平原堆积。自此始知在整个上新统时，湖相堆积与土状堆积实则平行存在，有时互为消长。第三为确证三门系下部地层应划归上上新统,且与德日进发现之泥河湾相当。此湖河相堆积,在其他各地均有分布。第四为以上各地层化石的有系统之采集。因以前所采的化石,多数层位不明。自此各地所采化石,始多有明确之地点,于地层方面始能获可靠之结论。

第四纪地层之研究,亦为我回国后主要的研究目标之一。在许多地方,这一工作不能与上新统地层之研究分开。对于与周口店洞穴地层相当的陆相湖相堆积,我们在山西、陕西及其他区域亦得有幸多做观察,尤其对于红色土与黄土之进一步了解划分,得有比较清晰之认识。

我回国之初,首先从事周口店的发掘。此实为一比较狭小之工作。然开始工作以后,渐感繁重,不但要在猿人地点做大规模采掘,而且要旁及其他更老或更新之地点,使我们对于由上新统底部起至更新统后期止的整个区域洞穴及其堆积有了了解。以后又在四川万县,广西武鸣、桂林、柳州等地做洞穴地层之探测。裴文中先生对此尤感兴趣,故我不过在某种限度内做些辅导工作而已。

由于新生代地质之研究,我对于地层以外的许多问题,渐渐得到了深刻的了解。如关于中国地文之演进,前人曾有若干贡献,但我们对贝理、威理斯、安特生等人研究的结果重加评判,且就地层与化石之证据加以改正与补充,这使我们对于中国地文之变迁有一新的认识。即每一侵蚀时以后,往往继以堆积为主之时期。然中国地面广阔,且有许多地方化石甚少,因此有待于补充之处尚多；遗憾的是，抗战以后此类工作日益减少，多年以来未能再为推进耳。

我对考古学为门外汉，然而德日进对此大有研究，我于初次同他出外调查，便引起了对旧石器和新石器的兴趣，亦渐能认识，且得追随研究。后来周口店发现石器，裴文中先生在步日耶指导下做精细研究。我对此虽感兴趣，而研究之责完全交于裴文中先生。

总而言之，我回国以后所从事的地层工作，开始于周口店之发掘，以后以新生代研究室一员之身份，专注于第三纪后期及第四纪地层之一般研究。后来的兴趣所至，先及第三纪初期地层问题，再及中生代地层等问题。我常同裴文中先生谈笑，说他由更新统化石之研究转及考古，直至历史初期，年代愈来愈新；而我则由同一时期化石之研究开始，转向中生代，年代愈来愈古。

实在讲起来，我二十多年之工作重心，始终在古生物方面，在周口店发掘是如此，在各地旅行调查也是如此，地质及其他问题材料之搜集与写作，只是些副产品而已。

二十年的古生物研究（一）

我之纯粹古生物学研究，开始于明兴时期的毕业论文。《中国之啮齿类化石》一书作于一九二六年，完成于次年春初。一九二七年夏，便在乌普萨拉付印出版，作为中国古生物志之一种。中国人之研究脊椎动物化石，自此时开其端。此书所有材料均为安特生、师丹斯基多年来在中国所采，内容异常丰富。以前虽有少数啮齿类化石之记述，然皆附其他类之中，且材料不多。自此以后，我对中国啮齿类化石之知识始有进一步和比较有系统的了解。此书发表以后，始奠定我毕生从事脊椎动物化石研究之基础。我的《五十自述百句》中所谓"记骨为专业，始成一家言"，即系指此。

此书之作承施洛塞先生之热烈赞助与指导。凡所记述之种类，均能就其系统地层的地理分布、可能来源等问题做一探讨，其中尤对古跳鼠类、野鼠类和田鼠类等做了较深入的研究。全书新属新种甚多，其地质年代除可能有一二（如古跳鼠等）可归于上上新统外，其他多为自蓬蒂期起至更新统后期之材料，其中以上新统与更新统初之种类最有意义。现在虽经若干年，书的一大部分内容却并未有新材料增加。

一九二八年我回国以后，从事周口店发掘，经三年之工作，所得各类化石甚多。此时关于周口店第一地点之动物群，师丹斯基有研究结果问世，而关于其他地点则尚未有文发表。因此，我对于周口店全区及整个动物群之研究，不能不有一系统之计划。经与裴文中先生会商结果，并得翁文灏先生同意，我们将周口店化石之研究列为两大类：一为周口店第一地点各类化石之研究，以动物系统为主，作为专题研究；一为第一地点以外的其他地点化石之研究，每一地点的化石不分动物系统，合并一册出版。两种研究均可各作《古生物志》之一卷。

此计划拟定后，即着手实施。第一年采掘时，曾在鸡骨山（第五地点）做彻底发掘。此地点甚小，已采集无余，没有发现新材料的希望。其他地点则正在继续采掘，当然不能马上拿出成果，只是将研究任务做了分配。第一地点的材料甚多，最占分量的为两大类：肉食类和偶蹄类。按照分配的任务，由裴文中先生研究肉食类，我则研究偶蹄类。鸡骨山之化石有一部分交我研究，另一部分交给裴文中。裴文中的研究结果首先出版。丁文江先生看到，见其材料破碎，误以为我不肯将好的材料分配给裴君，殊不知鸡骨山之材料本来就不完全。我们之大头戏尚在后头。

关于化石研究工作的分配，我原认为德日进既参加发掘，且能合作无间，亦应大公无私地将一部分材料分配给他研究，但翁先生却不同意。他认为能由我们自己研究之材料，还是由我们来研究。故德日进早期工作中，并未从事于周口店之任何记述。后来因材料太多，终于将第九地点之化石分配给他。事变以后，我离平南去，北平新生代研究室事实上陷于半独立状态，德日进仍继续自己的研究工作，并与裴君合作，研究了周口店的部分化石。卞美年加入研究室后，也担任了一部分研究任务。

鸡骨山之化石，大部分为兔类化石。这种兔类，在我研究中国啮齿类化石时已有发现。故鸡骨山化石研究中，关于兔类者无何新义，唯有一种狐化石材料被定为新种，并对德日进等在泥河湾所发现之狐化石做若干更正。

关于周口店之骨化石研究工作，我所担任之部分在抗战以前均已研究竣事。鸡骨山之化石最先发表，以后并将第二、五、七等地点之化石合为一册出版。此材料亦甚破碎，故均无何古生物方面之贡献。周口店之石灰山区，虽为许多裂隙堆积所填充，而年代与性质却不尽相同。我们曾于第一地点外发现十余地点，其堆积性质自纯粹水下沉积至半地面，甚至地面堆积，其年代可自上中新统以至黄土后期。其他地点之化石先后由德日进、裴文中等人研究。这些工作使我们对于整个周口店地质历史有了一个了解。它可代表第三纪后期之地质历史全貌。黄汲清先生谓周口店工作已发展为"周口店学"，诚为高见。

我所担任之第一地点偶蹄类化石研究，于一九三二年完稿出版。此为我回国后比较重要的工作之一。此书所研究之材料，以种类计，可占全动物群的五分之一；以数量计，几乎可占一半。

因为多数鹿类、牛类化石占地方很多，其数量均为可观。

偶蹄类一书中，猪类化石量亦甚多，研究结果均为李氏猪。骆驼则数量甚少，且可能非真正之骆驼。鹿类化石则占偶蹄类之一大部分，除麝鹿及獐外，以梅花鹿及鹿角鹿为最多。鹿角鹿即肿骨鹿，材料甚多，且有意义。关于鹿类化石，前已由师丹斯基做过不少研究，然系统与地层分布多有谬误，今经研究，曾详为校正。关于羚羊等属，虽材料不多，我们却甚感兴趣。尤其裴氏之转角羊之记述，可与泥河湾和黄土期所发现者相比，而连成一极清楚之进化实证。牛类化石，以水牛材料最丰富。我们曾将它定名为德氏水牛。此亦可与泥河湾及黄土期所产者相比，于我们对于水牛类之了解甚有裨益。至于普通牛，则材料并不多。这些化石，虽在师丹斯基的《记周口店化石》一书中大半皆有，而我们之材料特别丰富，无论在古生物方面还是在地层方面，均做了更进一步之推进。后来裴文中研究的肉食类出版，亦占周口店化石点的重要部分，使我们对周口店之年代以及与猿人共生的动物情形，有极明确之了解。

周口店第一地点之食虫类、翼手类、啮齿类及灵长类（中国猿人除外）等化石，亦由我研究，有关文章于一九四五年出版。此为我结束偶蹄类化石研究后之中心工作。这四类均为比较小的或小的化石，尤其食虫类及啮齿类（如鼠类等）之牙齿及肢骨，数目繁多，清点及做初步分类，即需极长时间。食虫类种类较少。啮齿类之各种虽与以前已研究者大致不差，而改正者及应立新种者亦不少，尤以田鼠、小鼠等为然。灵长类有不少化石列为新种，然无何新的特别意义。

周口店第一地点化石，除奇蹄类外，我原愿继续研究的一部材料，因南迁南京未能及时从事研究。后来战争发生，标本分份存于南京、北平两地，在南京者后又运往西南，故一直未能从事研究。此为一大憾事。至于第一地点以外的各地点之化石，最丰富的为第十三地点。对这些化石，我做了初步分类，并已局部着手绘制图件，不幸因战事南行，后来只好由德日进、裴文中二君研究。其他如第三地点、第九地点、第十二地点、第十八地点等化石，亦均由德、裴分别研究。第十四地点之鱼化石，则于抗战前已由张席褆做初步研究，并有专文问世。植物已有钱耐之研究结果，介类一部分已由秉志研究。所以周口店之各化石，大部分均已研究竣事。

以周口店采掘工作为中心的新生代研究室，引起了国内人士的重视。所内外，对于骨化石研究感兴趣的人，多能注意化石材料之搜集，且交新生代研究室同人研究。就我研究或鉴定者，计有丁文江在广西所采之洞穴化石，王日伦在云南高民所采之洞穴化石，巴尔博在山西榆社所采之泥河湾期化石，以及四川省地质调查所、江西省地质调查所、中央研究院地质研究所等机关所采之零星化石等。广西之洞穴化石虽然材料甚少，然却为南方第一次所发现之洞穴化石。

新生代研究室同人在各地调查所所得之材料，亦多由我研究。如德日进与我在山西、陕西所采之哺乳动物化石，即由我先做鉴定与记述。这些研究结果写成的专著虽然包括的种类甚多，但却以关于啮齿类化石,尤其是田鼠化石之研究最为重要,所采材料亦十分丰富,新种甚多,且能使人对于田鼠从上新统下部至黄土后期的演进历史有一概括了解。此为当时对哺乳动物进化研究一最有意义之贡献。此外对于羚羊一类,亦增加新知识不少。其他零星化石,则均属地层观察之化石证据,亦不无意义。

我与德日进、裴文中等人在山西南部及河南西部所采之化石,合在一起,作为古生物志之一发表,其性质与上述情况略同,均作为地层研究之根据。在古生物方面,则以关于象类、啮齿类及剑齿虎与若干鹿类之记述较多。

其他零星研究,如在通古尔系所采之短尾兔化石,在山西所采之水牛化石,在四川万县所采之洞穴沉积化石,在长辛店所发现之始新统化石,在湖北所采之第三纪初期化石,在云南路南、曲靖等地所采之第三纪初期化石,及李悦言在山西垣曲所采之始新统与渐新统化石,在山东新泰所采之渐新统化石等,均就一地所采集者,写成单著。由于这些研究,使我个人对于哺乳动物研究之知识,扩展到了第三纪初期。

最有意义的是山旺系哺乳动物化石之研究。我三次在此地所采之化石虽然为数不多,但因其代表中国内地唯一已知的上中新统地点,化石均为新种,所以意义不小。其中有若干鹿类与通古尔的发现极为相似。此外如肉食类等,均富有意义。

中央研究院历史语言研究所,曾在河南安阳及其他文化遗址做大规模之发掘,获有不少脊椎动物化石。这些材料运到新生代研究室做整理，除鸟类、鱼类及龟类等化石外，凡哺乳动物均由我加以研究，后来德日进亦参加若干意见。研究结果曾在《古生物志》发表。所记述之哺乳动物有数十种之多，尤以猪、羊、鹿、水牛等为量特多，且有若干新种。此项研究，使我对于这时中国动物化石有一总的印象。部分情况与现在有所不同，分布情形尤有显著差异。安阳等地之零星化石，前人已有研究，但却把它当作黄土时期化石，存在不少谬误。经此次依据丰富材料之研究，于时代及种类上均有不少订正。抗战胜利以后，历史语言研究所又有许多采自安阳之化石，是我过去所未见过的。我们对它又做一度整理，发现有转角羚。其大部分材料之整理，则由刘东生任之。我做了一短文记述所观察之结果，并对安阳哺乳动物群做一补充性的结论。

以上所述之研究，自然均为纯粹的记述性古生物工作。然只要材料充分，均就观察所及推论系统关系、地质年代和生活情形。关于周口店之病态及变形化石，我则曾另有专文研究。惜这种有兴趣之工作未能继续下去。

关于哺乳动物化石之研究，就年代来说，自第三纪初期以至近代，我均曾触及，然实际所注力者，则仍以周口店的化石为最多，其次为上新统与近代化石之研究。第三纪初期化石，因所得材料不多，故能研究者比较少。即使山旺系之化石，亦嫌美中不足，未及深入了解。但无论如何，我对于整个新生代哺乳动物的分布和演化，均有一定认识。此可谓二十年来之结果。至于尚待补充之点，则只有等到有化石地层之发现。

就动物系统来说，除无胎盘类及限于南美之各目外，凡有胎盘类的一般目，我均曾涉及，尤以对肉食类、有蹄类、啮齿类等目，所研究之种属最多。但若就科属而论，实尚只为沧海之一粟，未足以言通。对于近代动物化石之研究，我只求精于一门，不求其普遍。因为只有如此，始可能对每一门除做普通鉴定外，再进一步研究其生理、生态等问题。我最初关于脊椎动物化石之研究为啮齿类，回国以后，对于此类的记述亦最多。然因我国对脊椎动物化石的研究尚在初期，同道太少，我势不能不旁及其他，在不知不觉之间，范围逐渐扩大。此亦为无可奈何之事。

关于哺乳动物化石，我虽有不少文字问世，不无贡献，然大多数记述，却只限于系统方面，未能多为牛发新义。其理由已见上述。总之，我虽有所增进，而不能认为满足，比较满意的工作，仍为若干啮齿类（如田鼠、野鼠等）及偶蹄类（如肿骨鹿、水牛、羚羊等）化石。对于这些化石，我能于记述之外涉及其在演进上的意义。安阳化石之研究，亦不失为比较全面之作品。

当我一九二八年回国之时，国内研究脊椎动物化石者只我一人。张席禔、王恭睦二人虽在德国亦研究脊椎动物化石，然此时尚未从事实际工作。以后，王恭睦入中国研究院地质研究所，张席禔到中山大学，均对脊椎动物化石有所贡献，然始终未能建立一真正之中心。我在京得环境之便利，不一二年即能独立做研究工作。周口店化石之一大部分由裴文中研究，后来卞美年入所，亦研究若干鱼类、爬行类动物化石。卞君以后兴趣他移，未能专业于此。李悦言入新生代研究室，未做脊椎动物化石研究即他去。贾兰坡虽未入过大学，对于脊椎动物研究，亦做了不少工作。但他以后的兴趣随裴文中转于考古方面。抗战开始以后，我逃往西南，初得与米泰恒共同工作。后来，米君奉调西北，我们便分开了，实为憾事。抗日胜利以后，北平方面有刘宪亭君参加脊椎动物研究，在裴文中指导下工作。我在南京，得刘东生协助。刘君初亦未专习此，然亦与米泰恒一样，能在短期内表现其工作之高度能力。所遗憾的是，二十余年之光阴，竟只得有如此数之同道，且有一大半人中途他调，致使我国这方面的人才仍十分缺乏。造成这种状况，主持大计之人，不能不负其责。而我因限于环境，对此毫无办法。

连年所出的《古生物志》的丙、丁两种之中均有中文节要。自我回国以后，这节要几乎全由我做。这种工作虽非研究，然可以借此了解关于脊椎动物化石的研究情况，殊非无益。唯自抗战以后，出版已失正常，很久不再有此项工作。

二十年的古生物研究（二）

对哺乳动物化石之外的研究，在我初入研究所之时，本无此环境与志愿，然以后演变之结果，竟使我以大半时间从事于此，且使个人兴趣亦逐渐提高，尤以对三叠纪之爬行动物为然。

鱼类化石为我最不爱问津之一类。因个人不愿贪图太宽，致使难以专精。然对甘肃永登所发现之鲨鱼化石，我曾加以研究。此为我从事鱼化石研究之开始。后来山旺发现与植物化石等共生之鱼类化石甚多，为与近代鱼相近之鱼类。当时为急于知道地质时代，我便与静生生物调查所的张春霖合作，将山旺之鱼化石加以鉴定发表，并借此对中国发现之鱼化石加以探讨。在此以前，周口店之鱼化石则由张席禔、卞美年分别研究，我并未加以过问。抗战发生后，在长沙附近之跳马涧，计荣森等发现了泥盆纪之沟鳞鱼，后在云南境数地亦有相同鱼及其鱼类化石之发现，我虽从事初步鉴定，并与布罗里通信讨论，然仍交计君研究，并已发表。至于此期在云南、四川发现的鲨鱼、肺鱼等化石，则由我加以鉴定，著有专文。

连年以来，中国各地发现之鱼类化石甚多，尤以四川威远发现之硬鳞鱼材料多而完整，其他如泥盆纪、三叠纪乃至白垩纪等期，均有良好之材料收集于研究室中。自刘东生加入工作后，我颇期望刘君能专攻鱼类化石，因二十余年来对于鱼化石之研究始终落后，而鱼化石之重要及其在地层上之影响，实不可忽视，相信若干年后，关于鱼类之研究，必可大有进展。

古生代及中生代初期之两栖类，迄今尚未在中国发现。在山旺与植物、昆虫及鱼类等化石共生的，有保存极佳之蛙化石，其皮亦清晰可见，且蝌蚪亦保存完好，此项化石曾由我研究定名为玄武蛙。虽在生物学上无何新义，而因其为稀有之宝，且为中国第一次发现的最完整之两栖类化石，仍然使人感觉兴趣。

我对于鸟类化石之贡献，仅限于鸵鸟蛋化石之研究。自《中国鸟类化石》一书出版后，我对于中国鸵鸟蛋之分类与分布始有进一步之认识。我与德日进等在各地所采之零碎蛋片及若干完整的蛋化石，曾由我加以整理、鉴定、发表，并无何新义。抗战胜利后，地质调查所又得到此类化石一次，亦由我研究发表。

我之重要工作，自然仍限于爬行动物之研究。一九二九年，我与德日进在山西、陕西调查，于陕西神木县附近发现一禽龙足印，又在山西西南部发现三叠纪骨化石遗迹。这些发现，我于回北平后即研究发表，然却并未引起我之特别兴趣。其时，我的精力正集中于周口店等问题之研究，亦无暇及此。

使我兴趣大为增加的，为袁复礼在新疆之发现。袁随中瑞科学考察团在新疆工作多年，于孚远、奇台等地发现保存甚好之骨化石。其时袁误以为恐龙化石，曾做宣扬，并定名为天山龙。后来，此材料运抵北平，袁君为使地层明了起见，将小部分骨化石交新生代研究室修理。他先送来两头骨，经修理完成后，始知其一头为水龙兽，另一头为二齿兽类，均为南非哈鲁系之标准化石。由此始知袁君之发现对古生物和地层均有特殊的重大意义。我乃商之于袁君，共同研究，以减轻袁君之疑虑。但自第一篇关于水龙兽的文章发表以后，袁君即慨然让我专做研究。由于这些化石保存完好，且意义重大，所以我对它的研究兴趣日增。袁君亦陆续交来其他材料，使我先后有若干关于下三叠纪中国之唯一水龙群专文发表。此实为我对脊椎动物方面最满意之贡献。我先后记述者有水龙两种、二齿兽一头骨及若干骨架、加斯马吐龙一种。直到抗战前夕，尚有若干标本修理未完，未能研究发表，故此一有兴趣之动物群之研究工作，并未满意结束。战事起后，袁君将其材料运往内地，胜利后又运回北平。他究竟有多少材料，我不得而知，然无论如何，只就已知者而言，已可显示其重要性，那是毫无疑问的。

就性质而言，新疆之水龙、二齿兽动物群，与南非同层者十分相似，无一新属，故无疑有密切关系。自此动物群见之于世以后，使一般人对于当时动物之迁徙和彼此之关系，以及对于前冈瓦纳古大陆之见解，均有新的认识。而就其材料保存之完整来看，相信那里的化石保存甚多而完好，实为中国最重要的化石产地之一，倘能继续采掘研究，必有更多贡献。

袁先生除向我提供水龙群化石之外，并将其在新疆所采的一种蜥龙类化石交由新生代研究室修理。据袁君言,此恐龙之一部分骨架,尚在迪化未运来。后因交通关系,始终未运回。我只得就已有之材料加以研究,定名为天山龙,在《古生物志》中发表。在此以前,袁君尚将其在返回北平途中,于宁夏境内所找之结节龙化石交来,亦在新生代研究室修理,由我研究。

丁道衡亦曾随中瑞科学考察团工作。他在绥远境内发现若干原始之鹦鹉龙化石。这种化石,前由中美考察团在另外的地方发现过,由奥斯朋研究。我对丁所采化石之研究,不过补充奥氏之文,并增加其分布而已。

我与卞美年赴山东考察时,曾到蒙阴参观师丹斯基采掘盘足龙之地点,并采得盘足龙之前肢及若干其他恐龙骨骼。此前肢无疑为盘足龙之一部分,是师丹斯基所遗漏未采者。回研究所后,将它连同所中早存的一部分脊椎骨加以对比,认为系盘足龙正型之同一个体,因就裂口情形可以判断无疑。这可以补盘足龙原研究之不足。

由于以上之零碎研究,使我在新疆兽形类化石外,又对于恐龙中之蜥脚类、鸟脚类(鹦鹉龙)及结节龙等均为触及,兴趣也就因之增加。

一九四五年,伯克利加州大学古生物学家由南非来中国,我与之到山西、四川两地旅行,做中生代爬行动物化石之猎取,兴趣又见增加。在山西武乡,由王存义所采集的保存完好之巨大二齿兽化石(肯能麦内亚兽),时代为中三叠纪,亦与南非相类。此材料由我研究,定为中国肯能麦内亚兽。在四川荣县采得一比较完整之蜥脚类骨架，运回北平以后，加以修理，由我研究，定名为峨眉龙。此为在四川所找到的最完全之蜥脚类。远在民国初年，美国人荣德巴在四川威远一带做石油地质工作，便发现有肉食类恐龙遗骨。过了二十多年，始由甘颇研究。甘氏来华，实受此研究之鼓舞。然他此次与我们所采者，实以蜥脚类为主，肉食类恐龙及鲨鱼化石只有其迹，而不完全。

关于四川爬行动物之最早发现，为翁文灏入川时，在北碚北草街子所发现之骨化石遗迹。此亦由我做初步研究，后来我两次入川，均在草街子及其他地点采得相似化石不少。

以上所述之研究工作，均在新生代研究室内进行。虽然当时设立研究室时，未包括脊椎动物研究在内，但在起初进行这方面的研究仍毫无困难，且得到不少赞助，唯自步达生逝世后，新生代研究室所得协助不如以前之多，而继任之魏敦瑞，对于人类以外之研究兴趣殊少，因而对于新生代研究室研究恐龙一类化石，不免稍有微词，但矛盾并未表面化。

抗战开始以后，我与卞美年先到长沙，后转昆明。在长沙时，曾于衡阳发现鳄鱼等化石；在昆明时发现禄丰动物群。地质调查所岳希新在威远工作，发现恐龙化石后由我研究，断定为一种与禽龙相似之恐龙。另外，尚有其他不能详做鉴定之爬行类化石。地质调查所同人在三叠纪地层中还发现有海相爬行动物化石，四川地质调查所亦有相似发现。这些材料，均由我做研究发表。

我们在广元一带所采之爬行动物化石，与威远者有部分相同，另有类似峨眉龙之牙齿骨骼及一种肉食类恐龙。所以，无论从地质层位上，还是从古生物内容上，都十分相似。此材料亦均由我同时研究完毕发表。

在广元还发现一大石块上有若干足印，但不能归于任何恐龙类。经我研究，结果另文发表。

抗战发生以后，占我时间最多者，为关于禄丰蜥龙群之研究。禄丰蜥龙群虽为卞美年所发现，而他自发表地质报告以后，并未做古生物研究。这方面的研究工作集于我一人。此动物群极富意义。我经八九年之继续研究，才算完全竣事。首先发表者，为关于一完整蜥龙骨架之简报及对卞氏兽之初步研究。卞氏兽的发表，引起了世人的注意；许氏禄丰龙的发表，更引起了国内外古生物学界的重视。以后又陆续发表了兀龙、云南龙、巨型禄丰龙和许氏鳄等，使我对云南禄丰蜥龙群之知识日趋完整。我在这方面的论文有十余篇之多，最后并有一综合性报道。此实为我自研究新疆孚远下三叠纪化石以来最有兴趣之工作。兹记其概要于次：

上禄丰系之鱼类及龟类化石，除一种肺鱼已做研究外，其余我均未做详细研究。对下禄丰系之古鳄类或凹齿类化石，在初研究时并未注意，仅有一下颚由我携至美国研究发表，且系统不甚明了，或可归于假古鳄类，曾定名为许氏扁颚鳄。最后于整理禄丰化石之时，始发现至少还有另外两种古鳄之存在。一为较大者，定名为肿颚鳄；一为极小者，定名为小鳄。连前所记，共计三种。此三种材料均不十分完好，所定均甚勉强，然它们亦具若干特性，故定为新属新种。

禄丰化石的百分之九十以上为蜥龙类。蜥龙类又可分为三个亚目，各目均找到其代表。有一种虚骨龙，我们将它定名为卢沟龙，以纪念神圣之抗战。此为一不完全之头骨，材料尚嫌不足，难以断定其真正的系统位置。肉食类恐龙为一中国龙，有许多上下颚、四肢骨及零星牙齿，性质甚为显著，虽无完整的骨架证据，但却较有把握。原蜥脚类有三属五种，第一属为中国兀龙，可归于此属的牙齿、颚骨及肢骨甚多，体格在各蜥脚类中最小。第二属有两种，一为许氏禄丰龙，其原型骨架保存最为完整，此外尚有许多牙齿、上下颚、肢骨可归此类；一为巨型禄丰龙，肢骨比上种为大。第三属定名为云南龙，共两种，一为黄氏云南龙，亦具有颚骨之骨架，为真正型，比许氏禄丰龙为小；一为硕大的云南龙，亦有可归于这类的若干牙齿。

这许多蜥龙类虽然保存程度与多少不一，然无论就其牙齿还是四肢骨研究，均具有一共同特点，即与南非之斯统贝克系所发现之蜥脚类各属均可做较近似之比较，又与德国上三叠纪发现之恐龙化石相近似，故禄丰蜥龙群之地质年代可以确定。三叠纪地层在南方均为海相，今独于上三叠纪发现此丰富之化石，不但于地层上十分重要，而且于古生物方面亦极有意义。通过这些化石，还可以研究当时亚洲与欧非等地之动物系相移徙的关系。

这些化石，以许氏禄丰龙之保存特别完好，且为初次发现，故在国内一时颇为人们所称道，先后在昆明、重庆公开展览多次。我的专文发表以后，外国同行亦甚重视。然就科学价值而言，尚远不及以下所述之鼬龙类化石之发现与研究。

当卞美年第一次采集了许多化石抵昆明以后，即在化石中发现保存完好的一小头骨及另一头骨，并有若干小牙床，其一切特性均可与南非早年所发现之三瘤兽相比。三瘤兽一向归于哺乳动物。我当时因参考书目不全，即将它归于多瘤兽一目，并仍归为哺乳动物，定名为卞氏兽，列为两种，一为云南卞氏兽，一名卞氏兽。文章发表以后，颇引起当代古生物家之注意。英国瓦特生首先著文，指出下颚骨似有其他骨骼存在之迹，而认为应归于爬行动物中最近于哺乳动物之鼬龙类。我觉得此化石尚待精为修理与研究，便于一九四四年赴美时，特携原来各标本赴美国纽约等地，并做修理与研究，其结果发现许多新东西，并证实瓦特生之立论确当。故我进一步将标本做一彻底研究，除详细记述原来已发表之两种外，并记述了一新种，曰小卞氏兽。后来，此文在英国《动物学会会志》中发表。经此研究，整个三瘤兽之一亚目，连同三瘤兽在内，均列入鼬龙类，不再为哺乳动物，由此三叠纪有哺乳动物之说自然推倒。但不能不指出者，诚如辛普森所言，此种人为分类，终不免有些勉强，由爬行动物进化为哺乳动物，其经过当甚缓渐，而我们之材料实尚不足，就目前言，将它当作最进步的爬行动物，固然可以，但将它当作具有若干爬行动物性质之哺乳动物，亦无不可。

第二年我与卞君去禄丰时，新采之卞氏兽材料，自然亦包括于上述研究之中。我又在黄家田发现一甚小之头骨。此头骨特别纤小，难以修理，亦由我携到美国研究，定名为昆明兽。其详细研究之结果,当亦为一种鼬龙类,故其详细记述,亦在上述之专著中。

此两种鼬龙类化石及一种可能显示禄丰蜥龙群之古生物,意义实甚重大。对三瘤兽化石记述以后,近百年来所知者始终为一头骨之前部。今在云南发现头骨和上下颚甚多,大为补充了已知之知识。就野外采集的经验而言,当知此种材料还甚丰富,研究前途尚大有希望。

综以上所述,禄丰之上三叠纪蜥龙群,确为周口店发掘工作以后之最大发现。无论材料之丰富,亦无论其学术上的意义,均是如此。然周口店工作已连续十年以上,而我们在禄丰的采掘不过短短两季。新疆之兽形类化石,就已研究者而言,当亦十分丰富,惜研究未竣,亦未能再做采掘。迄今,此三大发现中,只禄丰之化石已完全研究竣事,不可不谓后来者居上也。自昆明工作以后,十年以来,我之研究中心大半集结于禄丰化石,回想对周口店之研究,反觉落于其后。

然自禄丰发现后,形势日非,我们再未能做大规模之采集。广元等地之发现均为初步采勘性质。周口店及其他各地之脊椎动物化石之采集与研究,实陷于停顿状态,可为惋惜。

胜利以后,我们对于中国脊椎动物化石之研究,本抱有无限希望,当务之急是恢复新生代研究室之真正工作,对于人类化石之研究,当本着已知之知识急起直追,对哺乳动物来源问题之研究,更当本着禄丰之发现,续做努力。然不幸,事与愿违,终不能在这些方面有所发现。

一九四八年在兰州工作之中国石油公司甘青勘探队，在青海与甘肃交界处附近发现了大批骨化石，除若干不易鉴定之恐龙化石外，还有一保存完好之鳄鱼头骨。这些标本空运到南京，在脊椎动物研究室加以修理，由我研究。我并乘此时机，将历年在四川、湖南等地所采之鳄鱼化石加以整理和研究，其结果判定甘肃之鳄鱼化石时代当为上侏罗纪，四川者为侏罗纪中部或上部，湖南者当为第三纪初期之初，归为新属新种。这一研究之后，我对中国所已知之鳄鱼化石做了一总的评述。此为我在抗战胜利后对于中国脊椎动物化石所做的唯一较重要之贡献。一九四八年夏季，刘东生去甘肃，随裴文中做工作，在那里仅做小规模之采掘，其材料因交通关系尚存于兰州。

就以上所述，我对于哺乳动物以外之各纲，如鱼类、两栖类、鸟类等化石，虽均触及，然并未能做深入之研究。对于爬行动物化石，我自研究新疆孚远化石之后，渐增兴会，并曾将中国爬行动物化石（以美人在蒙古等地之发现者为最多），加以整理，著为《中国之爬行动物》一书问世。此书的发表，对爬行动物各目，如兽形类、鼬龙类、鳞龙类、鳄类、恐龙类等的研究工作，均有若干贡献。然爬行动物化石种类浩繁，所述者实尚有限。我通过以后的工作，已为中国爬行动物化石增加了不少新材料，如能有机会做《中国爬行动物化石》一书的增订本，内容定比以前更为充实。

就二十余年来研究中国爬行动物之经验，深觉中国中生代化石之丰富，包括鱼化石在内，其丰富程度当不在于新生代之哺乳动物以下，发展前途实未可量。古生代的鱼，亦有同样光明之前途。独石炭纪、二叠纪之两栖类，特别是硬头类及爬行类化石，则迄今尚无发现。然就分布极广之陆相地层来看，亦殊有发现之可能。凡此，均赖未来能有正确的计划，同人们认真工作，始可望有进一步之推进。

抗战期间，曾在热河、辽宁等地发现鳞龙类化石及鱼、龟化石等。关于前者，我曾对其意义与前发表之新疆鳞龙化石做若干评判。相信我国的此类化石甚多，有待续为寻找研究。

以上所述，为我对哺乳动物以外化石所做之若干贡献。其实，我们二十余年来所采集的材料中，迄今尚未着手研究之材料实尚不少，如中国的两大发掘，周口店及安阳之大批鸟类化石，迄今尚未有精深之研究，材料亦都在各处。自维曼关于中国龟类化石的研究发表后，只有卞美年、秉志等在这方面有若干工作，而新生代研究室尚存有这种化石不少。鱼类化石未研究者亦尚多，唯刘东生、刘宪亭从事于此项研究。多年以来，研究哺乳动物化石不但有外国人加入工作，如步林、德日进等，国人亦多有加入研究者。独关于哺乳动物以外之化石，国人研究者特别少，今于回忆之余，不能不叹之再三。

就研究机构而言，新生代研究室为研究中国脊椎动物化石之唯一机构。抗战起后，新生代研究室留于北平，不能充分发挥其工作能力；地质调查所又有新调整，于一九三一年另在古生物研究室设脊椎动物研究组。从此以后，所有新生代以外之材料，全用脊椎动物研究室名义（对外用的英文名称）发表，禄丰化石亦被列于其名下，只有少数之新生代研究仍用新生代研究室名义刊行。事实上，室还是毫无生气之室，人还是这几个人，等于换汤不换药。未来如何发展，亦在不可知之数。以我国地方之大与化石材料之多，二十年来仅几个中心地点从事这项工作，自然感到不足，何况又限于经济原因，未能积极推动。然而，反过来说，在这种情况下，仍能有以上所述之成就，不可不谓奇迹中之奇迹。

我的写作与诗文

前面所述及我在地质古生物方面的研究论文，多少有些国际性，大半用英文发表。我第一次发表英文论文，是在北大时期，即在南口调查所做的《关于南口之地形》一文。其内容甚简陋，及今视之，不值一存。在德国之毕业论文是用德文写的。在北大时，虽然我的第二外国语为德文，然从未好好学过一天，决定去德国时，才设法补习德文，那已有临阵磨枪之感。到德国后，因急于入学，亦未能够学好德文。后经二三年时间，德文才勉强可以应付。在我毕业论文的写作过程中，施洛塞除进行研究方面的指导外，并做文字上之改正。回国以后，知英文仍为国内最普通之外国语，故我在写作中，只有少数用德文，大多数改用英文。这样做，初见生疏，继则勉强可以应付。当时，北平科学界先辈，如葛利普、步达生、德日进等，亦时能对我之英文稿做必要之修正。

中国人对于研究学问，语言之困难，甚不易克服。若中国人能如英国人之用英文，如德国人之用德文，成绩定当更为优异。我对英、法、德三种通行语言，只熟悉两种，参考文献已感不便。写作时，虽然能用两种外文，但有时若干地方难以自信无误，幸因能得到别人帮助，无大错谬。

这些纯粹科学研究的文字，内容当然由自己负责。我对于写论文，无论中文或西文，全是信笔所及，一挥而就，从来少加所谓润色功夫。中文方面以后再述，在西文方面，内容往往因限于参考书目等，自然免不了错误；在文章发表后，我又常常不喜欢再看一遍，因而内心总有些不安。正如我在《记骨室文目》中所说："至于科学文字，除了肤浅以外，当然避免不了许多错误。常有许多文字，方付印或在校勘中即发现错误。虽云科学研究一日千里，随时可以发现过去之谬，然个人才学的不足，也无讳言。"此乃是质直之申述，并无客气之意。

这些科学文章，从一九三一年以来，虽然作得不少，由表面上看，好像很有成绩，其实在我本人只有一番惭愧。因为限于环境及文字等困难，可以说我从未能集中精力从事写作与研究，尤以抗战后十年为然。事实上，我从不记得我写这些文稿时，有一天能写两页以上的；如或有，应该是绝对少数的例外。然尚能有如此许多文章发表，无非是因为能历久不断。所以，"有恒为一切成功之本"，实在是不能磨灭的真理。

全面抗战前夕，适为我四十岁生辰。为纪念计，我将自一九一八年以来所发表之文字汇列成目。以前的因一九二八年家中遭难，为火所毁，无法考查；即或有，也是在中学时代的作品，为数无多，也无何价值。此文目以用任何方法印出者为限，未发表之件未列入，而且以发表之时日为顺序，并非代表写作的先后，有的前写，以后发表，有的后写，而反先发表。截至一九三七年五月三十一日，共为二百八十五篇，后来查出尚有一二篇遗漏。到一九四七年中，经抗战及战后之内战方起，我在北平逢五十生辰，乃编文目续篇，自二百八十六号起至四百号止，亦有一二遗漏。加上遗漏者，合计应为四百零四篇。以后的写作，自依前例续编，待一定时期再为付印。此即我所立《记骨室文目》正篇及续篇，并非用以自炫，而是记自己文字工作之里程碑。关于西文作品之内容，大概已见前数章。今再一叙其他方面之文字。

在以上所述的《记骨室文目》中，有一部分稍有重复。后来出版的若干单行册，如《自然论略》《抗战中看河山》等，均为以前单行发表之若干文字的收集，但每种之中至少仍包括有一种以上之未发表文字在内。在中文著作中，亦有许多用英文发表者，在内容方面稍有重复。如《古生物志》一类之中文节要，事实上即为原文著作之节略。亦有若干文章，是将英文作品做简明之介绍。如关于北京人及禄丰龙之发现，我均有若干中文发表。这种文字，在学术上无特殊价值，不过基于科学大众化之立场而为之。

在中文著述方面，亦有超出于上述之外者。如《地史并爬行动物》与《新生代地质概论》等书，虽为整理旧材料，而它实为研究用综合性之参考资料。

我自学成以来，可说以北京大学毕业后算起，不甘以一纯研

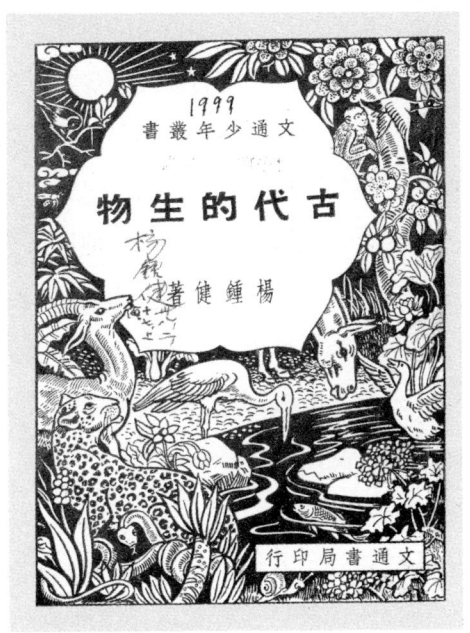

■ 杨钟健著《古代的生物》
（一九四八）

究学问的人为限，而极力想把自然科学的知识向大众传播，所以时常于正式研究工作之外，作些通俗的科学文字。这里包括有四个方面：

第一为通俗科学知识的介绍，如刚毕业后，作有《地震浅说》，在德国时，作有《古生物学通论》，后又作有《古代的生物》等书。均是想使较专门的知识能为一些青年人及民众所了解。我虽然做这些事，但从未因此而荒弃自己的研究工作。正因如此，尚有许多要写的东西，还未能有精力写出。

第二为介绍科学新发现，尤其是关于自己本行或所接触特别多的科学界的新事物，如周口店北京人的工作，各地重要发现之简述，广西地形、安阳遗骨的研究，新生代地质地文，云南禄丰龙的发现等，均不时有短文发表，投登各杂志及日报等，尤以在《科学杂志》及《地质论评》上所发表之文字，大半归于此类。此外，还就我个人所熟悉之研究工作情形，常于每达一阶段之后做一综合性叙述。对于新生代地质及脊椎动物化石之研究，可归于此一类中，亦均在上述之刊物中发表。

第三为对科学界的谬误论断予以更正之文字，如《桃化石》《武都原人》等。为使国人有正确科学概念计，对于这些谬误，不得不为文以辟之。此种批评性之文字，从未引起争执，发生所谓文字论战，往往一经指出，即为世人所公认。我对于此种文字特别谨慎从事，希望保持已有之水准与信誉。此外，如对于叙述个人的科学观察或建议性之文字，并未写专论，即便有少数，亦可归于这一类中。抗战起后，我有《非常时期之地质界》一文，后又在理事长报告中有《我们的忏悔与努力》的演说词，均涉及对于地质界之自我批评。在其他方面，亦有不少地方能及此问题。

第四为关于论陈列馆。我自留德以后，对西方文化之认识，常以为陈列馆事业为我国所应急起直追者之一重要工作。在德未回时，我便为之鼓吹。回国以后，除著文介绍外，凡有建设性建议机会，无不尽力宣扬，以期我国之陈列馆事业能日益发达。虽然人微言轻，未收预期之效果，然我对此仍孜孜不倦，尽力为之。陈列馆益处甚大，一方面可提高学术，一方面又可广为普及科学，同时亦为保存国家宝藏之唯一合理机构。我发展陈列馆之志，老而弥笃。

在学生时代，我即喜欢就社会生活的实际观察所得，公之于世。一九一九年，因受新思潮影响，又因陕西之军阀所制造之兵祸，使人民流离失所，惨不忍睹，所以在陕西旅京学生联合会主持下，我曾撰写《秦劫痛话》，以记事方式分段描述在陕各地的民间故事。此为我最早的作品之一。以后，我曾在《少年世界》上发表《陕西社会现状之一斑》。一九二二年大旱，我于暑期回家，曾就观察所得，写成《挥汗录》（在一九二二年的《暑假回里杂记》中发表，后为《东方》杂志转载）。

一九二三年离国以后，我亦于旅途及就学之余，将所观察到的事物及感想写成文字，在回国以后，集为《去国的悲哀》一书。入地质调查所后，我有赴各地旅行之机会，所去地方又多为穷荒僻野，故于调查后写学术报告及研究之外，将自然知识之可为大众了解者，以及所见到的当时农村或城市之人情风物等，均信笔论述，作为游记。自一九二八年至一九三一年者定名为《西北的剖面》，印成专书。一九三二年至抗战前，我又去了许多地方，写了许多游记，一大部分已发表，亦有一部分未及付印，汇为第二集，名曰《剖面的剖面》。不幸未及付印，事变即起，此稿于胜利后遍寻无着，已不能印行。自抗战发生至一九四四年，我又在大后方跑了许多地方，也本着同一旨趣，集成《抗战中看河山》一书，也属游记性质。一九四四年出国，一九四六年春回国，此两年间在外国的观感，及沿途各地观察所得，写成《新眼界》一书。关于一些学术方面的问题之综合探讨，及个人的许多重要感触，另集一册，名曰《国外印象记》。

从以上这些游记或文章中，可以看到我数十年的旅行式的生活。我曾认为人生就是旅行，故有所谓"旅行的人生观"之言。这些东西虽然杂乱非常，然我对于一般人生与社会问题之了解，及对各方所做之观察，均以赤诚的心情细为描述。

我在大学学生时代，虽然已学地质，但对于文艺之类，从未减少兴趣，所以另有许多文章是关于这方面的。早年著作中有一篇《好百姓》，乃是试作的一篇短篇小说。此文发表后被译为英文，在英发表。后来在许多刊物也常作些短小说，或近于小说的文章。但自从到德国专心于地质以后，就不再作此种文章，唯在德时为练习德文计，曾译若干德国童话，后来作为《德国童话集》发表。在德国学习时代，为介绍中国的教育情形，曾与汤元吉合写《中国教育与学生生活》一文，在德发表。自一九二八年回国以后，专心于地质古生物工作，事实上很少再发表过与自然科学无关的文字，可以说已完全钻入自然科学的牛角尖中去了。

《记骨室文目》中头两篇为祭祖母文，以后我遭祖父、二叔、父亲之丧，尤其父亲之丧，在我成年以后，所受打击最大，祭文亦多。凡此关于家庭的文字，多涉及情感及家庭之事，然亦有许多谈及家庭和社会问题之处，不能完全当祭文看待。我的家庭环境有许多优点，我在此环境中成长，亦有不少感受。我所作的三十余篇有关家庭的文字，至少在我个人看来，实为私人生活之忠诚记录。

再说说我在学生时代关于新文化运动、政治和社会改革之文字。我自一九一八年到一九二五年的八年中，前六年在北京大学，每年均有多种关于政治和社会的文字发表，实为一不甚"安分守己"的学生。后两年虽在德国，但因《共进》并未停刊，道义上亦有支持的任务，所以仍然撰文，继续有这方面的文字发表。《共进》半月刊系于一九二一年十月十日创刊，至一九二五年，共出了整四年，后为张作霖所封闭。在此四年中，我所投之文字共六十二篇，实占这几年文字之大多数。在《共进》未出版以前，一九二〇年创办《秦钟》月刊，也有我许多此类文字。此外，在当时流行的杂志刊物，我所投登的科学以外的文字也不少。总而言之，在学生时代，从未好好安心用过一年功，实以大部分精力写了这些当时自己认为对国家、对社会有贡献的文字。但自《共进》被封闭以后，我一方面怵于此等空论无补于现实，对恶浊社会不能有所改善；一方面见同人各奔西东，一部分人投入实际行动，以至牺牲生命者不乏其人，实深痛惜，又无力救助，因而转变方向，专想在学术方面努力打好根基，做些有益于国家和社会的事情。以后，我逐渐改作地质方面的文章。自一九二六年起，几乎完全与这种空谈的文字绝缘了。

这涉及政治和社会的将近一百篇文字，现在看起来，比科学的文字更为肤浅，更为错误百出，然却代表了我在学生时代的一种热情。当时，陕西局势黑暗，军阀弄权，政治不清明，我又处于新文化策源地的北京大学，出于义愤，便积极参加学生运动。我们当时有一种见解，以为革新社会，改造社会，建立新国家，应从地方做起，所以共进社之成立，以陕西青年为结合基础，本意是想先将陕西弄好，并希望各省也有类似组织。换句话说，是想由下而上来改造社会，但以后挡不住恶势力的压迫和冲击，此计划未能实现。无论如何，至少在陕西，我的纸笔并非白费，对于当时的启蒙运动，还是甚有贡献的；对于以后陕西及中国局势的发展，也产生过一定的影响。

回国以后雄心未已，尚有继作文字宣传之想法，友人中亦有主张重整旗鼓者，故于一九二八年，我又有《偶记二则》问世，然终以此时大势已定，不容我们有一妥当立场，于是，我还是回到本位，以归隐的心情从事于纯粹科学之研究。

到此为止，所述者均为已发表之作品，未发表之文稿，亦值得一叙。一九一七年由陕赴平，曾携有早年抄稿，后来幸免于家中之火。此数册抄稿，多为辛亥革命以后至未入中学以前的短时期之作，有的以日记式记我每日之观感，有的编成杂志式样。这自然都是少年时期的玩意儿，没有多大意思。但我初中时代，对于出版和写作很感兴趣，则由此可以看出。现在看这些东西非常好笑，也觉好像看别人的东西，真是如同隔世。

到北平以后，对于记日记一事转趋积极。我记日记的习惯，是在小学时父亲督促的结果。但因我荒浮无恒，所以时记时辍。到北平后，感于自己在外，得不到父亲的教育，发愤而再记日记。于毕业时，索性改为袖珍式的，每日只记大的动态，无法记一天的生活实况与感想。此简陋之日记，至今尚未中断。此外，还有零星文章，起草在本子上，积之亦有多种，名曰《墨囚余墨》。这些东西既未发表，当然也无价值，不过可反映我当时生活之状况而已。

抗战期间，感触殊多，我曾又想作些笔记式之东西，名曰《记骨室杂记》，但终以杂事太多，还是无恒，将近十年之久所记不及百页，不过并未宣告停止，随时还可继续。

另有许多文字，因各种关系未及发表，在这些文字中，也实有科学以外的文章。我不忍付之一炬，权作个人鸿爪。

最后说到我的诗词。我自幼未受完全的旧式教育，对于诗词也从未学过，平仄一类的东西更是不懂，不过少年时代对诗有浓厚兴趣。中学时代开始试作，并无任何成绩，只是喜看人家的诗和爱读古诗。到了北平以后，作诗较勤。现在看起来，几乎首首不能用。后来受新文化影响，又改作新诗，而且也把作成的新诗向我们创办的《共进》、上海的《觉悟》、北平的《晨报》副刊上投登，居然也被发表。这些诗究竟价值如何，我自己实没有自信力。不过，诗这东西，可以代表我个人的情感，有些作品，虽然诗的质量不佳，但却流露出我的赤诚与热情，以及对于现状的不满与反抗。

去国以后，孤寄海外，但情绪依然，仍旧借诗发泄。在德国时，我也作了不少东西，其中有一部分也发表过。此时之作品集成一册，名曰《去国集》。这个时代的作品，依然还是以新诗为主，并且自觉已比国内所作较为充实，有些进步。

回国以后，骤逢家变。我专心于研究工作，对于诗一时很不感兴趣，所以所作极少，几乎中断。但也偶有所写，曾名之曰《风沙集》。此时，我有一大转变，即几乎彻底废弃新诗而转作旧诗。仍如前面所说，我对于旧诗的一切格式完全不懂，与其说是旧诗，毋宁说是把心中所感用长短相同的句子写出文字来罢了。而且我也不想作规规矩矩的旧诗，譬如关于对仗的句子，我认为用名词对名词，用形容词对形容词已可，而不一定必须以黑对白，以南对北。

抗战发生，只身南来。我很感无聊，诗兴转浓，并名所作为《漂泊集》。抗战胜利后，我每年的作品多至百余首，少亦数十首。但均多不合格律，即使自己所定之原则，亦有时不能遵守。这些东西，只能算作感情与生活的纪实，实在不能登诗的大雅之堂。

它们之中，也有一小部分随时刊露，自己并不认为满意。近年来，对于此道稍有心得，自顾旧作，颇感惭疚，然亦不忍废弃。总之，自己对于诗有兴趣，但无研究，只是兴之所及，随意

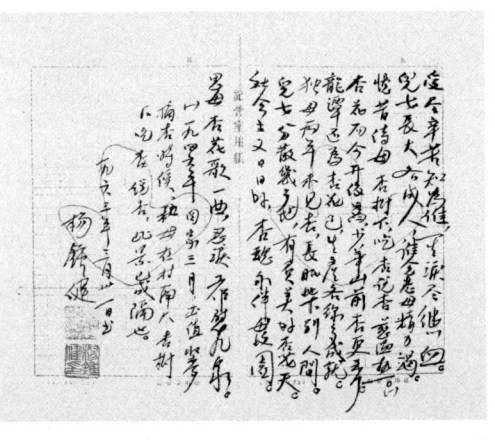

■ 写作诗文《杏花歌》（一九六三）

写出所感而已。在此时期，有时也对词有所尝试，均不当意。不过，写这些东西，可以对个人研究生活稍作调剂，完全是满足个人情感发泄之一种方法，谈不到是真正的诗。

总观历年所作的诗词，虽不是好的作品，但如能增加注释，即无异于我的一部自传。所以至少对个人讲，它不是无存在价值的。

我因学地质，有许多机会在各地旅行，所接触之自然风物极为丰富，因而，凡所作诗词，至少有十分之九在旅行中感生活环境有所变更时作成。至于，描写自然以外之作品，如发泄情感、歌讽时事之作，则同犯一大毛病，意思不知隐喻，往往平直出之，自然不合诗的修养。

我虽然逐渐由写新诗转成作旧诗，但却极力做到通俗易懂，结果往往成了四不像的东西，新不新，旧不旧。总之，对于写诗我虽有兴趣，却终无所成，不过兴会所在，不忍弃置罢了。

我的文章和诗词，均代表了我荒浮的性格，从未下过布局与修辞的功夫。因此发表以后，均多不当之处。这是我无可掩饰的短处。这些历年所作的文章和所写的诗，代表我一生心血，也白费了不少的纸笔。迄今思之，实在无多成就。然一个做研究工作的人，若要发泄一下内心的感受，舍此又有何途呢？我能引以自慰的是，即使作品不尽见好，然而从来未作过一篇对于国家和社会有害的言论，未写过一篇违背自己良心的文章。

加入的团体和所得的荣誉

我自随父赴雨金读书之年起,即离开家庭,在外时多,在家时少。一九一三年到西安入中学,事实上已完全离开家庭,只于假期回家而已。人不能脱离社会种种关系而独立。我自幼即在学校,以学校为家庭。学成以后,在北平组织小家庭,成为另一局面。然与社会之关系,亦从此更为复杂。关于在学校之情形,以前多已述及,不拟再叙。兹所记,无非是其他方面之鸿爪而已。

在学生时代我所参加的主要团体活动为共进社、少年中国学会和地质研究会,并均当过主持人。尤以对共进社,我自始至终十分热诚扶助。我以后所结识的朋友,也以此三团体为基础。其中的许多友人,以后一直维持友谊。自毕业后,我与北大的地质研究会可以说断了关系,会务另由以后班次的同学负责。共进社与少年中国学会,后来均因内部意见有了左右之分,也不能维持下去。我以后转入科学研究工作,对这些当然就冷淡了。

在德国时,我被介绍入德国古生物学会、德国地质学会和柏林地质学会。回国后,又加入美国哺乳动物学会、德国法兰克福辛克贝格会，后还加入美国脊椎古生物学会。入这些会，只是为了得到各会的出版物，会务向未过问。入这些有名的学会，也可以当作一种荣誉，因为必须符合某种标准始有入会资格。但往往因外汇困难，交会费不易，过一时期连收刊物的权利也没有了，不过总多少有些关系。

中国地质学会乃于一九二二年成立，同年，我被介绍加入，作为会友，因为学生只有做会友的资格。一直到一九二八年，我回国后才改为会员。在做会友期间，年纳会费两元，可以得到全份刊物，开年会或临时会时也可加入，我并有论文宣读。一九三〇年，我被选为评议员，一九三二年，被选为理事，以后一直连任至一九四九年。在此期间，我曾担任学会书记、会计、会志总编辑、论评编辑等工作，并于一九三六年、一九三七年任理事长。

中国地质学会是中国成立最早的专门科学学会之一，由于地质界先进人物之努力和会内外人士之赞助，学会日益发达。所出刊物，尤其是英文会志，在国际上逐渐取得地位。我与此会自始至今皆有关系。然实在讲起来，所起的作用并不完全满意。早年当选为评议员和理事，实际上是一种荣誉，对会务并未多参加意见。究其理由，也不一定是由于主持者的把持，自己不愿多做活动，只愿埋头工作，也为一大原因。当我任书记、会计等职时，会中照例设助理书记与助理会计，一切事务均由他们办好。所以会计、书记等名称，也只能当作一种荣誉。至于理事长，乃公开为一种荣誉。中国地质学会有一个很好的传统，就是选理事长要推举对地质有好的贡献者。数十年以来，虽有些不完全如此，然大体尚不差。

虽说一切职务多少有些荣誉性质，但在能尽力的范围内，我还是尽力为之。北大地质研究会的年刊停刊后，我曾极力赞助在中国地质会出一中文刊物，后来成为事实，出了《地质论评》。我曾主编了许多年英文会志。任主编时，也曾尽了一部分力量。理事会开会，早年主持者为翁文灏先生。他显然有左右会场之极大力量，多数理事不过陪衬而已。不过，这时的国内风气，上至政府，下至民间团体，无不如此，也不能责怪少数人。事实上，就地质学会来讲，主持的人实是完全为发展此学会而努力的，并无其他杂念。近年以来，各种会务亦逐渐走向民主之途。

中国科学社为国内很早的科学团体，出有《科学》月刊。我回国后不久，翁文灏介绍我加入，自此，我时常有普通科学文章交由《科学》发表。后来被科学编辑部多年聘为编辑或特约编辑。此也是一种虚名，实际上负编辑之责的另外有人，这种办法不过是想收"集思广益"之效。

我担任没有固定组织的北平《自然周刊》之编辑，倒是实际出了力的。周刊由自然科学界在平的若干人撰文，大家轮流当编辑。《自然周刊》以传播自然科学知识为目的，发行有四年之久，抗战发生始终止。

我前于在德时，即与孙云铸先生筹备中国古生物学会，一九三〇年在北平一度成立，但因条件不够，我虽被推为评议员,却一事未能做成。一九四七年冬,南京的古生物界同人集议恢复,乃于十二月二十五日再次成立,我被推为理事和恢复后的第一任理事长。后得各方面的同情和协助,得以创办《会讯》和《会刊》两种刊物,前者为中文,后者为西文,专载短篇古生物论文。

除了这些关系比较密切的学会以外,我加入的一般社会团体有中国博物馆协会(被选为理事),联合国文教组织在西北设立的西北文化协会(也被推为理事)。一九四八年,在美国科学促进会成立一百周年纪念的时候,我被选为促进会会员。此外,还加入了中国科学工作者协会和中国科学促进会。南京学术工作者协会成立后,我亦加入,并被选为理事。加入这些会后,我个人并未出过大力,但如有尽力的机会,我也绝不推诿。

很显然,自一九二八年以后,我所发生关系的团体,没有一个具有社会性或政治性的。在这一方面,我不能不承认自己十分落伍。但在科学一方面,则逐渐取得了国内外人士之信任。一个人一生的时间与精力是有限的,各方面兼顾,势必一无所成。

在过去的数十年中,我个人的科学工作并非完全没有得到社会人士的赞许。相反的,也受到了不少奖勉与鼓励。这些虚荣,在个人看来觉得受之有愧,但也是人生的鸿爪,故也附记于本章。

中国地质学会有一个最高的奖章,名曰葛利普奖章,乃为纪念古生物学大师并对中国古生物学发展有绝大推进力之葛利普先生。此奖章于一九二五年创立,第一次受奖人即为葛利普本人。以后规定每两年发一次,先后得奖者有李四光、步达生、丁文江、德日进、翁文灏诸先生。我获得一九三七年度奖章,于这年二月二十二日的会席上,由葛先生亲自授奖。此奖章之颁发,由组织委员会司其事。当时如何决定,我无法得知,不过那时除我以外的六位得奖人,均为地质界名宿或有一门专长之大师。地质界同人中,资望甚深、学行精湛之人殊不在少,而首先以我滥竽,心中颇感惶恐,生怕不孚人望,发生不良后果。此决定发布以后,尚未有何不良反响,相反的,多数同人均以为贺,更增我奋勉之心。我接受此奖章后,因抗战发生,一度中止颁发,胜利后恢复,续得奖者为章鸿钊等人。

抗战期间,教育部设有学术审议委员会,其中有一工作,即评定国内对科学有贡献者,发给各种奖金与奖状。创始以来尚为国内所重视。一九四三年,我在北碚,教育部循例在报上登广告征求应奖人。我此时关于许氏禄丰龙一书已出版,有人劝我应征。我觉得此事诸多不妥,未为应允。但审议委员会除应征外尚有推荐之说,傅斯年为这个委员会委员之一,自告奋勇,为我推荐,只要我填几份表,其他均不用管。我告之以自己的想法,傅说,值此生活困难年头,此等顺手牵羊之财何必推辞,切不要因人害事。当时,我尚存有不屑向政府机关要求之气,傅故力为劝说,余始应允。后来竟被核定,授给我一九四三年度一等奖金,并加发奖状。奖金为多少,我已记不得了,只记得有三分之二给我,三分之一给化石发现人卞美年。由于公文迟慢之关系,奖金发下已是一九四四年夏季,我已赴美。因物价不断上涨,所以奖金已所值无几，使我有偷鸡不成反蚀一把米之慨。大体讲起来，教育部之评奖办法，尚为公允。事后审查我之论文者，仍为地质界翁文灏先生。当时生活实在困难，傅先生特别帮助此事，或有勉奖干劲之意，这就不得而知了。

近年来，国内学术界闹得最热闹的，莫过于中央研究院关于院士之选举。研究院由蔡元培当领导，于成立不久即设有评议会。评议会会员之选举由国内各大学及有名之学术团体推荐，再由当然评议员选定。远在第二次选举之时，即有人推荐我为评议员候选人。傅斯年等极力促成，但未成为事实。后来评议会议决举行院士选举，其方式大致为由全国及学术机关推荐候选人，共得五百余名，再由评议会组成之审查会，对候选人之履历、论文予以审查，共定候选人一百五十名，公告以后征询意见，过一相当时期，再开会选定，由一百五十人中选出院士若干人。这个评议会依程序进行，选举于一九四八年夏举行，凡得票数达投票人数的五分之四者，即可当选为院士。共投票五六次之多，选出院士八十一人，并规定以后每年增加十五人。我被各方面推为候选人，后来亦列入一百五十人之中，最后，当选为院士。选举时，地质方面候选人有十二名，被选中六人，即朱家骅、翁文灏、李四光、谢家荣、黄汲清和我。此六人中，独朱对于地质方面的实际工作太少。然因别的原因（推进工作有功）而当选。此事为许多人所不满。

院士之当选，在国内一时被认为特殊荣誉。至少在产生方式方面，十分慎重，缺少弊端，其为一般人之重视，当亦在此。

■杨钟健（二排左三）出席中央研究院第一次院士会议合影（一九四八）

真正的饱学之士被遗漏者亦有其人。譬如裴文中连第一次推荐时即未被列入，而他却在近年来，尤其是在抗战期间，对学术工作很有成绩。一九四七年，我赴平时，正值各机关推选候选人初步名单之时，胡适之曾问我："何以中国地质机关方面未推荐裴文中？是不推考古界，还是正拟推荐？"但后来终于还是没有推荐。事后，我也听到许多对于选举院士不满意之怨言，见仁见智，各有不同。大凡一事之举，欲求各方面均能如愿是不大可能的，好在大体方面并不很错，且以后还有补救机会，即每年仍有选出十五人之规定，第一次未选入者，以后仍有机会。

我之当选为院士，友人争相驰贺。其实我亦不胜其惭疚，唯同时亦感社会对认真工作的人并非完全不认识，故亦稍为安慰。一个人的学术工作，求各方面真正能了解，殊为不易。如我在正式候选人名单中，所列的贡献仅为许氏禄丰龙、新疆水龙兽与山东蛙，其实此三种中，第三种殊为平常之古生物发现，无何稀奇，而余最重要之贡献为卞氏兽及山东中新统地层之发现等。这些远在许氏龙等工作之上，反未被列入，亦可见知人之难，因而也可知未当选之人中，当然亦有不应遗漏之人。

丁文江先生逝世后，中国地质学会设有丁文江纪念奖金。按规定，每两年以基金之利息作为奖金，约可合法币六千余元，折合美金两千余元，为国内当时所定最高额之奖金。原来同意受奖者可以用此奖金到国外进修若干时间。可是，规定做出后，未及发过奖，即遇抗战发生。在长沙开年会时，正值应当发奖之年，但会议主持人及奖金委员会的人均一致认为值此困难严重时期，应当停发，所以未举行。以后地质学会随迁长沙，又过两年，到了发奖之期，大家主张恢复。第一次受奖人，经决定为田奇。当日由李四光授奖，田氏未出席，由我代表田氏接受。此时，物价开始升高，法币贬值，田氏所得四千余元，尚不失为一大奖。自此以后，每过两年均发奖，但其价值一度不如一度。后来所有基金冻结，由会中另筹款发给，并由奖金会决定数目，其实际价值不过银圆数枚，已完全成为象征性质，失去原来意义。但无论如何，受奖者之资格仍照原来之规定，即给予对地质工作有充分能力或成绩者。历年得奖者有田奇、李四光、尹赞勋、黄汲清诸氏。按起初之规定，凡奖金委员会之委员本人不能得奖。我被选为委员有年，以后这个委员会又与其他奖金会合并为一委员会，关于委员不能得奖的规定自无形消失。

一九四八年度，又值丁文江奖金发给之期，我于暑间赴西北大学任职，对于本届奖金之如何征求，如何审查，均未过问。年会于十月下旬在南京开会，后来我接得通知，谓我为本届丁氏奖金之受奖人，奖金定为当时金圆券二百元，约合银圆二十枚。实际上，此数虽比原义相差太远，但却比以前数次的奖金价值已算加多。虽然授奖仪式很简单，而不如以前庄重，但我之获得丁文江纪念奖金，仍自感有殊荣。后来听说会中对于某氏被列为本届葛氏奖章之受奖人颇有微词，可见此种虽无多大价值之虚荣，仍受人们重视。

我的教学生涯

我在德国时，见德国教授地位崇高，受人重视，又亲感教授之能皓首研究，推进学术发展，故对于教授地位实异常钦慕。但学业将完成时，地质调查所主持人邀我到所任职，我即未作教书之想，而毅然应诺。良以当时我国之大学与外国之大学不同，教授因限于设备与环境，能做研究工作者甚少，与其慕虚名而无所得，反不如在地质调查所安心做些实际工作。

没想到入所以后，依然有教书机会，此乃因当时北平各学校需要有人任教，而地质调查所虽原则上任专职，却经费困难，主持者为调剂计，亦默许研究人员在外兼课，只是不能过一定之限度，大约以每周四小时为限。在当时，每周兼课一小时，计钟点费五元，月为二十元。我们将这种兼课戏称为"拉散座"，因兼课者与教授或拿月薪之人相比，就如没有固定工作的拉包车的人一样。

我入地质调查所之第二年，翁文灏即介绍我到北平师范大学地理系教地史学，每周两小时，没有实习。这个班有学生二十余人，女生几乎占一半。地史学在地理系中并非主要课程，学生对此课自不甚重视，且因学地史学以前之基本课程，如普通地质及古生物学等均未学过，自然程度也很低，所以教书甚为不易。当时这个学校有一普遍风气，即每门功课必须由教师编讲义颁发，这一来，有许多学生只领讲义，不上课。我初次教书，自然感到经验与学识不足，但也不愿迁就学生。我拒绝发讲义，而代以大纲，听课的必须记笔记，且作为成绩之一部分。此办法起初学生接受颇难，后经解释，终于接受。我自认此为一大成功。

事实上，我因既要在地质调查所做研究工作，又要到野外调查，尤其当赴野外时，不得不将功课暂停，等回来后再补授。所以没有充足的时间来备课，而上课时间也不能十分固定，自己总觉得未能尽力。对于这种情况，学生十分谅解，毫无怨言，师生极融洽。当时学校于考试时限范围等不良风气甚为流行，我亦尽力革除。总之，我在师大的教书，可以说是相当成功的。

如此在师大教了四五年课，后来因在北大增加了课程，为保持钟点不太多而不影响所中工作计，我对师大再未应聘，专在北大任教。

北京大学是我的母校，北大地质系又是我学习地质的地方。我回国时，地质系正在积极扩大改进之中，所以我对北大地质系也抱有新的希望。我在北平工作的第三年，被聘为讲师，讲授脊椎古生物学两小时，实习两小时。脊椎古生物学在北大开课，甚至在中国开课还是第一次。因北大之古生物课程一向由葛利普先生担任，葛先生所授自以无脊椎化石为主，即使偶尔教到脊椎化石,也十分简单。北大决定开设的这门课程,为四年级的功课,由我任教。

北京大学地质系关于脊椎动物化石之教材十分缺乏,我因地质调查所新生代研究室存有化石不少,且步达生送给了研究室一百余种现代骨骼,颇可应用,得以免去教学方面的困难。学生上课与实习均在东城娄公楼进行,亦尚称便利,按理说,脊椎动物化石为我之专长,又有齐特尔之教科书为蓝本,再加上中国之新材料,授课不成问题。但北大地质系学生的动物学根基太差,对于最重要的比较解剖学尤无了解,所以我常常感到要使学生听懂实为不易。

至于其他的困难也和在师大一样,在地质系学生看来,脊椎古生物学也非主要科目,不过用来凑学历罢了,且我也因外出调查未能按时上课,有时集中在一起,有时提前结束,实在未能顺顺当当地教这一门功课。

在北大开脊椎动物化石一课有两三年之久,后又应学校及学生之要求,开了一门新生代地质,这也是补当时地质系功课之不足。因北大地质系的地史地层等科目均太偏重于新生代以前的,尤其偏重于古生代,对于新生代的层序与分布等问题甚少过问。此课亦为每星期两小时,起初没有实习,后来才加上两小时实习。

这样在北大兼课一直到"七七"事变为止,共有七八年之久。每年度学生的多少不等,因两课均为四年级的课,所以学生并不算多,多者可十余人,少者二三人。因为学生实习没有助教帮助，且娄公楼的地方极为狭窄，所以遇人数较多的班次，倒是甚为困难，但终于勉强维持下去。北大学生的程度较为整齐，也没有要求发讲义的风气，两课均以口授和记笔记为主。

我无论在师大还是在北大兼课，均为校外讲师，处于客位，除了教所担任的功课以外，对于系中之事向不过问。虽有时候列席他们的系务会议，但在那种情况下，自然起不了什么大的作用。我个人的兴趣不在那方面，也没有功夫过问闲事，所以始终对系中事务不闻不问。

在北平时期还有一次较短时间的教书机会。当时，孙云铸在北平大学女子文理学院教地史课，他因事南下，我曾一度代理，为时约一学期。

抗战发生后，我十一月南下，北大等校也均南迁，一时失了联系，所以上课也就中止。虽然我到长沙后，临时大学也到了长沙，但一切未定，也谈不到上课，至一九三八年我到昆明，西南联大早在昆明上课，因北京大学已并于联大内，所以主持人又邀我去上课。我当时因觉实习材料太少，十分踌躇，只开了新生代地质一课。到了次年，空袭加剧，地质调查所办事处移到昆明南郊瓦窑村，来往诸多不便，我便再未在联大兼课。

离开昆明到了四川北碚以后，本可专心研究，不再教书，但一九四一年，重庆大学地质系主任朱森约黄汲清和我到校做特别讲演，均以名誉教授名义前往。我没有讲新生代地质，而专讲脊椎动物化石。我想借此机会给学生灌输一些脊椎动物化石方面的知识，唯材料缺乏之困难，还是无法打破，故只用罗美尔之教科书作为主要蓝本，将各重要图表抄下来讲授，然示范的材料可以说全付阙如，因此也没有规定实习的钟点。如此教了一年，感觉很吃力，且学校在沙坪坝，来往不便，就终止未再续教。

以上所述的这许多次教书，我虽也感兴趣，然多少有些被动。自己并无真正教书的决心，仍然以研究为我的中心工作。就连一九四七年我去北平，在北京大学以名誉教授的名义授课，其主要目的也是想重新建立一完整的新生代研究室。不幸这一计划终于失败，其结果仅在北平上了一学期课，便又回到南京去了。

当一九四六年初回国不久，西南联大各校复员。北京大学以胡适为校长，以傅斯年为代理校长。傅由重庆约我去北大，我当时因感所中发展之机会甚少，颇为所动，但终不忍离开二十年所在之工作中心，故而未去。到这年秋季，胡适南来，与傅及地质调查所当局谈及新生代研究室事，有在北平重整旗鼓之议，并已达成协议，我次年才有去平之行。结果因主张不一致，又完全失败了。

这一次，我仍同北大发生了联系。我在校开了两课，与以前所讲者差不多，不过把新生代地质改为大陆地质，自中生代讲起，介绍中国陆相沉积地层发育之经过及湖泊变迁之历史。大陆地质一名词本为德日进所创，我不过具体加以整理而已。听课者为三、四年级学生，约有三十余人，为历年所开课中人数最多之班次。但此时北大地质系方复员，新生代研究室又失去了东城地址，因限于环境，标本尚多在凌乱中未及整理，故我所用的教材，并未比以前改进，到系里上课时，所携带的标本，为数实亦有限，故此次授课也未能达到我所预期的目的。

在此数月教学中，我之唯一收获为对青年有了新的接触。当时，北平学生运动活跃异常，有时有游行等事发生，但对功课却无大的影响。对于新生代研究室，我亦在可能范围内，做了一番整顿。在兰州地质调查所西北分所的杜恒俭，此时也由兰州来北平，名义是北大助教，实则参加了脊椎动物化石方面之工作。以前在新生代研究室工作很有成绩的技工陈德清，此时也被介绍到北大地质系做工。从此，在北大地质系中，至少有了一个小小的可以研究脊椎动物化石的阵地。但自我六月离平以后，又陷于若存若亡的境地。

我这许多次教学，完全为副业性质，等于业余活动，虽在一时期内，我想借此完成《脊椎动物化石标本》和《大陆地质》两书，但因限于时间与设备，终未达到目的。就我教书的经验谈，在设备不完全之情况下，实已尽了我最大努力；但是就效果而言，我不能不承认我多年教书完全失败。虽然因多年教书的结果，我认识了不少地质界的青年朋友，他们以后多变为同道或同事，共同为地质工作而努力，但我历年在研究工作中所得的同志，如裴文中、卞美年、米泰恒、刘东生等，几乎没有一个是我的真正学生。以后多年，未能造就出一个以新生代地质和脊椎动物化石研究为中心工作的人员，岂不是一个绝大的失败！可以自慰的是，在这些知识的传播上，不能说完全没有作用，只是想起来也是怪可怜罢了。

我所教的这两方面功课，和我所做的研究工作一样，在二十多年中完全是孤单奋斗的局面。国内直到现在为止，尚只有新生代研究室和脊椎动物化石研究室，两者事实上为一机构，设备与人才均仍感缺乏。大学有地质系者虽不少，而除重庆大学一度开过脊椎动物化石的课程外，始终只有北大开展新生代地质和脊椎动物化石的教学，然无论研究或教书，来来去去还是我一个人。以中国之大，脊椎动物化石宝藏之多，这种局面当然为极不正常。只有希望以后能有新的生力军继起，以把这方面的研究工作推向前进。

西北大学的插曲（一）

抗战胜利后的最初几年，为我的生活最感烦闷的时期。如前所言，一方面虽已胜利，但国内外局势不容许将已往工作认真继续下去；一方面个人生活也时受到通货膨胀的压迫。最主要的还是前者，研究不能继续，譬如自前次赴新疆回来，以后四五年中没有出去机会。一九四七年，裴文中曾以个人的努力去了甘肃一次。一九四八年度，他主张大干一场，要我也去，但经费无妥善解决之法，终于我未能去成。在室内的研究工作也不能正常开展，购置材料有困难，分配物品亦受歧视，其结果我只有放弃北平新生代研究室的扩充愿望，就己所及做些研究。然此也遇到了困难。在这种心情下，又发生了一极不如意的事，成为我生活中的另一转折，至少是暂时的转折点。

自我由美回国后，就个人情形讲，老是不十分如意。工作地点之不能确定，影响了我的小家庭的安排；又因母亲年龄日高，家中多事，也增加了我的忧虑；最重要的还是三儿慈孝的病和一九四四年夏国桢在陕的病。我自己呢，回国不久，气管炎重发,后时重时轻,可以说好多年来未曾好干净。尤以慈孝的病几濒于危,我时时刻刻恐怕一九二八年的家中奇变又要重演。后幸而没有发生,而慈孝于来南京后,却长期休养不能上学。一九四八年春,他入中央医院治疗,一度很重,后来因医治得法,逐渐痊愈,然而完全恢复健康是无望的。这样在医院住了好几个月,我的经济能力当然越来越吃不消。

所里有一福利委员会,其组织与经费来源我均不详,但有一个规定,就是凡职员自己或其直系亲属有病时,可支医药费之一部分,其支付之数是依年资计算的,入所久者得支稍多。就我二十年的历史来计,可支百分之七十。此所中对于职工的德政之一,我自然循例申请。在起初几回中,持医院证明,尚能如数支付,以后即借词推托,不是说存钱不多,就是另找其他原因。我觉所中经费困难谅亦实情,所以也不积极催促,但日子一久,仿佛被认为推托是当然的。有一回款子实在太大,我的葛氏纪念章也托人在上海卖掉了,仍然解决不了问题,我就不足之数依例向所中要求,结果好几天没有下文。有一天,我在所长室看到所长,周赞衡也在座。我一时忍不住多日之气,向所长严词质询,语言之间竟致冲突。我深感二十余年之工作,竟获此结果,亦殊悲哀,乃分函经济部长陈启天及翁文灏,说明原委。因陈为调查所直属上官,可以向他控诉;而翁则于所中历史甚久,亦有令其一知之必要。但对所中同人,始终未告一字,除周赞衡当场目睹了经过外,至少从未由我口中传出此事。我这样做,只是为了顾全所中大体。

陈启天对此事以慰勉了之，委托前同事前来做不得要领之调解，遭到我的拒绝。翁文灏对此事表示十分关切，然亦无何积极动作。我有一次赴中央研究院，曾将事之经过告知李济之。李十分同情，然亦不能奈何。后来他们同周赞衡谈，又告知中央研究院总干事萨本栋，后来不知怎么北平文化界也有几位知道了，但大家认为此为原告被告各打五十大板之事，主张调解，而忽略了我之无亏于理，应当彻底处理才算公道这一点。此乃社会风气，亦无足怪。就在这种情形下，此事就拖下来了。

翁先生对此事曾表示十分关心。有一天，他约地质调查所各主要负责人到其寓所吃饭，谈话甚多，但未谈及正面问题。后来他派人给我送来若干元，作为借给我之款，以度我之经济困难。我以其情重，虽然义不容推，但仍婉为谢绝。有一天，他约我到资源委员会做长谈，我当即述及应考虑地质调查所未来之工作范围，多年以来，此所从实际需要出发，只注重经济地质，古生物及其他纯粹研究被视为赘瘤，此乃当然现象，无可非议。但纯粹研究似可并入博物院或大学中。翁对此似甚同意，然以我国现状而论，无论大学或博物馆，均无关于此类研究之基础。谈了一点多钟，还是没有结果。

后来翁先生出任行政院院长，我们数月未见面，所中事态也只有以不解决而了之。不过我始终心上不痛快，也未与所长交言。黄汲清、周柱臣诸君均欲调解，也不得要领。就在此时，忽一日黄汲清来我处，传达所长之意，谓朱家骅打电话给他，征询我有无出掌西北大学之意。我当时对黄言，本人从事研究工作向为志愿，非不得已决不放弃。当我一九四六年回国到陕，即听到我将出掌西北大学之说，我一笑置之，后来来到南京，也不止一次听到此种传言。所中以当局身份征询及此，尚为初次。黄汲清以后如何回答朱家骅，我不得而知。以后在地质学会开理事会，朱于席上当面提及此事，我仍未表示同意。而我内心则因所中环境如此，难以工作下去，不免有些动摇。

就在酝酿此事的时候，有一天，我在街上遇见西北大学校长马师儒与其女，我们后在中央饭店谈过一次，他未表示倦勤之意，并重申约我赴西大讲学。过了几天，他却再三来所中劝我继其任，并云他不久将北上，只要我不拒绝朱家骅之请而允任西大校长，一切事均可商量。

事已至此，我乃与朱家骅谈了一次，请他给我时间考虑此事。朱亦答应。此后，我便去函西大岳劼恒，询问校中内情及他对于我出掌西大之意见。岳为旧友，在西大多年，现任教务长，对校中情况甚熟悉，且对我亦肯以朋友之立场建言。同时我还分函家中各人及亲属和北平的裴文中等人，征询意见。结果，岳劼恒来信说明了学校实际困难情形，但对我去西大则表示赞成。家属中以四叔最不赞成，他认为在此情形下无法办教育。但友人，如王子休等，则极为赞成。裴文中表示两可，但倾向于去，并说这样可有机会另建研究中心。杜恒俭则一再表示不能去。汤元吉亦表示不赞成。总的说来，亲友中赞成去者多，不赞成去者只有四五人，他们除裴文中一人外，均不知我在地质调查所遭遇之受欺辱事件，乃完全就我历年工作之立场发表意见。其时，在南京陕籍人士，如于右任等，则大为宣扬，讲我已有八分允就西大校长之意。因此，在西安、北平、南京等地，此事已成了公开的秘密，知道的人甚多。

在这种情况下，我个人的心情陷于极度苦闷与彷徨之境。不去吧，所中之事实在难办；去吧，二十年的心血，如何舍得！就在去西大之事闹得满城风雨之时，孙铁仙由北平南来，将赴英出席万国地质会议。此会我亦早于年前报名参加，但此时因经费所限，势不能去，也只有作罢。孙认为我可去西大，北大教书之事可暂缓。在这种情况下，我即回了朱家骅一封信，表示在不放弃地质调查所、必要时还可回来做研究工作的前提下，可以考虑去西大。因我在地质调查所之骨化石研究，尚有未完成之工作，即使去西大，我也想抽暇回所将工作做完。这一想法，西大的岳劼恒等亦表示同意，并谓我必要时可在南京商洽一切，不一定终年在校。对地质调查所，我在名义上尽量与之脱离关系，但我之研究权利，无论为了个人，还是为国家，均不当放弃。朱家骅接此信以后，来信表示欣慰，于是，至少在朱看来，此事已成定案。他在信中并且肯定地说，已与地质调查所当局商妥，必要时我仍可回南京做局部研究工作。

关于我答应朱去西大事，我始终未与翁先生商量。因为第一，我觉得他目下对我之处境至少一时无妥善办法解决。第二，他自掌行政院后，政务繁忙，也无暇及此，我也犯不上为此事去麻烦他。但他于知道此事以后，来了一封亲笔信，认为研究工作与培养人才同等重要，嘱我慎重考虑去西大之事，言外之意，自然是不赞成。我当即去信恳切说明我之处境与立场，以免发生误会。因一般人认为地质界有翁、朱之别，朱此次劝我去西大，在我本无所谓，而好奇者视之，可能有种种奇异之解释。我同时即以我意告朱，并谓服务教育固所不辞，而必得翁等同意。朱则谓已得翁之同意，绝无问题。在学校方面，据友人来信说，校内对我任校长表示十分欢迎，只待命令发布。

教育部呈行政院之公文，在行政院搁置甚久。翁又来信回答我上次去的信，认为对于我来说，做研究工作比办教育更合适，并对冲突之事不能早日解决表示十分自谴，还说所中当局希望我仍留所，如有困难，可以设法解决。此信措辞比前信为肯定。我接此信，甚感翁之好意，但目下此事已成骑虎，如不去，何以回复朱并安慰西大及西安人士之心？我又将实情告朱，朱也认为如翁不赞成，只有另外设法，并云他亦认为我去西大为一种牺牲，他也不赞成。我当面重申前言，即必在翁先生同意之下始可前去。这些经过情形不久即为西大所知，岳来电来信力言不可中变，否则恐任何人将不能平安掌校。

此时傅斯年方由美回国，在南京一闻我去西大，表示十分惊奇。过去种种他已知道，大概我在见面时做过说明。他力劝我不必前去，谓犯不上做此重大牺牲。我对傅之用心自亦同意。同时教育部杭立武又重申以前邀我去中央博物院之旧言，并去信给翁，得翁同意。在翁之意，只要我肯在南京研究即赞成。我此时陷于极度的无主意之境，只有被动地静待事情的变化。

但出人意料的是，在翁来信后不到七八天，我为西北大学校长之令，赫然出现于九月八日的报纸之上。其中实情如何，我自不得而知，或者是翁很勉强地服从了朱的请求，或者他们已取得一致的协议。事后我曾询翁先生，他只说，到那时已来不及挽回了。这或者是实情，一切不必追寻。此时放在面前的就是西北大学的重担，必须前往担任一番。命令发布以后，我看到傅斯年，他说："你来的第一回，听你的口气，我就知道你有干的决心。"这话在某一意义上讲起来，也是实在的。我之愿意去干和不愿意去干的事，当然有我一番苦心。

以上把我去西北大学的经过择要略为叙述了一下，当然还有许多事超出了我的记忆之外，或者尚有不能形容于笔端者，但可以说的一个事实就是，我之愿意放弃我多年的研究工作，而去担任一个行政工作，并非出于自愿，而是受了环境上极度的压迫，内心自然是很痛苦的。自父亲去世以后，二十多年来心情上最苦闷的时期无过于此。然而知道我此时真正心情的人却很少，在一般人看来，或者以为翁出掌行政院，而我被提拔为校长；其实翁先生是赞成我做研究工作，最反对我去西大之一人。当事情已宣扬出去的时候，我几乎完全失掉了自主，不知如何是好，一切很悲观。事实上，自一九四八年起，我在调查所的一切工作均偏重于结束过去的研究，绝未开拓新的方面。如关于禄丰化石之最后报告，就是在这一年夏天完成的。

此时，西北大学前校长马师儒已由北平返校，来电促我即去接任。岳劼恒及西安友人也来信，均云对我之任命反应甚好，希望我早去西安。在南京也收到若干来信，对于我之新任命表示祝贺。其实我内心是烦闷的。岳君来信列举了校中亟待解决的许多问题,最紧要的无非是请教员和向教育部要钱(欠薪金)。关于后者,教育部当局一再表示重视西大之意见,对经费特为支持。但这话究竟有几分可靠性,还要用事实来证明。

还有一件事,就是国立西安图书馆筹备处,前由教育部计划设立,原意是西大图书可以不必扩充,而代之以充实的西安图书馆。此议成后,命西大校长为筹备处主任。但当我走马上任时,却改由他人担任。此次易人,教育部并不同意,仍坚持由西大校长兼任。我觉得此为陕西文化事业之一,也就答应。聘书送来后,即与西大同事一同筹划。

最重要的还是关于人事的安排。在西大方面,我之所以敢于答应,是因岳君及校内一部分人士均为旧友,他们必肯帮助。但岳等一再表示应当另用新人,以树立新作风。经我一再劝促,他们始答应继续任职。但按他们之意,无论如何,校长室秘书、出纳和庶务等职非物色若干新人不可。在西安图书馆筹备处方面,事稍简单,然亦要有一二得力之人。汤元吉曾来信警告我,说西大内情复杂,国民党在其中操持,去西大做行政事务,与我性情不宜,切怕代人受过。我对此也十分注意,故于发表任命令之后,对于人事方面颇费筹思,等我到了西安才得解决。

陕西同乡对我之到西大,一致表示赞成。我于任命令发布之前,未与任何人接过头;发表后,前往于右任处。于谓我去西大,对我为一种损失。此可代表一般人之看法。对于经费问题,大家的一致看法是,如教育部不肯特别帮忙,任何人去也没有办法。这些困难,我并不以为意,总相信可以克服。就各方面看来,我颇有一种感觉,就是一些友人以为我一向治学,未免把我治事之能力太为低估。而在我,则还有一些自信。

命令发布以后,我给当时的经济部部长陈启天去了一封信,表示不得不暂时离调查所。陈回了一封信,于祝贺以外,特别表示希望我不久仍可回所。他决定以停薪留职的办法,准我暂且离所。此乃官场之一做法,以后之事以后再说,但至少我与调查所之关系,又有此决定。闻所中与教育部接洽,教育部来信要求调用,所方许可,并定明我之薪水自十月起由西北大学支付。

我在离南京时,未完成之工作只有禄丰龙化石的最后报告。暑期中已完成初稿,只是去西安前未及打印出来。甘肃鳄鱼化石则已告一段落,其他应研究之材料,只好搁置。此年裴文中又去甘肃,邀我同去,我无办法,后由刘东生前往。在我离所后,一切脊椎动物化石,自可由刘东生照料。我在所的私人书物甚多,且此时去陕的交通工具只有飞机,势不能全部携去。国桢及慈孝均因身体不佳,不一定可坐飞机。且在目前环境下,到西安也不能重立家业,何况情况复杂,一动不如一静,故决定由我一人前去西安,而把国桢、慈孝和私人所有书籍全留在调查所中,等到以后再说。西安友人中虽也有劝我携眷前去者,事实上我并未考虑这种意见。

将离南京赴陕的前两周,我去访翁文灏。因为平常不容易会见他,所以选择了一个清早。我们相见后畅叙了一切。这是上一次在资源委员会会见后数月来第一次会面。他对我任西大校长最不赞成。见面后，他力言目下大学教育之破产与难办，并举吴有训及胡适之为例。吴在中大任内，并无成绩，但当时正在抗战，无工作可做，尚可原谅。胡则在北平，并无理由可言。这些说法自然是私人谈话，不是以行政院院长身份的训言。因就身份言，实不当出此种自己骂自己之语。这也证明他内心有难言之隐，言外之意可以想见。但对我木已成舟之事，他也只有加以慰勉，并劝我至少要干一年。

我本来可以于九月二十日左右起身赴陕。但因天雨，连日没有飞机，且闻西安飞机不能降落，所以一时不能起身。我先托教育部人事处代订机票，多日没有结果，后来托友人在空军处设法，始得订好了十月五日机票。至此行期才定。

在已发表校长任命令后的二十多天中，西安方面来信甚多，主要是关于人事问题，我均未做最后决定。关于我到西安后的住地，关中哲已与大家相商，有了初步想法，但也要等我到西安后再定。如今启程日期定了，乃于前一日打电报告诉学校。

我起身之前数日，所中同事多人鉴于以前所发生之事，至此已如此解决，认为仍有做一调解之必要。他们乃约我到某饭铺吃饭，由大家出名，包括所中当局在内。我感于盛意，未为拒绝，到时前往与之哈哈一笑了事。冲突至少在表面上已趋解决，所未解决者为我的困难。我之西北之行已成定局，前途如何，只有好自为之而已。

起身之日，我起了一个大早，在地质调查所附近上空军办事处所备的送客大卡车。友人魏惜言及国桢随往机场，过了行李。并办了一切手续，于九时多始登机。因我排的号数太靠后，许多座位已为本来无座的小孩们所占，我反而没有座位，乃席地坐于尾端空地，甚不舒适。原来希望坐军机可以直飞西安，途中不停，不料飞机先降落于徐州，再降落于郑州，最后始在西安降落。三上三下浪费了许多时间，且极感不适，竟要呕吐。于下午五时许下机后，陕西省府代表，学校岳继吾、宋尼宣等与学生自治会代表多人，均在机场迎候。我稍休息后，即乘他们所坐之车入城。此地距城尚有四十里，抵西安西关时已薄暮，中哲等多人亦迎候于此。我决定先至三叔处，到后三叔不在，芝英等已在开通巷六十九号王子休家为我预备下榻之所，我当即搬入，作为我在西安之临时住所。

当晚与中哲等吃饭后，略谈即散，第二天始得与继吾、子休、中哲等商谈。最重要的还是人事问题。尼宣已允来担任庶务，关中哲因与我有亲戚关系，初不肯来校，后经敦劝，也允为秘书。戴万里任出纳主任。此外所有人事，决定以不更动为原则。子休虽允帮忙，而事实上他自己很忙，无暇顾及。图书馆方面，则先约定刘尚达为秘书。他虽有困难，亦已应允。经此决定后始可着手进行一切。自我掌西大命令下后，各方推荐人者甚多，尤其中哲处，每日来人不断，户限为穿。此乃社会上人浮于事之现象，无可避免，在家乡做事，此为一最难对付之问题。我所任之两机关，人事不想大为更动。蹈许多人之官僚作风，为我所绝不为。即或有一二绝对应更易之人，也要以于事有利为前提。此种来求事者，大多数只是要找事，而不计其能力能胜任与否。然对此情况，自不能不拒绝，却又要和颜悦色地求其谅解。幸这种事情，中哲已为我应付了十分之九。我到西安后，虽也有找我者，我亦向他一推，别无他道。

经几度磋商后，我定于一九四八年十月八日到校视事。在人事方面，教务长仍请岳劼恒担任；总务长原为张佩湖，他因身体不好，辞意甚坚，但经我力劝，因同学老友关系，仍允帮忙。原任训导长辞意甚坚，经一再慰留无效，后由岳介绍教授杨西炎担任。我亲去敦请，他亦允许。前校长马先生，我亦面请其任文学院院长，他亦允许。我就职之日只有中哲、济同、万里及某君同去。尼宣虽允来，但因尚有事已去咸阳，一时难回。因为去的人少，故一时有"八个半人接了西大"之说。其实，我邀此数友同去，也是迫于当时社会情况复杂紊乱，不得已才去了四五人，在我还有多余之感。

学校教职员及学生对我出掌西大，一般甚为满意。我来西安后，学校遍贴标语，表示欢迎，尤以学生之鼓舞情绪最为热烈。然当之者则有些难堪，至少我个人感觉是如此。盖多年以来主持学校者，每以学生态度为第一，一不小心，学潮随来，昨日之欢迎者，今日可能成为反对者，所谓"赵孟之所贵，赵孟能贱之"。此为一时风气，西大不能独免。我去学校的前一天，学生自治会代表数人来我寓所，交信一封，谓将于明日举行欢迎大会。我力加劝阻，言我到校视事为职责所在，并说准备以后召集教职员及学生讲话，欢迎会可改日举行。学生对此不甚了解，仍坚持非次日欢迎不可。我即晓以主宾之义，谓我奉命掌校为主，等就职后再受你们欢迎。那时，学生欢迎我也去，不欢迎也当去。经解说再三，他们始勉强答应。由此可见改变人的心理之不易。

我不能不在此谈一下西北大学之一般环境及情况，以及我去的时候的局势，借以可知我的工作是相当艰巨的。

西北大学的前身十分复杂。"七七"事变发生后，北平的北平大学、师范大学和天津的北洋大学，奉命西迁到陕西汉中，成立西北联合大学。但这个联合未能如西南联大之顺利。到一个时期，教育部又应当时人事需要加以改组，主要部分成立西北大学，包括前北平大学及师范大学之大部，还另设西北工学院及西北医学院。此后，又在兰州设立西北师范学院。但还有一部分师大的人并未随去兰州。

西北大学成立后，因值抗战困难期间，主政者采取的方针又不正确，故始终未能有所发展。又因北平的旧设备几乎完全没有迁出，所以西大的设备十分简陋。还因人事关系复杂，校长常常更动，竟在短短数年中更换五六次之多，几乎没有任期到三年以上的校长，因此校务亦未能顺利推进。学校在城固县时闹了好几次大风潮，主要因为有人把学校作为国民党派系相争之场合，搞得乌烟瘴气，不可了结。

抗战胜利以后，于右任向中央建议，要在陕西办一所大学和一个图书馆。当局虽未采纳于公之意见，但却允许将西北大学留在陕西，并将它由城固县迁到西安，用城西南角的前东北大学所借用的原三秦公学地方为校址。政府还允许在西安设立西安图书馆筹备处,这也可以说实现了于先生的愿望。

学校迁到西安以后,在当局管辖之下,表面上十分安静,但党系之争仍然十分激烈。马师儒为学校老人,历任系主任及文学院院长等职。他任西大校长后,学校便风潮继起。一九四八年他提出辞职时,就职还不及一年,何以倦勤,其说不能尽知,然有其困难则毫无疑问。就在这样的局面下,教育部却要找一无党派的陕西人去掌校,目标集于我身。以前虽也有过几次传言,但均未成为事实,此次我因有在所中那段闷气,不由动念,终至答应。然我深知要整顿一个背景很复杂的学校,并要将它引入正轨,提高科研教学水平,乃是极不容易的工作。

学校还有一个困难,就是由城固县迁西安后,要将原已分出来的西北医学院又合并于西大。这医学院又设在城内,与校本部相距甚远,并同西大常常发生摩擦,它内部还有德日派与英美派之争,时常有事情发生。当我有掌西大之消息后,岳劼恒一再给我来信,主张将医学院分出去独立。但此议终未向教育部提出,因为即使提出,也是绝不能获准的。

学校除了党派之争以外,还有过去遗留下来的派别之间的矛盾,还有所谓的河北派,留过学的人也成了一股势力。在如此错综复杂的环境下,很不容易对付乃自必然。

我对这些困难,并没有怎么在意。我认为世界上没有不困难的事,相反,正唯如此,才可以大大改进一番,恰恰提供了一个容易见功效的机会。幸而校内校外,均对我到西大有一种新的希望,新的期待。在这种空气下,一切工作比较容易推进。

最困难的方面在于大环境，时局不允许我有所作为。当我有去西大的酝酿时，山东、济南已解放。自此以后数月之中，军事局势日有显著变化，北起长春、沈阳，南到徐州，形势均在急骤变化。我们做学校工作的，对于实际情形是不大知道的，也未料到时局变化如此之快。两年以来，陇海铁路中断，由西安到南京的交通主要靠空运，四川一路只能运些货物，西北大学存在上海、南京、徐州、郑州等地的物品均无法运回，请教授也只能搭飞机才能到校，实在很不容易，因为教员如有妻室小孩，路费由学校或由私人负担均有困难。在这种情况下，自然谈不到学校的正常发展。

我刚到西安不久，正在筹备就职的时候，陕西局势也显出吃紧的样子，尤以大荔一带为然。据来人讲，我的故乡华县已可听到很清晰的炮声。西安因之也一度惊慌，不久西安军事当局便开始疏散家眷。这就是我去西大时候的环境。在这个时候担负起一个最高学府的重任，不但许多朋友全为我担心，就是我自己也觉得此来实有些不合时宜。然既已因种种关系不得已而来此，也只得持之以恒，努力干下去。

至于西安图书馆筹备处一职，只不过是附带的一种职务，比较简单，但后来事实证明也有许多伤脑筋的事。原因是马师儒接任时，前任校长已将他在西大的大部分亲信全安插在图书馆内。由此我才明白马师儒接任，何以未兼此职。数年以来，图书馆筹备处，竟成了一个空洞的吃饭之机关，我要开始来一番整顿，自然也有许多困难。

以上所述，就是我去西安赴任时的一般环境。在此情况下，总算维持了数月。后来时局大变，我便脱离了西安，返回到我的研究工作中来，所以我将这段生活名之曰插曲。事实也是如此，我在西安的一度，谈不上成功或失败，只是插曲而已。

西北大学的插曲（二）

我到西安后，所患的气管炎加重，又常伤风，但就职日期并未因之延缓。到校那天，先由关中哲等接收印章，随即召集学生讲话，晓以此次来校，以服务西大为职志，当努力使学校日趋安静，并特着重良好的研究环境和风气之实施与提倡，勉励学生努力协助，以完成西北这所最高学府所应承担之任务。下午即分别拜访校内的主要教授，发现前在北京大学或师范大学服务的资历甚深者尚有多位，其中且有因抗战流离、健康大损而辗转床褥者，值此物价高涨、生活困难之时，实不胜令人同情。下午以茶会方式召集全校教职员，由我恳切说明来校之职志，并以通力合作、共渡难关相勉。

当我到校时，西北大学已开学多日，且在前任校长主持下，聘请了若干教员，计有学生一千六百余人，教职员四百左右，连同眷属，计有一千多人。校本部设有文学院、理学院、法商学院三院，城内还有医学院。教职员大部分住于校内。各院系虽勉强开学，但系主任及教员尚缺不少。当我未来校时，岳劼恒曾开列所缺少之名额给我，然因交通等方面的原因，始终未请多少人来补充。我到西安后，许多友人均认为聘请有资望的教授是充实学校之先决条件，并以此相嘱勉，学生方面亦有此公开表示。报纸上谣传我已请得许多教授，这未免把在西安办大学看得太容易，也对我个人估价太高。我初到，当然不能打消他们的兴致，不过为免他

■ 杨钟健珍藏的西北大学校徽（一九四八）

们未来失望计，也不能不另行设法说明目前请教员之不易。我认为，在当时的条件下办学，请特别有权威的教授并不是当务之急，急迫需要者乃为能将学生的功课讲授明白且不缺课而认真教学之人。如能做到这一点，即为第一步之成功。

我就职以后，照"行客拜坐客"之例，将西安各方面人士拜访了一番，费了好几天时间，始得大体完成。所拜访的人可分为两类：一为伪军党政人士，为了学校，不得不这样做；一为地方人士。我情形不熟悉，且交通问题无法解决，幸有同乡宋瑞先设法借来一辆吉普车，并多由他引路，省去时间不少。在此匆忙中，我的一支十分珍贵的钢笔被遗失了，始终未能找回。

西安图书馆筹备处设在城内大差市，系租人家的房屋。此地为旧日一当铺，简陋不合用。图书馆有书数万册，另外，当时的

中央还提供了一些书，尚存于徐州，因战事未能运回。我约刘尚达任秘书，事实上他可以全力代我处理一切，省去我不少精力。筹备处原有数十人，几乎无一人可用。前任主任为杜某，他近赴南京任职，由西大一助教代办移交。职员中除前西大人员外，尚有在校学生若干。其中并有一位自称为特务的人，在另一地方设了一处宿舍，一切开支用公款支付。总之，不合理之事随处皆有。自我就职后，即召集大家谈话，勉以工作，并且声言，如有不称职者，决不姑息。经若干时日，始将所谓宿舍取消，人员免去三分之一左右，一切渐入正轨。

医学院自合并于西大后，问题不少。教员中留学于德日者甚多，后来也有了从英美回来的，于是形成两派。近年来，因为英美医派在国内吃香，所以学生多倾向于英美派。一九四八年夏，学生为了要请一位英美派医生，自举代表亲往南京，请来万福恩为院长，学校当局只有顺其意而行之。当我到校时，万已视事多日，一切已趋于安静。我在校本部做初步部署之后，即去医学院，由万接待。我召集医学院全体学生讲话，特别强调医学本身实无派系之别，不要被人为的界限所割裂。一般反应尚为良好。

我初到西安，朋友中数人对于我来西大相当担心。其主要原因是认为我书生气太重，不知道官场那一套，且有话必说，太为直率，此外还有一大缺点，就是性子暴躁，遇事不能忍。因此，部分友人，如王子休等，建议要我做一无为的校长，对校事不必多加过问，一任继吾、中哲等处置。他还劝我说话圆通一些，如前日拒绝学生之欢迎，便做得太过火。但也有人说可以不必如此消极，还是能做到一分算一分。但以我之性情，要做一个无为校长，自知是办不到的。我平生疾恶如仇，对任何不合理的事情都不能忍耐。

另外有一点，凡是我的朋友，如关中哲、王子休等，均与我之看法相同，即绝对不能介入学生之派系。过去为校长者，无不联络一些与自己接近之学生，借以知道学生之动态，对于教职员也用如此做法，其结果使自己陷入一个圈子里面，而且圈子越来越小。我对此事深恶痛绝，所以决定以超然态度对待各种派系，只求事之当否，不计人之为谁，不造任何"特务"学生，所有学生皆为我之学生。自我就职之日起，至我离职之日止，我始终未约任何学生单独谈话。凡校内代我负责之人，亦均抱如此见地做事，所以对于过去恶习改正不少。

到校后的第一件大事，为将校中各会健全起来。推进校务最重要者为行政会议，由各院长组成，每星期开会一次，处理校内日常事务。此会前已很久不开。我到校后，尽可能每周开会，校内的重大事情与方针，则由校务会议议决。参加校务会议者除上述人员外，还有各系主任及由教授选出的代表八人。每半月或一月开会一次。另外，还有许多性质不同之委员会，委员之产生均按照规章办事。可惜有许多会仍未能开。至于院务会议和系务会议等，则开者固有，不开者亦甚多。我到校后虽极力提倡要开，但因为期甚暂，仍未能收大效。上述的两个重要会议，却能按常召开，出席人亦比以前踊跃。据继吾等云，以前向不出席之院长等多人，自我到校后，亦均准时出席，为前所未有之现象。

第一次开校务会议时，我一反子休之建议，在所致开会词中，有极严正而郑重之表示。我说："我这一次来西北大学，绝不是来维持现状的，我对西大有一种抱负，希望能把西大办成进步的、充实的、合理的、名副其实的西北学府。为达到这个目的，不能抱妥协的态度，必须兴革新之志，尽力为之，希望全校同人均予协助。教职员中不合格者可以解聘，学生中有妨碍校务进展者可予开除。但一切事务当以民主方式进行。本人来此，希望能造就一良好的民主风气。"散会以后，中哲认为我说话太猛，但甚赞成我超出派系以外的态度。

事实上，执行起来并不如我想象之易。真是说话容易，做起来就有困难了。譬如我来西大后，很想仿照蔡孑民主持北大时之作风，使各层均有民主风气，因此要组织一健全之教授会作为评议机构。未来校以前即有此计划，但到校以后，始知办起来尚非其时，原因是派系对立情绪严重，产生不出代表。第二个原因尤为重要，因我理想之教授会，必须以专任教授为限，否则便失去了教授治校之真谛。但我到校以后，始知西北各校兼课之风甚盛，有从武功县兼到咸阳与西安者，身兼两职者实不乏其人，普遍兼课者尤多，省立三专在西大或西大在三专兼课者亦不少，此外还有兼办中学或在中学兼课者。如若大刀阔斧除去兼课者，单留不兼差之教授，事实上没有几人，教授会自然组织不起来。对这种兼课之风，我因初到西安太看不惯，每于言辞中吐出，但后来一调查，觉得仍有合理之处。要是消除此风气，真还有许多课开不起来，省立三专尤有关门之虑。所以即使要改革，也要逐渐为之。

虽然如此,学校上课与一般事务在一两周内仍有显著进步。人谓"一正压百邪",实有至理。我不求助任何人,而结果任何人皆为我;我不拉拢群众,而事实上凡学校之人皆为我之群众。只是事实上不完全如此简单。

我于到校以后,分别约定时间,与学生分班级谈话,尤对四年级学生谈话更多,因其将要毕业,即使学校有所改进,他们获益之日仍太少,对于一部分缺课,在当时交通情况下,无法补足,需对他们做些精神安慰。凡学生有单独求见者,必诚恳地与他们交谈。学生对于校政往往借故干涉,必当加以拒绝。此外他们往往越级言事,此与分层负责之原理显然抵触,故我一再向学生声明,凡各部门不能答应之事,找到校长,校长也无法答应。起初学生尚以为这是官样文章,未必可信,后有来试者,果然觉得并非虚话,学生来找我的也少了。虽如此,自然也时常遭遇到困难。譬如我到校不久,学校收到一笔外汇,并由行政会开会做了合理分配。而地质系学生认为地质系以前曾有一笔款未实际分到,此次强要多分,选代表四人来找我,提出无理要求。经我详为解释,他们还是不听。我持之坚定,力加拒绝。以后也就无类似事情发生了。

我在西安的生活是相当烦闷的,一时无妥善的解决办法。我三叔在开通巷有房子,一部分租出去了。我四叔在卧龙寺巷也有房子一所,已住满。事实上,即便我住到三叔或四叔那里,也觉得很不合适,因每天来找我的人太多,住久了也彼此不方便。

学校内本可居住，但没有一个人赞成我住校的。前校长马师儒在南京第一次与我谈及西大之事时，即声言万不可住在学校内，因一住学校，每天不分日夜，教职员、学生来找者太多，不能充分休息，对工作也会发生不良影响。所以，我选定子休处暂住。子休于我到后不久便往南京去了。我住有卧室一间，其客厅可以借用，倒也方便，只是吃饭问题无法解决，早晨买些豆浆之类作为早点，午间在学校与中哲等吃饭，极觉不合口味，且价甚昂贵。晚上回来，除有应酬外，也没有合适的吃饭之地方。三叔、四叔处本可去吃，但他们吃饭还是陕西的老习惯，一日两餐，午饭于三点左右已吃毕，我实在赶不及。有时自己买些东西，晚上做着吃，却也甚感无聊与苦闷。

教育部给学校的经费，照应付项目来讲，可以说没有什么拖欠，还能尽量早发，但因行政手续上的迟滞，收到时往往很晚。此在平时，也还无所谓，然此时货币常常贬值，迟到一天便有一天的损失。有时通知书到了，银行却提不出款来。这种事早已成为普通现象，而最近尤然。回忆在南京时，我来西大之事已定，胡适由北平来南京开院士会议，见了我时说欢迎我入"叫花子团"。他认为目下大学校长最要紧之任务即为"要钱"。我初对此尚不深切了解，及到校后，几乎每星期都有催款的电报发出，始知他说的话乃是经验之谈。

其时办学比以前复杂得多，仅学生公费问题就非常麻烦，自有此制度以来，百弊丛生。前时部令取消公费，而代以所谓战区报销金和奖学金，但事实上高年级学生之公费如故，低年级取得后两种变相的公费者,为数在百分之八十八。最令人不满意的是,此事要有许多证件,如证明家庭贫寒或本人来自战区。这类证件大部分均是假的,而办事人又不能不当作真的推到教育部,只要一准,也就无问题了。开学以后,审议公费有专设委员会,但都是就纸面上做工作,去事实甚远。另有一小部分自费生,在上年曾向社会筹捐若干款子作为救济。今年度因情势日非,捐款不易,未能进行。其实学生中贫寒者固为不少,而生活优裕者或在外兼事者亦多。此现象非一时所能改革。

金圆券发行之初,教育部定西安公费标准为膳费四元多,副食费五元多,不久物价高涨,所定数目距事实太远,学校为应付计,亦不得不照物价实际情况增加,而教育部限于法令不予承认。当我在南京时,此事已成为学校最难解决的问题之一,岳劼恒时常有来信提及。教育部允许我到西北大学后派员处理此事。我到校不久,即派岳劼恒和一位帮办到南京商洽。教育部不得不承认已定事实,每人以一袋面作为主食,以一袋面稍多之数为副食费。自定此标准以后,关于公费问题始减少了不少纠纷。

远在以前,西北工校学生吃的东西之好,为全国学校之冠,各地尽知。我到校曾参观学生食堂,事实上他们的膳食比起学校助教及职员来,有过之而无不及,但公费弊端已积重难返,就是要改也得从缓着手,否则马上就会发生学潮。我初到校时的精力,可以说一大部分用到这类事情上去了,还谈什么真正地办学!

在陕西,连同西北大学,共有国立三校,即西北工学院及西北农学院。工学院校址在咸阳，但一年级及先修班则设在西安城内，另有主任主其事。农学院在武功。三校对一些共同性质的问题，时常开校院联合会议以取得一致意见。我到西大以后，对联合会议也极力支持。尤以公费问题，为时常讨论的中心问题之一。但也有许多时候，联合会做出的决定，各校不能认真一致实施，以致造成许多困难。

我初到校时，陕东军事紧张，但不久似乎已平静下去，西安人心如常，可是学校里产生了一股暗流，就是有些人时常谈论学校的安全问题。有一次在校务会议上，有人提及此事，但多数人认为在目前情况下，不可凑热闹，以免引起人心不安，终未形成决议。不久，有一天我刚刚到校，一位教授神气潇洒地来见我，说是听到了关于军事方面的许多消息，希望学校早日搬到安全地带。我认为此事太大，关系到全体人员与家属的安全和学校的前途，当即予以驳斥。事实上，我当时尚未料到校内已有酝酿迁移的暗潮。

西安当局和友人对于我到西大，均抱有无限希望。我到西安之议决定后，他们即筹备欢迎会，及我到了西安接事，筹备更为积极，终于选定了十月三十日在西安中山堂开了个大欢迎会。到会的有一千多人，以教育界人士最多，西安当局及宿老亦均到场。会上，自然由他们作了许多客套的演词，我则除感谢外，还就战争与学术研究作一短的讲演，意在令大家不要因战争而对学术研究灰心，仍当努力推进。会场情形甚好，我深受感动，然内心只觉得大势如斯，恐无成效以慰众人的期望。

经过几个星期的部署，校内及图书馆的各事大体上已上轨道。我于是趁机回华县探候我母亲和家人。当我有赴西大之意时，使我接受新职的原因之一，就是西安距家乡较近，可以随时回家探望。当时交通日益不便，母亲年高，时时以我之情况为念，我亦时时挂念母亲，明知桑榆晚景，为日无几，亦不能不趁此时探望。接了西大之事后，自然是对母亲心理上的一大安慰。我近年每次由外地回华县时，母亲常慨然道："你干的事要是在西安就好了。"言外之意可以想见。今有机会在西安，自然想回家去看看。到家后自有一番乐趣。据同村人说，当我有由南京往西安的传闻时，每一架飞机由华县上空掠过，必有人开玩笑说，我或者就在这一飞机之内。回家一视，始觉母亲健康如常，就是耳朵有些聋。家中一切亦照常，唯大妹芝英身体多病，且还要教课，未免增加母亲心烦。钟华弟则于管理家事以外，尚在本县私立农校任校长，也很繁忙。我在家住了七八天，学校来信催我回去，因为校庆快到，望我提前赴校。我于探视了一些亲友之后，便又回到西安。

一九四八年十一月十二日为西北大学成立九周年纪念日。此指由西北联大改制后之年代，其前身之西北联大与北平大学等历史并未计算在内。不过这个纪念日子是凭空选定的，据说当年改制在暑假期中，只因为暑假举行纪念不容易，所以改定为孙总理诞辰的十一月十二日。每年此日，照例有文艺节目助兴，一切开支全由学校负担。今年在原则上照往例办理，不过力求简单，以节省用费。我回校后，一切均已筹备就绪。当日请来西安伪军政当局及各界人士观礼。我于开幕词中重申西大应向学术方面努力之意。下午招待校友，一般情形甚好，所缺少的就是没有真正的学术性的东西以纪念学校之历史。此后，我在校务会议上提议，如十周年纪念，应当扩大规模，拟刊行一学术性之纪念册。其研究论文应当立即筹备，希于次年五月底以前收稿。此建议大家无异议通过。但后来因时局关系，实际上未能如愿以偿。此亦为有心无力的事件之一。

回校后，方知酝酿迁校一事已更明确化。教授中有人说西农教职员家属已开始疏散，并希望西大早做迁校准备。此消息经有人公布于学校之民主墙，一时在校内颇引起一番不安情绪。三校接洽结果，在西大开了一次会，举出教授代表三人去西农商议。学生方面当然更为积极，由学生自治会举行投票，结果赞成迁校者占大多数。一时情况十分紧张。

我仔细分析了一下情况，觉得事情并不如一般人想象的那么简单，很多人总以为这次国内战争与上次抗日战争差不多，其实，它们的本质是不一样的。其次，搬家需要为数相当浩大的经费，教育部所拨之所谓应变费实为九牛一毛，无济于事。而且我觉得即便学校有搬迁必要，也应当由地方当局对学校主管人说明，不当由他人发动。我对此事极为不快，只有设法对付。学生中有人要学校明白宣布迁校，否则将以罢课相威胁。学校一度陷于异常混乱之中，此时已说不上什么办学，首要问题是将风潮平息下去。教授代表在武功开会的结果，自然是有若干建议，有些还超出了迁校范围，如要求改善待遇等事。学生中亦有一部分人对于迁校主张慎重。双方在民主墙上争论不休。我有一次召集学生自治会代表谈话,坦白地将校内各事向他们奉告。关于迁校问题,学校另组织应变委员会来处理。应变会做了两种打算,一为不迁,则预备在军事紧张时做必要措置;一为迁校,则也有许多具体问题。在我之立场,实不能明白表示一定不迁或一定要迁。当时我对学生代表谈明此次之战实为内战性质,应做慎重考虑。第二天学生的壁报上即对我大肆攻击,将我之名写为"杨中奸",其用心可想。此风潮为哪一派学生所发动,亦不难推知。我虽明白其别有用心,亦不表示有何意见,只对学生的行动予以谅解,因为他们也是受了别人鼓动而已。

此次迁校问题酝酿多日,终因西安局势转趋安静,校方的训导长、总务长等人应付得法,故始终未能罢课,一度十分紧张之空气暂为和缓下来。

我因主张不联络教职员和学生,故对各方实际酝酿情形可以说一点也不知道;即使有些好事之徒,向我报告一些内幕新闻,我也只抱姑妄听之的态度,决不用作处理事件的根据。处理事件,我只依据已表面化之情况加以判断,因此反而能化大事为小事,化小事为无事。

我由华县回校后的最初几个星期,除了迁校问题时张时弛外,无何大事。到了十二月初,发生了另一件意外事情,就是医学院学生因挽留万院长和对于学校将医学院改为系一事不满,起了一小风潮。万院长去南京,言明维持到学期底为止,来信辞职。校中除做平常之挽留外,未及采取进一步措施。至于分系一事，以前虽已分为若干系，但并未有正当手续，教育部并未立案。今又有要求多立系之说，学校曾为此事广泛了解各有医学院之大学的情况作为参考，并开校务会议进行讨论，认为有系必应有学生，且在目前情况下，多分系增加开支，难以应付。从长计议，还必须取得教育部之认可。医学院同学不了解内情，受少数教职员煽动，于某日全体到校本部包围岳教务长，提出种种无理要求。直至中午，包围者尚不肯散。此日我在城内办事，闻讯赶到，面加解释，他们亦不甚听，并欲向我动武。当时，对我的流言也不少，如谓我之无意挽留万院长，乃另有私人院长待机公布。此事我做梦也未想到，而他们竟言之凿凿，令人不解。幸因善言劝导，终未生大事。我到校数月，从未发生过这类事件。此事发生，使我甚为灰心，当即发电报给教育部，申请辞职。这种风潮在一般人看来，或以为平常，而我则不可忍受。后来却又有传言，认为我不主张迁校，故意以辞职相威胁。其实，我不主张迁校自为事实，但辞职并非由此事引起。我对校事表示消极，实以医学院发生风潮为始。后来，医学院学生感于行动过火，于事后来代表多人，亲到我寓所表示抱歉之意。我亦趁机加以劝导，才使事情完全平息。

在医学院闹事之时，关于迁校问题也闹得很热闹。学校为应付局面计，已组织应变会，一方面向教育部请示款项，一方面做某些准备；对于地方当局，我们亦请他们与教育部商洽，以期取得一致意见。过了几天，地方当局接教育部回电，大有非搬不可之势。而学校接的教育部电讯，则是全搬不可能，可斟酌情况搬一部分。这种处置实在令当事者为难。而与西农商谈结果,则限定一月七日如期将一切准备妥当。学校顿时紧张起来,不得不做装箱准备,借书、借仪器等事均停止,附属医院也已停诊,并提早结束功课。此时,学校有一部分同学看到这种情况,以为真要搬迁,于是又有反对迁校酝酿。一时分作两派,且于某日有相当冲突。事实上主张迁校之学生还是不少,他们完全受了别有用心的人的鼓动。反对迁校者连会也开不成。这种情况,本为学校所最不希望者,因有导致分裂之可能,所以不得不谨慎应付,幸未闹出大事。其实,我们办事的人,心中相当明白,无论迁校准备如何积极,如何表面化,其最终结果还是不能迁校。其关键就在于教育部不能拨大批经费,地方当局又不肯借给费用与交通工具。这种看法,以后为事实所完全证实。

为了表示实行迁校,西大与其他两国立学校商定,先推代表若干人前往四川勘寻校址。教育部指定校址为成都。西大所推者均为力主迁校之教授及盲从的学生。他们出发之后,学校内部便趋于和缓。不过经过这许多次波折,我初来校时的雄心已渐趋冷淡。在这种心境之下,实在也谈不到如何改进学校,经费、迁校、应付学生已闹得不可开交,谈其他均无效果。有一天,我向关中哲表示意冷,他劝我说,一切困难自在意中,不当率意灰心,并以我父亲办学的困难和"阻力即助力"之名言相勉。其实,我内心也并不怎么消极,仍照每天所当做的事情尽心竭力地去做。

我此次回陕,因忙于校务,对家事未多尽力。按三叔之意,愿借我回家之机，将家事做一番处理。他本想借祖母阴历生辰办妥此事，但我未能回去，且没有同四叔商妥，故约定年末回家，将祖母阳历生辰之十二月二十一日与父亲忌辰之十二月三十日合并于十二月二十五日在家举行纪念，以便同时商讨家庭事情。三叔已于月中回家，我则于下旬回家，此为我回陕后第二次探亲，但四叔因事忙仍未回来。三叔回去以后，在家写成《思母理家记》一书，记述我祖母当年创家之艰苦事迹和对目下处理家事之意见。其大意为叫钟毅回来继承二叔应分之产，并代主家计。三叔还有其他建议，只是直到我离家之时仍无定案。以后我到南京始知，还是采取分家产的办法。我以前对家事本十分关切，然近年来却大觉冷淡。家庭已不可能再维持旧观，只有听其自然。我对家产早已声言不拟承受，今值此机会，我又重申前意。

　　我在家住了七八天。时值严冬，我与母亲同住一室，觉得母亲冬季健康状况显然比夏秋为佳，心中甚慰。然母亲对分家之事，精神上感到不快。她在家六十余年，看到家庭由贫困成长，又由发达而至分裂，甚感哀伤，自然有无限感触。尤其是家庭之发达，她有很大一部分心血与汗水在内，实不忍睹今日之分裂。对于这种局面，我无法挽回，对于母亲，也缺乏劝慰，真所谓不孝之尤！

　　父亲忌辰这一天下大雪，路上雪深盈尺。我于早饭后拜别母亲。母亲送我至堡外。我绕道祖坟一别，始踏雪到县城，于早间搭车返西安。当我离校回家之时，即决定于返校后赴南京。我到校后，学校已照预定计划考试完毕，提前放假，校内十分平静。

趁此机会，我开始筹备赴南京。出发之前，我拜访了西安当局的代表人物，他们对我赴南京亦表示赞同。我此去南京，名义上是为学校请发教职员工数月欠薪及商量迁校之事，而内心则决定到南京后向教育部请辞。

因机期稍误，我于一月五日始由西安飞抵南京。中哲等送我到航空公司，我抱着无限感慨与训导长杨炳炎上了飞机。到南京后，寓中一切如常，所中亦大体照旧，我之办公室亦完全无恙。

当我离陕飞南京之时，淮海战役已近尾声。南京当局甚为恐慌，早在数星期之前已闹着疏散，不过我到家时，各机关暂还未动，只是准备要走，唯地质调查所在翁文灏先生暗示下，无搬迁表示。其他机关，则一片钉箱声，良可叹也。

解放前后记

我于新年后离西安返南京。这时的南京已是一片荒乱逃难景象。我仍然住在我的旧居，和在南京的老伴、慈孝等重新团聚。

在此期间，我曾为西北大学要欠薪之事，同杨炳炎君到教育部去了好几次，费了许多唇舌。好不容易要到了款子，又需到上海去提款。经过千回百折，杨君总算携款回西安去了。我们到上海时，翁文灏还在那里。我同他见了一面，他不主张地质调查所迁往他处。回想起来，翁的主张是非常正确的。

我返南京后不久，南京就解放了。解放军进城，首先公开出版了《新华日报》，在头一天的报纸上，用大字刊登了一个广告：在延安的杨明轩要我仍返西北大学。我觉得这时候情况已变，没有返回的必要，因此未做答复。接收地质调查所的为徐平羽。他光脚穿草鞋，见了人很客气，说了很多叫我安心工作的话。不久召开南京人民代表大会，我被选为一名代表。这对我是一个很大的鼓励，也是莫大的光荣。

不久，宋任穷到调查所参观。我陪同他看了陈列室，谈话中说到当时尚未解放的四川，我言及在川的黄汲清可以争取。后来，政府在前中央研究院故地召开会议，召集人有柯庆施、饶漱石、陶孟和、梁希等，结果令人很满意。我对前途有了信心。

此后不久，为迎接宋庆龄，我们在旅行社等待许久，但她没有来。过了几天，北京来了电报，要人去北京，其中有我。于是我同赵九章等六七个人一同北上。那时蚌埠的桥已坏，尚未修复。我们坐船过去后，再乘车北行。到了北京，住在市委门外路北一所房内。不久又让我们搬到西交民巷的中国旅行社内，待遇提高了些。七月一日，我们亲耳聆听了毛主席《论人民民主专政》的报告，这是我解放后第一次见到毛主席。

以后不久，我仍返回南京，被指定住在一家旅馆内。天气很热。次日我便返回了地质调查所。

值得说的是，派到南京接收各机关的是恽子强、黄宗甄两人。他们对地质调查所只从字面上了解，不认为是研究机关，竟未接收。

到了十二月末，北京忽然来了一个电报，是中国科学院陶孟和、竺可桢两位副院长打来的。他们受郭沫若院长的委托，要我到北京担任中国科学院编译局局长。其实，南京解放后，我就很想返回北京，重理新生代研究室的事业，但未能成功。陶孟和与竺可桢的电报，为我提供了重理新生代研究室的一个机会，我乃欣然同意。在这以前，二子新孝已由西安来南京入高中，慈孝也住在中学。我将两儿留南京上学，暂不北上，自己乃于年末同国桢一道赴北京，时为一九四九年十二月末。由南京上火车，必须乘汽轮过江，有一个扒手在轮渡上用刀子将我的手提旅行包划了一条斜长口子。包内一头放的是用费，一头放的是漱口杯，刀子恰好划在漱口杯那一边，这位梁上君子算是白费了功夫，传为笑话。

我们到北京后，即被接到地安门宿舍居住。新成立的中国科学院一共有三个局，即编译局、联络局（钱三强为局长）和另一记不清名称的局（丁赞为局长）。编译局在东厂胡同西头路北办公。中国科学院院部设立在现在的考古所内。我到后不久，在中法大学旧址开会，由郭沫若院长主持。这是我第一次见到郭院长。

我在编译局时期，由在北碚即相识的姚舞雁任秘书工作，

■ 中国科学院古脊椎动物研究室二道桥旧址（一九五三至一九六〇）

一切文件多由她代为拟办，很为妥帖。不久，她为某君所忌，调离编译局。这虽然对我的工作是一个损失，但并未造成太大的影响。这时，编译局已由东厂胡同搬到文津街三号（院部也已搬到那里，此原为静生生物调查所旧址）。

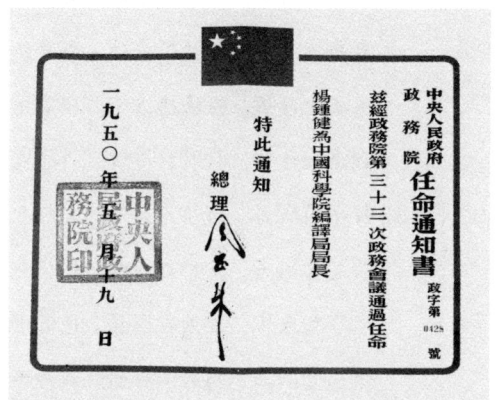

■ 杨钟健中国科学院编译局局长之任命书，周恩来签发（一九五〇）

■ 杨钟健任编译局局长时期的工作证（一九五一）

一九四九年前，我在北京时曾作有《五十述往百句》，述及自己五十岁之前所经历的重要事情。今抄录于后：

童事方如昨，何竟五十年。此日一回首，历历在目前。
幼负聪明誉，家承大小欢。雨金与少华，随地侍慈颜。
身弱体多病，名健惊心弦。光复悲失学，三中住西安。
围城记往事，惊涛历万千。弱冠出省境，北平马当先。
训示心良苦，初入补习班。六年在大学，光阴弹指间。
哲学固所好，地质不妨专。中经祖母丧，初赋悼亡篇。
共进结同志，少中起争端。祖父相继逝，世途叹益骞。
从事新文化，曾为救国篇。岂肯附骥尾，争取主动权。
毕业赴欧陆，明兴苦钻研。业师施与布，三载旅德南。
记骨方专业，始成一家言。瑞典校骨石，英法访名贤。
回国罹灾病，两月得伤寒。方期展所学，家难增忧烦。
舍毁父随逝，处境更困难。终以信所守，忍痛正缺残。
挥泪离新冢，因学别矮檐。奉母来平市，重建新家园。
晋陕追地史，西山寻人猿。猎骨赴荒鄙，考异到蒙边。
欲以科学事，相慰到隔泉。记骨庆有始，工作亦稍全。
岂料巨变起，只身赴荒蛮。长沙七月旅，访胜过衡山。
滇池帆影在，龙头印象鲜。患难一妻随，母儿分秦燕。
三年客北碚，几度过广元。滇西志龙石，天山探油田。
远行到欧美，胜利始归还。方庆日寇除，建国共并肩。
怎奈内战起，个人亦受牵。依然漂泊苦，泪眼话烽烟。

北平暂为寄，母妻各一天。儿病未能愈，家残恢复艰。
记骨志不渝，人事多苦煎。重建新生代，再来执教鞭。
谁不感苦闷，和平付空谈。学潮追"五四"，物价涨空前。
沧桑历半纪，回首两鬓斑。报国尚许久，工作宜更添。
生欲无所愧，勉强渡难关。诗成付一叹，怀酒慰凄然。

（一九四七年六月一日于北平西安门内刘蓝塑甲四号）

十年以后，已是一九五七年了。此时，我又写了《六十述往百句》，述及此间十年中各事，作为《五十述往百句》的续作。亦附于后：

忆昔五旬日，百句记半生。日月似流水，忽又十岁增。
回首何感慨，四七去北平。重建新生代，好梦竟落空。
回陕无何补，携眷走江宁。南京有何乐，发展叹未曾。
助手仅一个，记骨仅虚名。国外所希望，换得涕泪横。
重受生活迫，斯文泣途穷。有子悲多病，魑魅白昼行。
希望无所托，人事狭路逢。可怜二十载，舍之心内疼。
不舍又何法，豆萁难相容。因之去西大，比若跳火坑。
三月味如何，困难历重重。黑暗无天日，毁灭难逃遁。
自叹一失足，清夜泪满胸。自愧失勇气，慷慨忆壮龄。
四十不当仕，折节运终凶。借故又南去，进退两不能。
到处装箱子，偏安逃羊城。还想温旧梦，欲步抗战尘。
岂知时势异，前后不相同。内战与外侮，是非分西东。

> 我已下决心,誓死不盲从。三月珠江路,隐踪学老农。
> 终于庆解放,来势如巨洪。新生人人喜,气象乐融融。
> 自不甘落后,弃暗早投明。四月赴京地,科代集大成。
> 南京为代表,政治初试锋。从此才认识,党群智慧灵。
> 理论与实践,宛如影随形。研究尚难展,服务寸心诚。
> 北上主编译,困鸟离旧笼。业务勤学习,工作增热情。
> 科研尚有时,莱阳猎恐龙。新生代重建,也不嫌更名。
> 青年年年加,新生力量萌。重建周口店,陈列人模型。
> 年年有发现,研究兴会浓。科学大进军,百家共争鸣。
> 忝为一代表,技不遗雕虫。光荣列党籍,喜慰又涕零。
> "为人民服务",列为座右铭。社会主义事,共干共光荣。
> 始信新时代,规模真伟宏。人无分老幼,共举星旗红。
> 六旬连盛世,泥爪志归鸿。当期十年后,另登一高峰。

(一九五七年六月一日于北京)

诗中所说的"科研尚有时,莱阳猎恐龙"之句,就是讲一九五一年秋天我到山东莱阳发掘恐龙化石一事。这次发掘,是我一九四九年以后的第一次野外工作。所采化石,经过后来的研究鉴定,定名为青岛棘鼻龙。

科研工作给我带来了极大的乐趣。在莱阳的发掘中,我写了两首《莱阳杂诗》,记载了当时的见闻,表达了自己的欢乐心情:

一轮小车去莱阳，秋来挺秀人人忙。
农民翻身非虚话，村女个个试新装。

月余掘成一深坑，快事无过猎恐龙。
今日满载回京去，寻骨明年西耶东？

我在编译局时，虽然行政工作较重，但还有时间写些文章或做科学研究。以后出版的《脊椎动物的演化》一书，绝大部分就是那个时候写成的。

加入九三学社

九三学社是一个民主党派的组织。一九四五年九月三日是日本侵略军投降的日子，九三学社的会名就是由此而来的。在一九四九年前，我就和社中一些人相识，学社主席许德珩是我少年中国学会会友，其他如涂长望、袁翰青、周培源等，也为多年相识的朋友。

我入社后，受到了重视，在历次运动中也做了一些事情，并被选为中央委员。在社内出版的刊物上，我有时也写一些短文。我在社内也受到很好的锻炼。有一次，九三学社举办社员著作展览，我的文章较多，受到好评。在"三反""五反"运动中，我也积极参加。这些活动并未妨碍我的写作。我写稿子，采用了张恨水的办法，每天只写五百字左右，一般是在家中写，尽可能不占用上班时间，坚持一月就是一万五千字，一年就有二十万字左右了。九三学社的地址在西四附近的颁赏胡同，往来也较方便。总而言之，入社以后对我是有帮助的。

光荣入党

一九五六年四月二十日我光荣地加入了中国共产党。本来还可以早几天，因我在九三学社当了一名中央委员而稍有拖延。我入党是由院部郁文同志和当时所中负责人徐捷介绍的。在会上，我表达了入党的要求，并做了详细的自我介绍。当我的入党申请得到批准后，我的心情是十分高兴的，当即作了《入党述怀》，表达了自己的感想和愿望。兹照录于次（序言与附注从略）：

光荣列党籍，回首一慨然。落伍三十载，比子差两年。
幸能努力追，勇往直向前。年来从三面，体会较深刻。
感觉与认识，理论联实践。始信共产谛，真理放光焰。
哲学基础固，科学方法全。社会主义路，优越非等闲。
腐朽资本道，不值半文钱。忆昔脱政治，牛角茧自缠。
龙骨能救国，天方成奇谈。新生庆解放，事实胜空言。
马列为武器，成就自不凡。剥削永消灭，生活如蜜甜。
建设日千里，国势稳如山。海外腾声誉，人人庆身翻。

> 始信国可爱，更戴党如天。胜利莫昏脑，工作尚万千。
> 社会主义路，前途多艰难。尤其科学业，更需马当先。
> 实现现代化，前进莫迟延。余年为科学，不负党所盼。
> 力戒离实际，痛绝太主观。思想应全面，作风莫简单。
> 总要沉住气，使人不难堪。要为国效劳，莫为己打算。
> 学习复学习，随时克困难。理论有根据，自然广心田。
> 余年献给党，应少补前愆。

《入党述怀》中所表达的愿望，是我以后所致力追求的目标。一九六五年，正当我六十八岁的时候，经医生检查，发现身染多种疾病。这对我的情绪是一个打击。在理想和现实面前，我仍然抱有坚定的信念。我所写下的《六八初度感书》或许表达了当时的心情：

> 余生去死还差多，百计千方抗病魔。
> 对于亡神何所惧，能从现实论沉疴。
> 光阴有限争分秒，来日虽暂不蹉跎。
> 暮景一年十年用，生平经验树新模。

现在根据《入党述怀》的诺言，检查过去的得失，觉得虽然做了一些工作，但还有许多不足之处，自当以此为目标，再接再厉，发扬成绩，改正错误，进一步攀登高峰。

从编译局到科学出版社

我从事出版工作,可分三个阶段。起先叫作编译局,前已略述,不再赘叙。

不久,编译局改为编译出版委员会,由副院长陶孟和担任主任,委派我为副主任。委员会迁到朝内城根一个小楼内办公,此后不久,搬到朝内大街所谓九爷府内,地方比较宽敞。我并不是天天去上班,还是以研究工作为主。此外,还有一个搞翻版书等工作的单位,我兼了个有名无实的董事长。

后又成立了科学出版社,人员大多数还是以前的。工作人员都很努力,也肯积极提供意见。

科学出版社的工作范围很广,在通县还有一个印刷厂,出有各单位的学报和院部的《科学通报》《中国科学》等刊物。我的旧友周太玄由香港回来,院部请他当了科学出版社的主任。从此,所谓编译出版委员会徒有虚名而已,我也就不大到出版社去了。

对科学研究来说,出版工作非常重要,所以我对此很感兴趣。但有些事情并不是令人满意的。总的来说，成绩还是主要的。以后私营企业逐渐取消，翻印机构迁到别处去了。

陶副院长去世以后，工作由竺可桢副院长兼任。我无多少实际工作可做，亦乐得不了了之。不久周太玄也去世了，由另一位担任科学出版社主任。有一位叫杨兆濂的人，历在山东大学工作，后调到科学出版社。此人有些能力，不久也去世了。

现在的科学出版社比以前更好，工作量也比以前更大，不过就赶超国际水平来说，还差得很远，主要是纸张很差，柯罗版也不能做。看来还要经过很大努力，才能步入先进之列。

在科学出版社内，数学、物理、生物等方面的出版工作是比较强的，地学方面较为差些，因之出版更觉困难。

另一件与出版相关的事为稿费问题。原来没有稿费，后来郭院长认为文学方面有稿费，科学著作也应当发稿费。科学著作出版有加印单行本的规定，有稿费以后，单行本加印成了问题，到目前还没有妥当解决。

以前的学报，有全用外文者，有部分用外文者，后来也出了一些问题。后来领导强调加外文，此问题不久可能得到合理解决。出版工作和其他工作一样，都是"之"字形前进的，虽有曲折，但向前发展还是主流。

国内考察与研究

一九四九年以后，由于环境改善，出外调查方便了许多，再也没有以前如赵亚曾、许德佑等人所遇的惨痛牺牲和危险。我趁此大好时光，得以看了许多地方。一九五一年，我去山东莱阳等地，后来去东北、山西、陕西、河南、广东等地，都成功地采得了很多标本，全国除西藏、福建两地区未能去外（当然还有台湾、香港、澳门），可以说都跑到了。

一九四九年后不久，周口店的工作得以恢复，重新种植了树。第一地点山边危险，不宜站立，加了铁栏杆。还盖了陈列室（后又盖了新室，旧室被拆了），并且新安排了会议室，加上暖气设备。周口店终于达到了前所未有的规模，前来参观的人日有增加。

以后发现了蓝田人，比周口店北京人的年代要早。以后又发现了元谋人，比蓝田人更早。新发现还有很多，不必一一列举。总之，无论古脊椎动物或古人类，均有很重要的进展。

■ 一九六四年考察临潼冷水沟

一九六七年，为我七十岁之年，时有《七十述往百句》，可表达我的心情，附记于后：

五十与六十，两度记平生。光阴如闪电，七旬已初登。
对镜伤白发，万感集于胸。亲故埋荒冢，己亦似残灯。
幼年依乡里，家教甚严明。西安住中学，方向惑西东。
专科非所愿，科班步步升。弱冠出潼关，风尘旅北京。
摈弃农医业，兴趣玄又空。欲以古生物，陶醉慰初衷。
五年在国外，风险几度经。回国寄篱下，又陷灾难丛。
幸而志不渝，仍要耍石龙。长篇与短篇，博得空虚名。
八年流浪苦，壮志一虚声。全国庆解放，心与时俱红。
在党领导下，未云无所成。人与年俱老，心共党年轻。
一分为二看，功过当分清。上下四亿载，纵横十万程。
哺乳初试技，二齿一线通。明了鱼历史，究及其地层。
五类齐染指，目科多追踪。小者似猬鼠，大者如巨鲸。
残骨经心理，居然现原形。朽骨成知己，梦中亦过从。
能明生死理，可辨祖与宗。必然到自由，显然还未能。
整个发展史，粗略有准绳。此中有真乐，欲辨已忘情。
为此不辞苦，跋涉到荒洪。骑背指江山，沟底掘介虫。
六次戈壁路，几回达坂城。步行五千里，不嫌住茅棚。
如此好江山，化石处处逢。几回去国外，赶超要试锋。
高空看机影，名山攀高峰。名城与古迹，来去如浮萍。
七旬如弹指，愧对座右铭。理论与实践，一步一虚空。
念此内心疚，飘忽感技穷。只有再努力，一切乐交融。

"文化革命"起,何去亦何从。敢云七十志,心与赤子同。

这首诗并没有多少内容超出五十岁和六十岁的记述,只是略表了当时的心绪。鉴于当时的社会环境,还未能尽抒其意。关于在国内许多地方的调查,在此不想详述。

国外旅踪

在上面的诗中，曾提到去国外旅行之事，这里加以叙述。

一九五〇年，苏联赠给我们一个完整的原始爬行类化石标本，为了回报，于是在一九五六年有访苏之行。我为代表团团长，团员有南京地质古生物所的斯行健、赵金科和古脊椎动物研究室的周明镇。当时正值竺副院长也在莫斯科，有事可以请示。这次去苏，我们带了一个翻译员，因苏方不予承认，故由在那里学习的一个中国学生担任翻译。苏方的招待相当热情，参观了许多地方。除因天气太冷，未到产化石的地方去以外，其他大多想去的地方都去了。

我们这次与苏方达成的最重要的协议，就是在内蒙古自治区采勘古脊椎动物化石的合作计划。苏方以为内蒙古是一个未开发的地区，在执行计划过程中，指手画脚，自以为高明，事实上，我们知道的东西比他们多得多。但为了维护协作关系，我们在一些问题上只好同意照他们的办。有些事他们专横得令人难忍。弄得关系紧张。周明镇屡次与之商议，气氛仍未缓和。以后不久就发生苏方撤回他们在我国专家的事,当然包括在内蒙古考察的苏方人员。后来他们把一切野外设备,如汽车、床铺等,全运往蒙古人民共和国去了。波兰一些古生物学家则仍在那里考察。

这一次所采的标本还是不少,当时双方同意由两国分别研究。研究完后,苏方应退回标本。一九六二年前后,他们把大多数标本,包括我们可以研究的禽龙等化石在内,运往苏联去了。

■ 杨钟健著《访苏两月记》(一九五七)

一九六五年,我还去了叙利亚。叙利亚人口虽少(大约只五百万),地方也不大,但产化石地点和名胜古迹却相当之多。我们这次去叙利亚是由科协组织的,原说还要去伊拉克和埃及,但后来不知什么原因,竟未去伊、埃两国。

叙利亚人招待我们也很热情。我们除参观了都城及其附近一些地方外,还往北看了许多地方,参观了不少古迹,还到了死海等地,留下了很深的印象。我这次出国,虽然在科学上收获不大,但对西亚的国家有了一定了解,也是很值得的。

我们去叙利亚时经过莫斯科,回程时过塞浦路斯小停。回国经莫斯科时,住在我国大使馆内。我国驻苏大使潘自力知道后,对生活做了妥善安排,大家都感到满意。

这是我最后一次出国。回国后,不久就发生了"文化大革命"。

"文化大革命"

由叙利亚回国不久，就发生了"文化大革命"。我在这次运动中感想很深。由于自己工作中有许多缺点，受到了冲击，并不出了意料。古脊椎动物与古人类研究所二百多人中，受到冲击的有百来人。我们被叫到"牛棚"里开会，只能坐小凳子，有时还得站着，弯腰。自己发言的机会很少，主要听别人对自己的批判。但在小组会上可以坐在椅子上谈话。我此时已患耳聋，听不清楚，幸有别人帮助，才能了解其大概。

我因当时兼任北京自然博物馆馆长，所以每次开全体会时，研究所和博物馆两方面的人一起参加，批判十分激烈。有时，我们这些批判对象被派到食堂打扫卫生或在烈日下砸煤块，或在卡车上挑煤。我此时已是近七十岁的人，劳动很感吃力，只有勉为其难而已。我们出入均有人跟随，以作监视。日子久了，也就安然处之。此时工资已停发，只给少数生活费（两人三十二元），当然不够用。幸赖竺可桢副院长夫人陈汲大姐，及我三儿慈孝的爱人董楚翘暗中支援，才得饭吃。

大多数时间，我还住在家中，只是每天去所里接受批判。我楼上的办公室已不让我进去，把我的东西放在楼下的另一间屋子中。到十一月初，要我搬到所里去，睡在地上，左右都有人，十分糟糕。我因患糖尿病，小便很多，也引起同住人的不满。有特别原因的人，可睡单人床，自然好一些。这种生活约有两周，又被遣返回家中住。

领导我们"牛棚"的人，对我还算有些照顾。但在开大会时就不同了。我吃饭只能在大家吃完以后才能吃。开会时，我们被斗的人每人胸前挂着大牌子，有的很重。有时在地质研究所大厅开大会，情况紧张，有人对我批判很激烈，也只有逆来顺受，别无办法。

听说还派人到我老家华县去了解情况。他们不知我从小游学在外，只有春节或暑假回去看看。因此断言，他们也得不到什么真正可靠的材料。

"文化大革命"对我确实是一个锻炼。"肚里没冷病，不怕吃西瓜。"虽然过了一段从来未过过的生活，也吃了许多苦头，但我未曾灰心，也没有过自绝于人民的念头。相反的，我在"文化大革命"期间，利用受批判的喘息时间，写了不少文稿。这些文稿至今大部分未发表。我的这一行动，被某些人指为"放毒"，又遭批斗，甚至把我家中十几个书架的书，都乱放在另外一间小房内，不许我动用。"文化大革命"后，在科学院大会上，我的行动却又受到表扬。真令人感叹不已！

可以引为自慰的是，我自一九二七年在明兴毕业后，从事

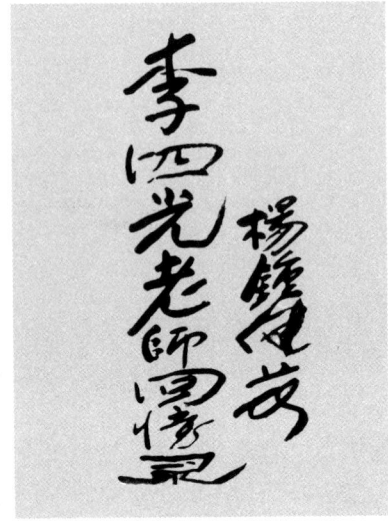

- "文化大革命"期间,杨钟健完成了《李四光老师回忆录》手稿,后收入一九八一年《李四光纪念文集》一书中

古脊椎动物研究工作已数十年,这是任何人不能否认的。我在国内外得到的荣誉很多。在国内,曾担任过中国地质学会、中国古生物学会等组织的重要职务,也得到过一些奖励。在国外,一九六二年被选为美国古脊椎学会的名誉会员,后又当选为英国林耐学会的国外会员。这并不是老头卖瓜,自卖自夸,不过说明要将我的一切均予以抹杀是办不到的。

　　如上所述,我自己也有许多缺点。经过这次运动,给自己敲了警钟,不能有丝毫自满。今后的有生之年,仍要努力做些工作,为现代化贡献出微小的力量。

我和北京自然博物馆

北京自然博物馆建立之初,我就兼任馆长。我对博物馆是十分感兴趣的。在我过去所作的短文中,便对博物馆的重要性,从各个角度加以记述和宣传。我从国外回来后,曾有过建立一大规模自然历史博物馆的想法。但在一九四九年前,只是幻想而已,不可能实现。

一九五九年,北京市任命我为北京自然博物馆的馆长。我接受这一职务后,仍感到要实现过去的理想,还很不容易。

馆之名曰自然博物馆就很特别。一般所谓自然,应包括数学、物理、化学等在内,实际上,这个自然博物馆,只陈列生物与人类,内容还不很全。合乎实际的名字应当是自然历史博物馆才好。此其一。

一般的自然历史博物馆,陈列品并不在多而在于精。但是储藏的标本应当特别多,必要时可以加以调换。北京自然博物馆储藏的标本并不多。在北京、天津、上海三市的博物馆中,天津因有过去北疆博物馆的基础,情况较好,上海亦有过去法国和英国博物馆的底子，也稍好些，唯北京自然博物馆等于白手起家。以前的静生生物调查所的标本未能弄来，因而北京博物馆实力较弱。此其二。

博物馆的研究人员也很重要。各国博物馆的研究人员皆特别充实。相当于研究员、副研究员、助理研究员的人很多，研究问题涉及各门类，如鱼类、两栖类、爬行类、哺乳类、人类等。我们与之比较起来，还有很大的差距。我们的研究人员数量尚少，还应加以充实提高。此其三。

对出版工作，各国的博物馆均相当重视。以纽约自然历史博物馆为例，他们除出版专刊和馆刊外，每年还出若干本画报式的刊物和一些小册子、明信片等。其他博物馆，也有类似的情况。这一点，显然是我们望尘莫及的。此其四。

■ 杨钟健视察自然博物馆工作（一九五九）

就标本的贮藏情况来说，我们也还存在问题。有一年，我去华盛顿参观那里的博物馆，看了他们的内部陈列，随便拉出一柜标本，均十分干净，毫无灰尘。据说，这些标本已放了四十年未动过。这种情况我们是不能与之相比的。因此，必须大大加以改善。此其五。

但是，随着时间的进展，我们馆也有了很大的进步。前不久，馆内计划要出版生物史，还准备创办学报及其他一些刊物。如果这些计划能够逐步实现，前途是难以限量的。

困难的问题还是研究人员的充实。如植物组只有八个人，实在太少了，亟待充实。其他方面的人多些，但也不算充实。据云，馆内有招考研究生计划，如果能早日实现，必收一定效果。馆中讲解的人很多，也可于其中选拔一些搞研究工作。

此外还有房子问题。现在的房子主要朝西，离大街也太近，既受日晒，也多灰尘。今后应设法在东边盖一幢朝南的主房，主要困难也就解决了。不过，这只是我个人的设想而已，今后如何，难以预料。只盼大家齐心协力向同一目标迈进，务期于成。

原版后记

钟健同志的回忆录并未写完。一九七九年一月一日,他突然吐血病倒,十五日便同我们永别。这些回忆文字,是他留给我们的最后纪念。这次出版,周文斌同志进行了全面系统的整理,王哲夫同志提供了不少照片,特此一并致谢。

王国桢

一九八〇年一月十五日

再版后记

　　自一九七九年一月十五日祖父去世距今，已经整整四十年了。四十年来我们经常会看到纪念和介绍祖父的文章，文章中大家会尊敬地提到祖父的多种称谓和头衔，如中国古脊椎动物学以及古人类学的奠基人、第四纪地质学的开创者、教育家、自然博物馆学家、大学校长等繁多的社会任职。这些称谓无疑表明了祖父学贯中西的学术成就、涉猎广泛的丰富经历和伟大的个人魅力。祖父去世时我还是个不谙世事的少年，当时还不能完全理解祖父身上这些称谓背后的含义。我记忆中最深刻的是他作为爷爷的慈爱和教诲。我记得祖父和父亲带我去香山郊游，祖孙三代其乐融融的场景；我还记得祖父带我去古脊椎所或自然博物馆，我能近距离看恐龙标本时的兴奋。记忆最多的还是晚餐后祖孙二人在他局促的书斋里轻松惬意的闲聊，有时是他讲个笑话，有时是他教我几个英文单词。我至今历历在目的场景是当我准确拼写出paleontology（古生物学）时，我心中的沾沾自喜和祖父赞许的笑容。

一九八三年第一版《杨钟健回忆录》出版后，我几乎是一气呵成把书读完，好像去世不久的祖父又在和我对话。那是我第一次比较系统地了解到家族的历史，知道了高祖勤俭持家、捐资助学的义举；知道了曾祖创办新学、教育救国的抱负；知道了祖父海内外求学，立志报国终成科学大家的历程。少时的耳濡目染和长大后更深入地了解家族史后，使我深深地感到作为杨氏后人的自豪和骄傲。

此次回忆录的再版，承蒙陕西师范大学出版总社的鼎力支持。初见刘东风社长和郭永新主任时，提及了有整理出版祖父文献的想法。刘社长为祖父事迹所感动，表示作为祖父家乡陕西的出版机构，应为弘扬祖父这样的科学大家和先贤的科学精神、拳拳报国心出一份力，决定再版《杨钟健回忆录》致敬大师。作为祖父家属，我们对刘社长和陕师大出版总社谨致以衷心的感谢！另外，我也要向陕西的张军孝老师表达深深的谢意。张老师是陕西文史和出版界的资深学者。在他和杨家交往的近四十年的历程中，为缅怀和纪念祖父的精神做了大量的工作，由他主持编写了很多纪念祖父的文集和文章。这次回忆录得以再版，张老师也给予了大力支持。非常感谢中国科学院古脊椎与古人类研究所邓涛所长的鼎力支持。还要特别致谢的是邱占祥院士。邱院士曾担任古脊椎动物与古人类研究所所长。当我辗转延请邱院士为回忆录再版作序后，他欣然接受邀请，当时他还在甘肃野外科考第一线辛勤工作。这不由得让我想起祖父以八十高龄还在野外坚持工作的往事，也许这就是中国古脊椎动物与古人类科学工作者可贵的科学精神传承的最佳写照。

  我的祖母在一九八三年版的《杨钟健回忆录》后记中曾提到祖父当时因突患疾病不久即过世，回忆录并未真正完成。此次再版，我们也是尊重历史情况，保持了原著的文字和章节，仅对其中的错误之处做出了勘误并根据内容增加了若干图片。

  今年恰逢古脊椎动物与古人类研究所建所九十年大庆暨周口店北京猿人头盖骨发现九十周年，此次回忆录再版更显得意义非凡。从新生代研究室到古脊椎所，乃至如今成为同学科中国际顶尖的研究机构，这一路的发展凝结了包括祖父在内的几代科学家的理想抱负和孜孜不倦的努力。祝愿古脊椎所百尺竿头更进一步！祝愿祖父的科学精神永远传承下去！

杨大同
二〇一九年八月于北京